基于新课程标准的

高中语文教学研究

王 进◎著

華中科技大學出版社
http://www.hustp.com
中国·武汉

图书在版编目(CIP)数据

基于新课程标准的高中语文教学研究/王进著.—武汉:华中科技大学出版社,2021.12

ISBN 978-7-5680-7771-2

Ⅰ.①基… Ⅱ.①王… Ⅲ.①中学语文课-教学研究-高中 Ⅳ.①G633.302

中国版本图书馆 CIP 数据核字(2021)第 252839 号

基于新课程标准的高中语文教学研究 王 进 著

Jiyu Xin Kecheng Biaozhun de Gaozhong Yuwen Jiaoxue Yanjiu

策划编辑:张 毅

责任编辑:李曜男

封面设计:廖亚萍

责任监印:徐 露

出版发行:华中科技大学出版社(中国·武汉) 电话:(027)81321913

武汉市东湖新技术开发区华工科技园 邮编:430223

录 排:武汉正风天下文化发展有限公司

印 刷:武汉邮科印务有限公司

开 本:710mm×1000mm 1/16

印 张:12.75

字 数:250 千字

版 次:2021 年 12 月第 1 版第 1 次印刷

定 价:68.00 元

华中出版

本书若有印装质量问题,请向出版社营销中心调换

全国免费服务热线:400-6679-118 竭诚为您服务

前言

课程标准代表国家意志，是学科教学最为直接、最为重要的指导性文件。衡量一个学科的教学是否科学、是否有效，最根本的依据就是课程标准。因此，基于课程标准进行教学研究是从事基础教育学段学科教学与研究人员的重大使命。

2003年，教育部印发普通高中课程方案和课程标准实验稿，标志着我国课程改革迈上了新征程。之后，全国各地渐次开展了基于课程标准的教学研究活动，并不断走向深入。我们欣喜地看到，经过广大普通高中语文教师和研究人员十余年的教学实践与探索，教师的教学观念、教学方式，课堂面貌以及学生的学习方式都发生了深刻的变化，基于课程标准的教学实践与研究取得了显著成效。

2017年教育部正式颁布《普通高中语文课程标准(2017年版)》，立即引发广大普通高中语文教师和教学研究人员的高度关注和深入研究。修订版课程标准对高中语文课程改革十余年的经验和教训加以总结，继承了以往成功的实践经验，也对实践中存在的问题进行了研究和回答。新课程标准之“新”主要体现在六个方面：一是凝练和明确了语文学科的核心素养，明确了语文课程对教育的立德树人总目标应尽的责任和应当产生的效果；二是进一步明确了语文课程的特质，界定了语文课程与其他课程的分工、区别与联系；三是进一步强调了以学生为主的理念和学生的自主学习活动，为语文教学提供了应当一以贯之且必须遵循的精神；四是提出了语文课程新的组织方式和内容标准——学习任务群，为达成语文素养生成、发展、提升的目标提供了明确的路径和载体；五是制定了学业质量标准，明确了高中阶段的学生应达到的学业基本水平和程度；六是进一步明确了适应不同学生的发展、具有不同出口的课程结构。2019年8月，根据新课程标准编写的统编高中语文教材正式发行，并在全国范围内施行。新教材以人文主题和学习任务群双线组织单元，虽保留了经典课文单篇成课的传统，但更多是以多篇组合成课为主要形式；同时，单元类型也与以往的教材不同，除阅读与写作单元外，还增加了整本书阅读单元和活动类单元。

新课标、新教材的诸多变化，要求我们语文教师像专家那样思考这些变化的目的和指向，进而实现教学内容、教学方式、教学程度等各方面与课程标准的精准对接。

笔者与广大高中语文教师一样，有幸参与了不同级别、形式多样的新课程、新教材的培训，并亲身经历了基于课程标准的高中语文教学改进行动，深知广大一线教师的困惑和需求。因此，本书从一个高中语文教师和教研工作者的视角出发，立足区域教学与教研实际，力图通过新旧课标的对比、对新课标关键概念的理解，基于课程标准的教学关键要素设计、单元整体设计、教学转型规划，以及高考命题规律探寻与应对策略等方面的实践与研究，为高中语文教学提供些许助益。

书稿撰写过程中，潍坊市教科院杜殿收老师及其领衔的高中语文教研团队给予了大力指导，书中基于新课程标准的教学案例大多来自潍坊市高中语文教师团队。在此，向潍坊市教科院杜殿收老师及其领衔的高中语文教研团队、高中语文教师团队表示衷心的感谢。

书中难免有不足之处，敬请广大读者指正。

王　进

2021 年 9 月于龙城

目录

第一章　领悟课程标准精神，把握语文教育方向

第一节　新旧课程标准的比较分析

《普通高中语文课程标准（2017 年版）》（以下简称“2017 版课程标准”，亦称“新课标”）既是对《普通高中语文课程标准（实验）》（以下简称“实验版课程标准”，亦称“旧课标”）的继承，也针对语文教学改革中存在的问题对实验版课程标准做了较大幅度的修订。二者在课程性质、课程理念、课程目标、课程结构、课程内容、课程评价等方面存在着诸多异同点，把握这些异同点，吃透其精神实质对明晰语文教育方向具有重要作用。

一、关于课程性质

语文是最重要的交际工具，是人类文化的重要组成部分。工具性与人文性的统一，是语文课程的基本特点。（实验版课程标准）

语文课程是一门学习祖国语言文字运用的综合性、实践性课程。工具性与人文性的统一，是语文课程的基本特点。（2017 版课程标准）

1. 新旧课标的统一

2017 版课程标准与实验版课程标准都将语文课程的基本特点表述为“工具性与人文性的统一”。

“工具性”，不是指抽象的语言符号，而是指人们形成见解、表达情感、沟通心智、交流思想、获取知识、研究学问、生存发展所依赖的语言行为，是一种用来充实和发展内在素养、获得终身能力的凭借。

“人文性”，主要是指语言作品中蕴含的思想情感、价值观念和审美取向等人文内涵。

“工具性与人文性的统一”是指工具性是人文性的载体，人文性是工具性的灵魂；既没有离开工具性的人文性，也没有离开人文性的工具性；二者不可分割，共同构成了语文课程这个整体。

新旧课程标准对语文课程“工具性与人文性的统一”这个基本特点的定位，有助于我们克服长期以来语文教学存在的错误倾向。

一是过分重视语文的工具性，忽视语文的人文性，表现为肢解文章，按照字、词、句、篇、语、修、逻、文、听、说、读、写等语文要素进行分解式训练，只见树木，不见森林，将语言作品所承载的丰富情感和育人价值弃之不顾，教学陷入“技术主义”泥沼。

二是过于强化语文的人文性，轻视语文的工具性，表现为过分注重文本的人文内涵，而忽视语文知识、方法、技能等要素，用思想情感教育取代语文能力的培养。

三是工具性与人文性分开，形成“两张皮”现象，表现为先进行语文知识、方法与技能训练，然后进行思想情感、道德情操、价值观念等方面的发掘，将工具性与人文性做简单、机械的叠加。

新旧课标对语文课程基本特点的定位给我们深刻启迪：只有基于“工具性”，发展“人文性”，追求“器”“道”合一，才是语文教学的正途。

2. 新旧课标的不同

2017 版课程标准将语文课程的性质表述为“语文课程是一门学习祖国语言文字运用的综合性、实践性课程”，进一步明确了语文课程学习的主要任务、学习途径与方法，是对实验版课程标准的有力补充。

(1)“学习祖国语言文字运用”指明了语文课程学习的主要任务，进一步凸显了语文课程的本体性。根据这个表述，我们可以清晰地看出语文与同属于人文学科且与语言文字密切关联的历史、政治等学科课程任务的根本不同：只有语文学科将“学习祖国语言文字运用”(引导学生积累语言经验，把握祖国语言文字的特点和规律，加深对祖国语言文字的理解与热爱，培养运用祖国语言文字的能力)作为课程学习的主要任务，而其他学科只是将语言文字作为课程学习的一种工具，而非其学习的本体性任务。教师只有立足“学习祖国语言文字运用”这个本体性任务，才能守住语文的“一亩三分地”，而不至于将语文课上成政治课、历史课或其他课。

(2)“综合性、实践性”指明了学习祖国语言文字的途径与方法。

“综合性”既体现在语文学习内容上，也体现在语文学习方式、方法上。语文学习既要整合读、说、听、写等传统学习方式，又要做到与生活相结合，与其他学科相结合，与实践相结合，注重拓展语文学习和运用的领域，让学生在不同内容和方法的相互交叉、渗透和整合中开阔视野，提高学习效率，养成现代社会所需要的语文素养。新课标提出的“学习任务群”，以项目为载体，将学习情境、学习内容、学习方法和学习资源进行整合，典型地体现了语文课程的“综合性”特点。

“实践性”指明了语文课程的学习途径。新课标指出，“语文课程应引导学生在真实的语言运用情境中，通过自主的语言实践活动，积累语言经验，把握祖国语言文字的特点和运用规律，加深对祖国语言文字的理解与热爱，培养运用祖国语言文字的能力”。简而言之，语言实践活动的过程就是语文素养形成的过程。语文课程的“实践性”，决定了语文教学应努力引导学生走向生活、走向实践、走向知行合一。

二、关于课程理念

新旧课程标准的课程理念如表 1-1 所示。

表 1-1　新旧课程标准的课程理念

版本	课程理念
实验版课程标准	1. 全面提高学生的语文素养，充分发挥语文课程的育人功能； 2. 注重语文应用、审美与探究能力培养，促进学生均衡而有个性地发展； 3. 遵循共同基础与多样选择相统一的原则，构建开放、有序的语文课程
2017 版课程标准	1. 坚持立德树人，增强文化自信，充分发挥语文课程的育人功能； 2. 以核心素养为本，推进语文课程深层次的改革； 3. 加强实践性，促进学生语文学习方式的转变； 4. 注重时代性，构建开放、多样、有序的语文课程

新课标将“立德树人”列入课程理念，进一步明确了语文教育的根本目标。新课标提出了“弘扬民族精神，融入社会主义核心价值观教育，培养热爱中华文明、热爱祖国、热爱人民、热爱中国共产党的深厚感情，以及热爱美好生活和奋发向上的人生态度，使学生逐步形成自己的思想、行为准则，增强为中华民族伟大复兴而努力的历史使命感和社会责任感。……引导学生积极参与实践活动，学习认识自然、认识社会、认识自我、规划人生”等宏伟目标。语文教师应坚持立德树人教育方向，充分发挥语文课程对继承和弘扬中华民族传统文化、革命文化、社会主义先进文化，培养文化自信，推动文化创新发展等方面所具有的独特优势，将教书与育人密切结合，为实现“立德树人”总目标提供有力支撑。

新课标在强调提高语文素养的同时，提出了“以核心素养为本”的理念。学科核心素养是学科育人价值的集中体现，是学生通过学科学习逐步形成的正确价值观、必备品格和关键能力。“以核心素养为本”就是始终关注人的发展，实现由学科教学向学科育人的转变。新课标“以核心素养为本”的课程理念，是对实验版课程标准中“全面提高学生的语文素养”理念的继承和发展，为语文教学指出了更加明确的方向。

新课标将“加强实践性，促进学生语文学习方式的转变”作为基本理念。这既是根据语文课程性质提出的学习语文的根本途径，也是针对以往教学重课内、重讲析、重练习而忽视学生语文学习与社会生活的联系，忽视学生在真实的生活场景中运用语文的狭隘倾向和错误做法的正向引导。与旧课标相比，新课标进一步强化了实践对于语文教育和语文学习的重要性。

新课标更加注重时代性。新课标明确提出“普通高中语文课程应适应社会对人才的多样化需求和学生对语文教育的不同期待”“在跨文化、跨媒介的语文实践中开阔视野，在更宽广的选择空间发展各自的语文特长和个性”“引导教师开发语文课程资源，有选择地、创造性地实施课程；把握信息时代新特点，积极利用新技术、新手段，建设开放、多样、有序的语文课程体系，使学生语文素养的发展与提升能适应社会进步新形势的需要”。这对高中语文教师在课程资源开发的内容、技术与手段等方面提出了时代性新要求。

三、关于课程目标

实验版课程标准从“知识和能力”“过程和方法”“情感态度和价值观”三个方面出发设计了“积累·整合”“感受·鉴赏”“思考·领悟”“应用·拓展”“发现·创新”等五个课程目标。2017 版课程标准以学科核心素养为统领，提出了 12 个课程目标。两相对照，不难看出素养型目标的联系与发展。

1. 从语文素养到语文学科核心素养

实验版课程标准提出了“语文素养”这个概念，但对“语文素养的概念”没有进行专门的阐释，因而引起了人们的诸多争鸣。国家基础教育课程改革语文课标组组长巢宗祺在《普通高中语文课程标准（实验）解读》（湖北教育出版社，2004）一书中指出，语文素养包括字、词、句、篇的积累，语感，思维品质，语文学习方法和习惯，识字、写字、阅读、写作和口语交际的能力，文化品位，审美情趣，知识视野，情感态度，思想观念等内容。语文素养，是指学生在语文方面表现出的比较稳定的、最基本的、适应时代发展要求的学识、能力、技艺和情感态度价值观，具有工具性和人文性统一的内涵。这被视作官方对语文素养的首次明确解释，具有正本清源的重要意义。

2017 版课程标准提出了语文学科核心素养的概念，并从达成的途径（语文学科核心素养是学生在积极的语言实践活动中积累与建构起来的）、目标指向（语文学科核心素养是在真实的语言运用情境中表现出来的语言能力及其品质）、效果和表征（语文学科核心素养是语言知识与能力，思维方法与思维品质，情感、态度与价值观的综合体现）、主要内容（语文学科核心素养主要包括语言建构与运用、思维发展与提升、审美鉴赏与创造、文化传承与理解四个方面）等角度进行了阐述。

从语文素养到语文学科核心素养，课程性质和育人价值没有发生本质的变化，但有了更为具体、丰富、细致、科学的表达，课程的目标体系更为清晰。

2. 目标从相对抽象到具体化

实验版课程标准提出的“积累·整合”“感受·鉴赏”“思考·领悟”“应用·拓展”“发现·创新”五个目标中，“积累·整合”强调学习者掌握学习语文的基本方法，逐步形成富有个性色彩的学习方式，在积累的过程中注重梳理、整合、建构，切实提高自己的语文素养；“感受·鉴赏”“思考·领悟”“应用·拓展”是从审美、探究、应用三个角度提出学习目标，促进学习者语文素养的养成；“发现·创新”是在前四个目标的基础上的更高要求，学习者在日常学习生活中，从语言文字作品中，通过观察、发现、探究，不断获得新的体验和发现，不断追求思维和表达的创新，不断提高探究能力。目标的这五个内容虽各有侧重，但由于缺乏对总目标的分解和具体描述，实践中操作性较弱，给一线教师造成实践困难。

新课程标准将学科核心素养的四个方面具体化为 12 项内容，每一个方面都有具体的 3 个目标与之对应（见表 1-2），从而有效规避了实验版课程标准五大目标相对抽象的问题，为语文教学实践带来更大方便。

表 1-2　语文核心素养与课程目标

语文核心素养	语文课程目标	
语言建构与运用	1	语言积累与建构
	2	语言表达与交流
	3	语言梳理与整合
思维发展与提升	4	增强形象思维能力
	5	发展逻辑思维
	6	提升思维品质
审美鉴赏与创造	7	增进对祖国语言文字的美感体验
	8	鉴赏文学作品
	9	美的表达与创造
文化传承与理解	10	传承中华文化
	11	理解多样化文化
	12	关注、参与当代文化

四、关于课程结构与内容

2017 版课程标准与实验版课程标准在课程结构与内容上有明显的不同。两版的课程结构对照如表 1-3 所示。

表 1-3 两版的课程结构对照

版本	具体内容
实验版课程标准	高中语文课程包括必修课程和选修课程两部分。 必修课程包含“阅读与鉴赏”“表达与交流”两个方面的目标，组成“语文 1”至“语文 5”五个模块。每个模块都是综合的，体现了“阅读与鉴赏”“表达与交流”的目标和内容。必修课程五个模块的学习可在高一至高二两个学期半的时间里循序渐进地完成，也可以根据需要灵活安排。 选修课程设计五个系列。 系列 1：诗歌与散文。 系列 2：小说与戏剧。 系列 3：新闻与传记。 系列 4：语言文字应用。 系列 5：文化论著研读。 每个系列可设计若干模块。学校应按照各个系列的课程目标，根据本校的课程资源和学生的需求，有选择地设计模块，开设选修课。对于模块的内容组合以及模块与模块之间的顺序编排，学校可以根据实际情况灵活实施。课程的具体名称可由学校自定
2017 版课程标准	普通高中语文课程由必修、选择性必修、选修三类课程构成。三类课程分别安排 7～9 个学习任务群。中华优秀传统文化、革命文化和社会主义先进文化方面的内容始终贯穿必修、选择性必修、选修课程。 必修课程 7 个：“整本书阅读与研讨”“当代文化参与”“跨媒介阅读与交流”“语言积累、梳理与探究”“文学阅读与写作”“思辨性阅读与表达”“实用性阅读与交流”。 选择性必修课程 9 个：“整本书阅读与研讨”“当代文化参与”“跨媒介阅读与交流”“语言积累、梳理与探究”“中华传统文化经典研习”“中国革命传统作品研习”“中国现当代作家作品研习”“外国作家作品研习”“科学与文化论著研习”。 选修课程 9 个：“整本书阅读与研讨”“当代文化参与”“跨媒介阅读与交流”“汉字汉语专题研讨”“中华传统文化专题研讨”“中国革命传统作品专题研讨”“中国现当代作家作品专题研讨”“跨文化专题研讨”“学术论著专题研讨”

由表 1-3 可以看出，新课标在结构与内容上有以下几方面的变化。

（1）新课标增加了选择性必修课程，体现了语文课程的整体性、多样性和差异性，更能满足不同学习者的需求。

（2）旧课标的课程结构更多是以点的形式来安排的，更多关注学习内容，很少涉及学习情境的设计，教学要求也不够具体；新课标以学习任务群组织课程内容，特别注重学习情境、学习内容、学习方法、学习资源的整合，而且每个学习任务群都有具体的学习目标与内容、教学提示，针对性和指导性更强。

（3）新课标增添了中华优秀传统文化、革命文化和社会主义先进文化方面的内容，并始终贯穿必修、选择性必修、选修课程，为立德树人这个根本目标提供了有力支撑。

（4）新课标首次将“整本书阅读与研讨”“当代文化参与”“跨媒介阅读与交流”等纳入课程构架，有助于引导学生掌握阅读方法，发展思维品质，养成终身读书的习惯；有助于引导学生参与中国特色社会主义先进文化的传播和交流；有助于引导学生应对互联网背景下语文学习内涵与外延发生的新变化。

五、关于学业质量标准

新版课标首次研制了学业质量标准，填补了我国课程标准的历史空白。新课标指出，学业质量是学生在完成本学科课程学习后的学业成就表现，它以本学科核心素养及其表现水平为主要维度，总体刻画了学生学业成就表现。依据不同水平学业成就的关键特征，学业质量标准明确将学业质量划分为不同水平，并描述了不同水平学习结果的具体表现。

语文学科学业质量水平一共分为 5 个等级，每个水平内部又有 4 个具体要求。水平 1 和水平 2 是必修课程学习的要求，水平 3 和水平 4 是选择性必修课程学习的要求，水平 5 是选修课程学习的要求。水平 2 是语文学科高中学业水平考试的依据，水平 4 是高校招生录取的依据，水平 5 则是为对语文课程更有兴趣的学生所设的较高要求，修习情况仅供参考。

语文学科学业质量标准将引导教学更加关注育人目的，更加注重培养学生的核心素养，更加强调提高学生综合运用知识解决实际问题的能力，帮助教师和学生把握教与学的广度和深度，为阶段性评价、学业水平考试和升学考试命题提供重要依据。

第二节　新课程标准关键概念理解

2017 版课程标准首次出现语文学科核心素养、学习任务群、情境、项目学习等词语，深刻理解这些关键概念，是高中语文课程得以正确实施的重要基础和前提。

1. 语文学科核心素养

2017版高中语文课程标准指出：语文学科核心素养是学生在积极的语言实践活动中积累与构建起来，并在真实的语言运用情境中表现出来的语言能力及其品质；是学生在语文学习中获得的语言知识与语言能力，思维方法与思维品质，情感、态度与价值观的综合体现。语文学科核心素养主要包括“语言建构与运用”“思维发展与提升”“审美鉴赏与创造”“文化传承与理解”四个方面。

1）核心素养的主要特点

① 综合性。语文学科核心素养包含了语言知识与语言能力，思维方法与思维品质，情感、态度与价值观等要素，但不是这些方面的简单叠加，而是这些方面的综合体现。

② 语文学科核心素养是通过学生积极的语言实践活动来形成和发展的，必须以学生为主体，充分激发、调动学生参与的积极性。

③ 可操作、可观察。语文学科核心素养是在真实的语言运用情境中表现出来的语言能力及其品质。因此，借助真实的语言运用情境，根据学生的语言表现，教师可观察其素养达成情况。

2）语文核心素养的内涵及其关系

新课标将语文学科核心素养分解为四个方面，并做了概括性解释，如表1-4所示。

表1-4　语文学科核心素养的内涵

核心素养	内涵		
语言建构与运用	积累与语感	整合与语理	交流与语境
思维发展与提升	直觉与灵感	联想与想象 实证与推理	批判与发现
审美鉴赏与创造	体验与感悟	欣赏与评价	表现与创新
文化传承与理解	意识与态度	选择与继承 包容与借鉴	关注与参与

语文学科核心素养的四个方面是一个整体。语言是重要的交际工具，也是重要的思维工具；语言的发展与思维的发展相互依存，相辅相成。语言文字是文化的载体，又是文化的重要组成部分；学习语言文字的过程也是文化获得的过程。语言文字作品是人类重要的审美对象，语文学习也是学生审美能力和审美品质发展的重要途径。语言建构与运用是语文学科核心素养的基础，在语文课程中，学生的思

维发展与提升、审美鉴赏与创造、文化传承与理解，都以语言的建构为基础，并在学生个体语言经验发展过程中得以实现。四个方面的关系如图 1-1 所示。

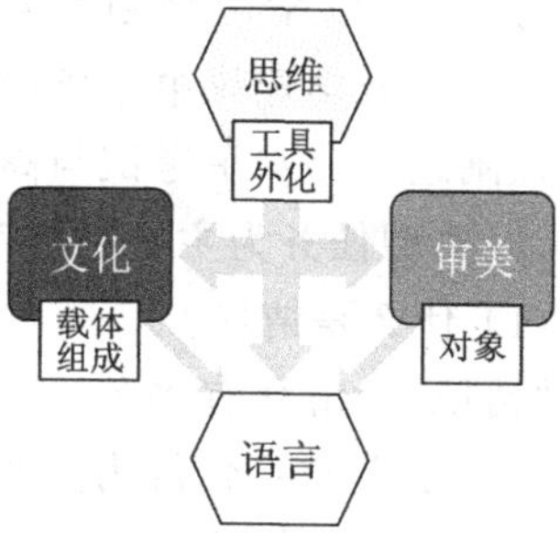

图 1-1　四个方面的关系

2. 学习任务群

新课标指出：从祖国语文的特点和高中生学习语文的规律出发，以语文学科核心素养为纲，以学生的语文实践为主线，设计“语文学习任务群”。语文学习任务群以语文学科核心素养为纲，以任务为导向，以学习项目为载体，整合学习情境、学习内容、学习方法和学习资源，引导学生在运用语言的过程中提升语文素养。若干学习项目组成学习任务群。

从这段文字表述中，我们可以把握语文学习任务群的内涵或特点。

（1）以核心素养为纲。语文学科核心素养贯穿于 18 个学习任务群，每个学习任务群都指向学科核心素养，从不同侧面或角度为达成学科核心素养提供支持。

（2）以实践为主线。学习任务群旨在“引导学生在运用语言的过程中提升语文素养”，“让学生通过阅读与鉴赏、表达与交流、梳理与探究等学习活动”获得语文素养。新课标对学习任务群“实践性”的表述，有利于引导教学实践回归语文课程的本质属性，从教师的教为中心转向以学生的实践为中心。

（3）以项目为载体。项目是多要素的综合体，具有较强的综合性。一个项目的完成，往往需要具备各种条件，寻求各种途径，利用多种方式，采取多种办法。项目具有挑战性，往往不能一蹴而就，需要个体或团队花费很多时间，付出创造性的劳动。以项目为提升素养的载体，就是通过整合学习情境、学习内容、学习方法和学习资源，为学生设计具有综合性和一定挑战性的学习任务，让学生在持续学习、深度学习中提升素养。

以语文学习任务群为组织形式的新课程，与以往的课程有着较大的不同：课程中有文本，但不以文本为纲；有知识，但不求知识的系统与完备；有训练，但不把训练当作纯技巧进行分解训练。新课程追求的是语言、知识、技能、思想情感、文化修养等多方面、多层次目标发展的综合效应，而不是学科知识的逐“点”解析、学科技能的线性排列和连接。

3. “情境”与“语文实践活动情境”

“情境”一词在高中语文新课标中先后出现了 35 次，属于高频用语。新课标在阐释学科核心素养时指出“语文学科核心素养是在真实的语言运用情境中表现出来的语言能力及其品质”；在阐释“语文学习任务群”时指出“‘语文学习任务群’以任务为导向，以学习项目为载体，整合学习情境、学习内容、学习方法和学习资源……”；在教学建议第3条中指出“创设综合性学习情境，开展自主、合作、探究学习”；在阐述学业水平考试与高考命题建议时指出“考试、测评题目应以具体情境为载体，以典型任务为主要内容”。

（1）什么是情境？

“情境”的解释有多种。《辞海》的解释是“一个人在进行某种行动时所处的社会环境。是人们社会行为产生的具体条件”。《现代汉语词典》的解释是“情景；境地”。《现代汉语规范词典》的解释是“指某一段时间和空间许多具体情形的概括”。一般来说，情境就是指具体的场合或境地。而教学实践领域中的“情境”是指“课堂教学内容涉及的语境”。（王宁教授语）

（2）什么是语文实践活动的“真实”和“意义”？

新课标指出，“真实、富有意义的语文实践活动情境是学生语文学科核心素养形成、发展和表现的载体”。

所谓“真实”，指的是学生在继续学习和今后生活中能够遇到的，也就是能引起他们联想，启发他们往下思考，从而在这个思考过程中获得需要的方法，积累必要的资源，丰富语言文字运用的经验，即从所思所想出发，以能思能想启迪，向应思应想前进。（王宁教授语）

所谓“有意义”，一是要求情境必须符合语文的特点和内容；二是情境要与适合学生实际水平的问题和任务相融合，能激发学生进行思考并完成这些任务的需求；三是情境要能够让学生充分展示自己的语言能力、思维方法等语文学科的核心素养。

“真实”“富有意义”是衡量语文实践活动情境优劣高下的两把尺子，为我们创设语文学习情境提供了基本的标准。

（3）三种“情境”的理解。

新课标指出，语文实践活动情境主要包括个人体验情境、社会生活情境和学科认知情境。

个人体验情境指向学生个体独自开展的语文实践活动，如在文学作品阅读过程中体验丰富的情感，尝试不同的阅读方法以及创作文学作品等。该情境体现的是学生学习的个人取向，即学生的自我关注、自主理解等。

例如：从神话到历史，从古代到当下，英雄是永恒的人文母题；青年学生往往有英雄情结，都在心底仰慕英雄；文学、历史、现实，关于“英雄”的情思和见解，极易引起青年学生，以及社会大众的共鸣与思考；不同的人、不同的时代、不同的价值取向，会对英雄进行不同的评价。你对英雄有怎样的思考？请编制一份“我心目中的英雄”排行榜。（学习任务群6　思辨性阅读与表达：问天下谁是英雄）

这个情境中，“青年学生往往有英雄情结，都在心底仰慕英雄”“你对英雄有怎样的思考?”指向的是学生个体的关注和自主理解，所以属于个人体验情境。

社会生活情境是指校内外具体的社会生活，强调学生在具体生活场域中开展的语文实践活动，强调语言交际活动的对象、目的和表述方式等。该情境体现的是学生的社会取向，即学生作为社会一员的责任、关注、理解、倾向和行动等。

例如：近年来，电影市场常有一些具有超高票房、巨量观众的影片，这些影片在较长的一段时间内被人关注、引人讨论，在许多领域对人们产生了巨大的影响，我们把这些影片称为热门电影。热门电影常常带来年度热词，引领社会文化潮流，影响大众的日常生活和审美趣味。思考热门电影背后的文化问题，参与社交媒体讨论，一定会很有意思。（学习任务群2　当代文化参与：热门电影的评价与交流）

这个情境中，“思考热门电影背后的文化问题”，限定了学生讨论的话题；“参与社交媒体讨论”，限定了讨论的场合。整个情境指向社会生活，属于社会生活情境。

学科认知情境指向学生探究语文学科本体相关的问题，并在此过程中发展语文学科认知能力。该情境体现的是学生的学科取向，即学生学到的语文知识、生成的学科技能以及形成的学科素养。

例如：古典诗词有如神山，隐约在海阔天遥、苍波远处，普通读者只知其美而不知其何以为美，欲窥神山面目而苦无路径。

“仿佛神山如可见”是叶嘉莹先生的词句，她学贯中西，是当代诗词大家。《小词大雅》是叶嘉莹先生的演讲实录，这本书举例丰富、说理恺切，借着叶嘉莹先生的指点，读者可以一窥“神山”的奥妙，将你领路到的奥妙凝结成简洁的文字，编写《小词大雅》简书。（学习任务群1　整本书阅读与研讨：《小词大雅》）

这个情境指向《小词大雅》整本书的阅读与研讨，探究的是语文学科本体相关的问题，属于学科认知情境。

统编教材中的单元任务设计，充分体现了情境意识，为我们创设情境提供了很好的借鉴。

每个学习任务中，前面的引入语都是创设的情境。新教材中的任务与以往教材中的练习有很大不同，它不再是知识性的积累或问题式的训练，而是通过较多的描述引出相关学习任务，这些描述设置的就是具体的情境。一般来说，每个单元的第一个任务都是从文本内容出发探讨人文价值，更多是个人体验情境、文本情境，有时也涉及社会生活情境；第二个任务从文本结构、表达技巧、语言风格出发进行设计，更多的是文本情境、学科本体认知情境；最后一个是书面表达方面的任务，更多涉及的是真实的社会生活情境以及个人认知情境。比如必修上册第二单元新闻作品学习的第一个任务：劳动推动着社会的发展、时代的进步，也塑造着人的思想品格。袁隆平等杰出劳动者的模范事迹，古代人民热烈的劳动场面，彰显了劳动的崇高与美丽；普通劳动者的辛勤汗水，手工匠人的高超技艺，体现出劳动的价值与意义。从下列话题中任选一个，结合课文具体内容，分组进行专题研讨。

话题1：劳动的崇高与美丽。

话题2：劳动的价值与意义。

话题3：无私奉献、锐意进取、勇于创造。

话题4：辛勤劳动、诚实劳动、创造性劳动。

不难看出，描述先从社会生活情境出发指出劳动的社会意义，再从文本情境出发列举不同文本的价值，最后从个人体验角度布置任务，启发思考。因为有了这样的情境，特别是文本情境的提示，所以教学时不能将这个任务做成班会式的主题研讨，而应密切结合文本阅读谈自己的独特感受。

又如这个单元的第四个任务：教过两代人的山村小学教师，救死扶伤、护佑生命的医生，精心擦拭每一块玻璃的保洁阿姨，春耕秋收、辛勤劳作的农民等，生活中，有很多平凡的劳动者值得我们关注，发生在他们身上的不少事也可能触动我们的心灵。写一个你熟悉的劳动者的故事，不少于800字，题目自拟。

很明显，这个任务提示的是各种不同的生活情境，促使学生去思考，然后根据个人的体验表达成文。

总之，情境是孕育学科核心素养的母体，离开了情境，语文学科核心素养无从形成。“无情境，不命题”“无情境，不教学”已成为新时代的教育共识。

4. 项目学习

新课标在阐述语文学习任务群的概念时提出，“‘语文学习任务群’以任务为导向，以学习项目为载体……”；在教学与评价建议中指出，“加强课程实施的整合，通过主题阅读、比较阅读、专题学习、项目学习等方式，实现知识与能力，过程与方法，情感、态度与价值观的整合，整体提升学生的语文素养”。

项目学习，亦称“项目化学习”“项目式学习”“基于项目的学习”等，虽然用词有差异，但均源于 project-based learning（简称 PBL）。

项目学习最早源于杜威的实用主义哲学教育思想。杜威认为有价值的经验是通过学习者与其周围环境中的事物、情境和事件不断交互而产生的，即教育需要让学生参与真实情境来思考问题和处理问题。杜威的学生克伯屈则从学习心理学和教育学角度创立了“项目教学法”，认为项目学习是一个在特定的社会环境中发生的、需要参与者全身心投入的、有计划的行动。

美国巴克教育研究所在《项目学习教师指南》中，把以课程标准为核心的项目学习定义为一套系统的教学方法，强调它是对复杂、真实问题的探究过程，也是精心设计项目作品、规划和实施项目任务的过程，学生在此过程中能够掌握所需要的知识和技能。托马斯强调，项目学习是一种围绕项目展开的探究性学习模式，项目是复杂的任务，学习者为了完成项目目标，需要考查、参与设计、解决问题、制定决策，最终以陈述或交付实际产品的方式结束项目。

有专家认为，如果项目学习设计得当，学生在语文学习中围绕特定任务，通过自主语言实践活动，能真正将知识内化为能力，并在情境体验中将其凝结为素养。经济合作与发展组织（OECD）在“教育 2030：教育和技能的未来”项目中提出，课程内容框架要注重基于核心概念的学科内容统整。如何围绕大概念来组织学科知识内容，加强内容设计及其结构化，可能是未来课程设计需要关注的问题。

第二章　基于课程标准的教学关键要素设计

第一节　基于课程标准的学习目标设计

学习目标是教学的出发点和归宿，是教师对学生达到的学习成果或最终表现的描述，是学生学习的路线图。学习目标是否正确，目标叙写是否规范直接决定课堂教学走向，关乎课程目标和学科核心素养能否得到有效落实。

一、学习目标的来源

首先，学习目标的确定必须依据课程标准。课程标准是教学实施的纲领性文件，高中语文课程标准为全面提高学生的语文素养、充分发挥语文课程的育人功能提供了根本性指导意见。在学习目标的制订过程中，教师的经验、教材和教参、学生的具体情况都是我们应当考量的因素，但是首要的因素应当是课程标准。制订学习目标应当以课程标准为根本原则，如果置课标要求于不顾，很容易犯经验主义、教条主义错误。

2017 版高中语文课程标准以语文核心素养为统领，明确提出了 12 个课程目标，设计了“语文学习任务群”。12 个课程目标中，每 3 个分别对应语言建构与运用、思维发展与提升、审美鉴赏与创造、文化传承与理解四个方面的核心素养。每个学习任务群中都明确提出了若干个学习目标与内容。这是我们制订单元学习目标和课时学习目标的重要依据。制订学习目标时应将教材中的单元具体内容与课程目标、学习任务群中的目标与内容对应，弄清单元内容归属于哪一个任务群，进而结合单元内容，将学习任务群的目标具体化，并使目标能清晰指向核心素养的四个方面。

如统编教材必修上册第一单元由《沁园春·长沙》《立在地球边上放号》《红烛》《峨日朵雪峰之侧》《致云雀》五首诗歌和《百合花》《哦，香雪》两篇小说组成。从文体来看应当归属于“文学阅读与写作”学习任务群。新课标中该学习任务群的学习目标与内容描述如下。

(1) 精读古今中外优秀的文学作品，感受作品中的艺术形象，理解欣赏作品的语言表达，把握作品的内涵，理解作者的创作意图，结合自己的生活经验和阅读写作经历，发挥想象，加深对作品的理解，力求有自己的发现。

(2) 根据诗歌、散文、小说、剧本不同的艺术表现方式，从语言、构思、形象、意蕴、情感等多个角度欣赏作品，获得审美体验，认识作品的美学价值，发现作者独特的艺术创造。

(3) 结合所阅读的作品，了解诗歌、散文、小说、剧本写作的一般规律。捕捉创作灵感，用自己喜欢的文体样式和表达方式写作，与同学交流写作体会。尝试续写或改写文学作品。

(4) 养成写读书提要和笔记的习惯。根据需要，可选用杂感、随笔、评论、研究论文等方式，写出自己的阅读感受和见解，与他人分享，积累、丰富、提升文学鉴赏经验。

据此，结合本单元内容，我们可对目标进行如下设计。

(1) 感受革命领袖的伟大革命抱负和豪放胸襟，理解文章作者对国家前途命运的关注，激发青春的热情，理解春青的价值，敞开心扉，追寻理想，拥抱未来。

(2) 领会本单元诗歌与小说的内容，理解诗歌运用意象抒发情感的手法，把握小说叙事和抒情的特点，体会诗歌和小说的独特魅力。

(3) 学习从语言、形象、情感特点等不同角度欣赏作品，获得审美体验，提高文学作品的鉴赏能力。

(4) 结合本单元诗作的学习，尝试写作诗歌，可以以本单元的作品为学习的范本，也可以选择自己喜欢的中外诗歌作为研习的材料，从生活出发，寻找素材，激发诗情，抒发真情实感。

上述目标中，第一个目标紧扣“青春激扬”人文主题，从情感态度与价值观维度出发，是对价值观和必备品格目标的具体化表述，其本身并不独立，而是需要在后三个目标的达成过程中来落实。其余三个目标是对关键能力的具体化描述，其中，(2)与(3)两个目标重点指向核心素养中的“审美鉴赏与创造”，(4)重点指向“审美创造”，(2)、(3)、(4)三个目标同时渗透“文化传承与理解”。四个目标都以“语言建构与运用”为基础，并贯穿始终。

需要注意的是，统编教材中有的单元由多种文体的文本组成，同一个单元可能对应两个或两个以上的学习任务群，需根据单元具体内容分别对应的不同的学习任务群来确定单元学习目标。如统编教材第二单元由人物通讯、新闻评论和古典诗歌三种文体组成，其中人物通讯、新闻评论属于实用性文体，归属于“实用性阅读与交流”学习任务群，而古典诗歌应归属于“文学阅读与写作”任务群。而从单元构成来看，本单元的选文以实用文体居多，故单元目标的设计应当突出“实用性阅读与交流”这个主体，适当兼顾“文学阅读与写作”。

其次,学习目标的确定还应遵循单元导语的提示。统编教材的大部分单元是以阅读与写作为主的单元,单元导语是其基本栏目之一。单元导语一般由 3 段组成,简明扼要地说明了单元的人文主题、所属学习任务群及选文情况、单元核心任务及学习目标。单元导语中的单元学习任务及学习目标基本明确了单元学习整体目标,为教师设计单元目标带来了极大便利。日常教学中教师可以根据单元导语的提示,结合单元具体内容和学生实际,将单元导语中的目标进行具体化描述。

虽然统编教材单元导语中已经基本明确了单元学习目标,但是不等于照搬这些目标就行了。我们还必须结合所属学习任务群的学习目标与内容以及课程目标、学科核心素养进行追根溯源式的思考,搞清目标来源,理清目标与学科大概念的关系,明确目标指向。唯有如此,才能增强专业自觉,将学科核心素养落实到每个单元的教学中,并最终达成课程目标。

学习目标与教材、学习任务群、课程目标、学科核心素养的关系如图 2-1 所示。

图 2-1 学习目标与教材、学习任务群、课程目标、学科核心素养的关系

二、学习目标制订的基本原则

1. 整体性原则

制订学习目标从整体性出发,就是强调要定位于人的培养,立足核心素养来制订学习目标。制订学习目标要整体考虑特定教学内容在语言建构与运用、思维发展与提升、审美鉴赏与创造、文化传承与理解等四个方面对核心素养的支撑作用,又要理清四个方面之间的联系;可以有所侧重,但不能生硬割裂。

下面以《登高》为例,对基于“双基”和基于“语文核心素养”的两种设计进行比较。

“双基”框架下,本课的学习目标设计如下:

① 理解和掌握“渚”“回”“百年”等文言实词的意义和用法;

② 理解杜甫在本诗中流露的深沉的苦痛和忧思;

③ 通过对意象的分析,学会赏析情景交融等手法的运用;

④ 能有感情地朗读和背诵课文。

基于“语文核心素养”的学习目标可以设计如下：

① 掌握诗歌诵读的基本方法，能对他人的诵读进行评价，能通过反复诵读揣摩作品的意蕴和情感。

② 能从诗歌创作背景、意象和创作手法等角度分析和评价作品的构思、意境和风格。

③ 能通过以上学习活动体会和理解古代诗歌的艺术美感，能正确感受和评价作品的意境美和作者的人格美。

④ 通过本节课的学习深化学生对古典诗歌的热爱，培养其亲近经典文学作品的热情。

可以看出，在“双基”框架下设计的四个学习目标中，一个指向基础知识，其余指向基本能力，缺少指向情感态度、价值观的目标。而且这四个目标，都只关注了学生学习这篇诗歌获得的知识和能力，而对于是否有利于学生形成迁移运用能力，是否有利于培养学生良好的学习方法和思维品质，是否能够激发学生学习古典诗歌的热情等关乎核心素养培育的问题都缺少必要的关注和思考。

而在“语文核心素养”大框架下，学习目标的设定真正体现了钱梦龙先生提出的“语文课要实实在在教会学生读书”这个思想，而不是教学生读懂一篇课文。课文终究是个例子，要让学生的视野从具体文本延伸到一类作品，从一类作品扩展到一个时期的作品，从一个时期的作品扩展到一个民族的作品。四个目标看似很多，但是它们并不是分步骤完成的，而是在达成①、②两个教学目标的过程中水到渠成地实现目标③、④。事实上，四个目标是不可分割的整体。关键在于老师要有这个意识，并在教学中落实。

学习目标的整体性，还体现在目标的系统性，即课程目标、学年目标、学期目标、单元目标、课时目标是一个目标体系。每一个具体目标都是由核心素养总目标分解出来的，每个教学目标都是对核心素养的总目标的不断进阶，或夯实强化，或持续深入。各目标要环环相扣，既边界清晰，又相互关联、相互作用、一脉相承，共同指向核心素养总目标，如图 2-2 所示。

2. 主体性原则

学习目标是对学生要达到的学习结果的描述，而不是对教师教学任务完成情况的描述，因此，应牢固树立以学生学习为中心的教学观念，从学生学习的角度出发制订学习目标。首先，学习目标要描述清晰，学生能看得懂、看得明白。其次，学习目标应难度适中，既符合学生的认知特点和已有经验，又处在学生的“最近发展区”。最后，学习目标要关注学生的个体差异和不同需求，要设计得有层次、有梯度，让学生有选择的空间。

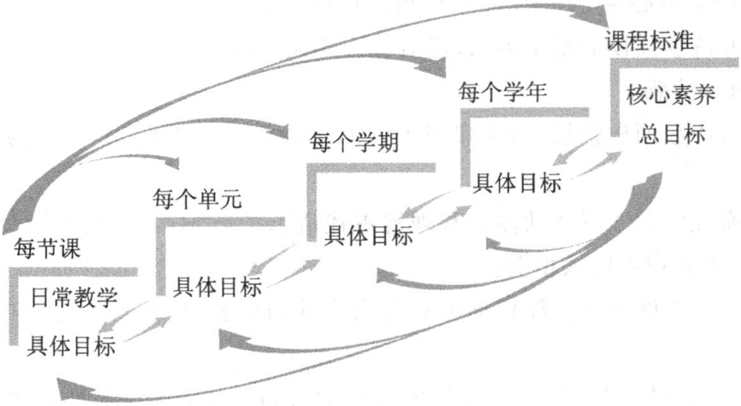

图 2-2　各目标的关系

某诗歌教学的目标设计如下：

① 引导学生弄清各句的含义。

② 理清作者表达的主要意思，培养学生欣赏诗歌的能力。

③ 通过本课的学习，使学生受到理想信念教育，树立正确的人生观。

上述目标的表述存在很多问题，其中最主要的问题是对学习主体的界定错乱。教师在描述学习目标时使用了“引导”“培养”“树立”等动词，这些动词的行为主体都是教师，反映出教师在设计教学目标时还是站在自己“教什么”“如何教”的角度进行设计的。学习目标决定教师的教学行为和学生的学习行为，不同视角下设计的学习目标，往往直接导致课堂上师生关系、学生学习行为的不同。在以教师为主体的目标表述中，在教学实施过程中往往会将学生置于被支配的地位，真正意义上的自主学习难以实现，素养目标难以达成。

3. 具有可操作性

学习目标要描述具体，可观察，可评价。目标的叙写应当包含行为主体、行为条件、行为表现、行为结果等四个要素。

行为主体是学生，即学习目标表述的是学生的学习结果，一般情况下行为主体是隐含的。

行为动词要准确、明确。学习目标是教学的结果，是学生的变化和成长。因此，学习目标要以学生学习本单元或本节课能做什么为追求，需借助指向核心素养不同方面并能表现学习水平的层次性的行为动词来表达。行为动词于教师而言，是设计具体学习任务的重要依据；于学生而言，是引发学习行为表现的关键指令。行为动词必须仔细斟酌，反复权衡，力求表述精准。常见的指向核心素养及表现学习水平的行为动词如表 2-1 所示。

表 2-1　常见的指向核心素养及表现学习水平的行为动词

核心素养	行为动词
语言建构与运用	归类、反思与总结、整理、理解、体会或体味、修改、发现与解释、推断、运用、分享、探究……
思维发展与提升	提取与概括、理解与概括、评价、分析与解释、比较与概括或分析、运用、质疑、推断与整合……
审美鉴赏与创造	感受、把握、想象与联想、品味、感悟、理解、阐释、质疑、评价、评论、创作……
文化传承与理解	感受、理解、积累、梳理、探究、运用、比较、分析、讨论、调查访问、辩论演讲……

行为条件是指达到某种学习结果所需的条件。教师在制订学习目标时应思考:要实现这种学习结果,有哪些路径可以选择?需借助哪些条件?需要用什么任务来支撑?这些问题都要通过思考整合到目标叙述中。其陈述方式通常是这样的:通过什么方式学习什么、理解什么、提高什么或体会什么。如统编教材必修上册第三单元指向“语言建构与运用”的单元目标可表述为“学生能够借助教材中的单元说明、注释及学习提示等学习资源,在整体通读、浏览的基础上,理解各首古诗词中蕴含的思想感情的异同,把握作品内涵,尝试了解诗人们的精神世界”。其中“借助教材中的单元说明、注释及学习提示等学习资源”和“在整体通读、浏览的基础上”表明了学生实现学习目标的路径、方法等条件。如果说学习结果是指明让学生到哪里去,那么行为条件则指明了学生到达目的地的路线或工具。正是因为明确了行为条件,后面的学习结果变得可以期待,否则学习结果只能是空中楼阁,可望而不可即。

《项脊轩志》一文的学习目标如下。

目标之一:体会文章用语平淡而情感浓厚的风格特点。

从目标与课文的关联来看,这个目标抓住了《项脊轩志》一文的主要特点,意在让学生理解并鉴赏本文独特的风格特点,这个方向无疑是正确的。可是从课堂观察的实际情况来看,学生能够感受本文“用语平淡”的语言特点,但对“情感浓厚”的体会多是一些浅表化、标签式的回答,笼统浮泛,无根无据,而教师只能以牵拉拖拽的所谓“诱导”方式,勉勉强强完成对这个问题的探讨。为什么会出现这样的状况?仔细想来,问题的关键在于学习目标表述中“行为条件”的缺失。体会本文字里行间蕴含的深情，需要一定的生活阅历和体验，对于教师来说可能并非难事，但对于阅历较浅的中学生而言确实有相当大的难度。因为学生并不了解归有光的人生际遇和人生期望，难以产生情感的共鸣。如果要让学生能够真切感受作者蕴含在平淡文字中的真情和深情并在分享自己的阅读感受时有凭有据，那么学习目标可修改为"通过阅读归有光的人生经历，从语言和所记琐事两个方面体会文章用语平淡而情感浓厚的风格特点"。在这样的目标引领下，学生可以通过阅读课文和归有光的生平经历，探寻二者的关联，展开与作者、作品之间的深度对话，从而为高质量地达成目标铺平道路。

行为结果即学习结果，是符合学生学习实际、教师可期待的理想结果。以统编教材必修上册第三单元为例，指向"审美鉴赏与创造""思维发展与提升"的学习目标，可表述为"从本单元自主选择一首诗，从语言、内容、情感或写法等角度，任选一个角度，结合具体的诗句，有理有据地写一则 800 字左右的文学短评"。其中"写一则 800 字左右的文学短评"是行为结果，而学生呈现的学习结果如何，则可以根据学生选择的角度是否明确、是否能够结合具体诗句、是否有理有据等行为表现来观察。学习结果只有与学习行为表现结合在一起才变得可测量、可评价、可提升。

4. 体现层次性

学习目标的层次性一方面体现在学生不同学习阶段要有不同的要求。学生的学习水平是渐次提升的，不同学习阶段的学习水平要求是各不相同的。2017 版高中语文课程标准新增加了"学业质量标准"，明确将学生的学业水平划分为五个层级。在制订学习目标时，教师应根据学业质量标准中不同阶段的水平要求，制订符合本阶段课程要求的学习目标。以思维发展与提升为例，新课标对必修、选择性必修、选修课程各阶段的学业水平质量进行了描述，如表 2-2 所示。

表 2-2　新课标对"思维发展与提升"素养不同水平的描述

阶段	水平	质量描述
必修	1	在理解语言时，能提取和概括主要信息，能区分事实和观点，分析各部分内容之间的关系，发现观点和材料之间的联系；能利用获得的信息解决具体的实际问题。在表达时，能做到观点明确、内容完整、结构清楚
	2	在理解语言时，能区分主要信息和次要信息，理解并准确概括其内容、观点和情感倾向；能对获得的信息及其表述逻辑做出评价；能利用获得的信息分析并解决具体问题。在表达时，能注意自己的语言运用，力求概念准确、判断合理、推理有逻辑

续表

阶段	水平	质量描述
选择性必修	3	在理解语言时，能准确概括观点和情感，能分析并解释观点和材料之间的关系；能比较两个文本或材料，能在各部分信息之间建立联系，把握主要信息，分析、说明复杂信息中可能存在的多种关系；能就文本的内容和形式进行质疑，并能主动查找相关资料支持自己的观点；能利用文本中的相关信息解决具体问题。在表达时，讲究逻辑，能做到中心突出、内容具体、语篇连贯、语言简明通顺
	4	在理解语言时，能准确、清楚地分析和阐明观点与材料之间的关系，能就文本的内容或形式提出质疑，展开联想，并能找出相关证据材料支持自己的观点，反驳或补充解释文本的观点；能比较、概括多个文本的信息，发现其内容、观点、情感、材料组织与使用等方面的异同，尝试提出需要深入探究的问题；能用文本提供的事实、观点、程序、策略和方法解决学习和生活实际中遇到的具体问题。在表达时，讲究逻辑，注重情感，能综合运用多种表达方式，从多个角度、多个方面表达自己的理解和感受，力求做到观点明确，内容丰富，思路清晰，感情真实健康，表达准确、生动
选修	5	在理解语言时，能从多角度、多方面获得信息，有效地筛选信息，比较和分析其异同；能清晰地解释文本中事实、材料与观点、推断之间的关系，分析其推论的合理性，或揭示其可能存在的矛盾、模糊或故意混淆之处等；能依据多个信息来源，对文本信息、观点的真实性和可靠性做出自己的判断，并逻辑清晰地阐明自己的依据；能从多篇文本或一组信息材料中发现新的关联，推断、整合出新的信息或解决问题的策略、程序和方法，并运用于解决自己学习和生活中遇到的相关问题。能围绕某一方面的问题组织专题探讨，形成自己的观点。在表达时，讲究语言运用，追求独创性，力求用不同的词语准确表达概念，用多种语句形式表达自己的判断和推理；尝试用多种文体、语体，多种媒介，多样地表达自己的思想和情感，追求表达的准确性、深刻性、灵活性、生动性

学习目标的层次性还体现在同一单元、同一节课内部各目标之间的能力层级不同。布鲁姆等人将教学目标分为认知、情感和动作三个领域，每个领域的目标又由低到高分成若干层次。认知领域的目标包括知识、理解、应用、分析、综合和评价等六级水平(见图 2-3)。

知识、理解、应用属于低层次思考范畴，分析、综合、评价属于高层次思考范畴。

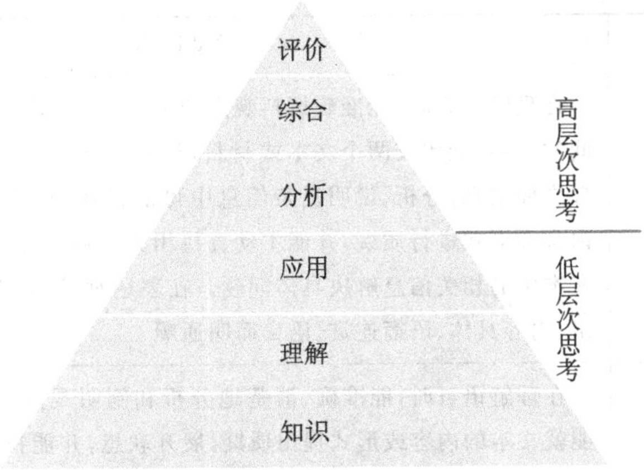

图 2-3 认知领域的目标

布鲁姆认知领域的目标层次分类，可以帮助我们审视学习目标制订得是否合理，如目标之间的逻辑关系是否得当、目标层次是否过低、目标层次是否单一等问题，然后加以调整、修订。以能力和素养为导向的教学中，知识不是学习的终点，而只是分析问题、解决问题的支架或工具，因此，一般不宜将知识作为独立目标。在以任务为导向、学习项目为语文核心素养载体的任务群教学中，往往以高层次思考的问题带动低层次思考的问题的落实与解决，因此，应更加注重设计高层次的目标，以具有综合性、挑战性的任务驱动学生持续学习、深度学习，从而实现语文素养的提升。

三、学习目标制订的路径

学习目标的制订需完成从课程目标到教学目标，再从教学目标到学生可执行性目标的二度转化。

1. 将课程目标转化为教学目标

课程目标是指课程本身要实现的具体目标和意图。它规定了某个教育阶段的学生通过课程学习以后在学科核心素养方面实现的程度，它是确定课程内容、教学目标和教学方法的基础。

教学目标是关于教学将使学生发生何种变化的明确表述，是指在教学活动中所期待得到的学生的学习结果。在教学过程中，教学目标起着十分重要的作用。教学活动以教学目标为导向，且始终围绕实现教学目标而进行。

毫无疑问，教学目标必须遵循课程目标，实现与课程目标的对接。但是课堂教学目标不等同于课程目标。课程目标是学生学习完整个高中课程后所期待达成的目标，而课堂目标是教师在具体教学过程中确定的目标，是一个单元或一节课的教学活动所期待的学习结果。如果将课程目标比作摩天大厦，那么单元学习目标则是这座大厦的某一层，而课时目标则是某一层的某一间房子。

在制订教学目标时，教师应当思考这样一些问题：

（1）本单元归属于哪个学习任务群？学习任务群中的哪些目标与本单元的学习内容有关联？

（2）本单元应当让学生掌握哪些必备知识，形成哪些关键能力和必备品格？这些必备知识、关键能力和必备品格通过本单元的学习达到什么程度？

…… ……

按照这样的路径来思考，目的是审视学习内容对课程目标的支撑作用，并结合具体教学内容，将课程目标转化为一个单元、一堂课期望达成的教学目标。

2. 将教学目标转化为学习目标

教学目标是教师进行教学活动设计的起点，教什么、怎么教、教到什么程度，是教师在教学设计时必然要关注的问题，但是仅有这些思考是远远不够的。教师期望学生达到的学习结果是否一定能实现？在很多情况下，这可能还只是教师的一厢情愿。如果要在最大程度上实现教师所期待的学习结果，教师就必须实现“以教为中心”向“以学生学习为中心”的理念转变，从学生的角度出发思考学生达到预期的结果所必须具备的条件以及实现预期结果的路径和方式等。教师只有将这些问题思考得具体、深入、透彻，才能将教学目标转化为学生可执行的学习目标。转化后，教师必须简明扼要地给学生画出清晰的学习路线图，让学生看完学习目标后能够清楚地知道本节课要做什么、怎么做、做到什么程度。

课程目标、教学目标、学习目标的关系如图 2-4 所示。

图 2-4　课程目标、教学目标、学习目标的关系

第二节　基于课程标准的学习任务设计

学习任务是实现教学目标，形成学科素养的重要载体和途径。任务设计与传统教学中的问题设计、活动设计有何不同？设计任务应遵循什么原则？在设计学习任务时，我们应当思考这些问题。

1. 从知识传授走向问题解决

基于“任务驱动”教学理念的任务设计与以传授知识为主的传统教学理念下的教学设计有根本性的不同。“任务驱动”的任务设计应当坚持以学生解决问题、完成任务为导向，将再现式教学转变为探究式学习，使学生处于积极的学习状态，让每位学生都能根据自己对当前问题的理解，运用已有的知识和自己特有的经验提出方案、解决问题。“在做中学”“在学中做”“学做一体”是其显著特征。而以传授知识为主的课堂将知识本身作为终点，或将知识学习和问题解决分为先后两个阶段(先进行知识学习，再运用知识来解决问题)。

【案例一：杜甫诗歌专题学习任务设计】

通过课文注释和学案上提供的材料，概述杜甫的人生经历，了解诗歌创作的背景。

在该任务中，教师只是让学生将“杜甫的人生经历”作为孤立的知识进行了解，并没有将作者的人生经历和作品建立任何关联。学生即使将杜甫的人生经历概述得很全面、很清晰，又有多大价值呢？

如果将此任务改为“赏析杜甫四个人生阶段的诗歌，谈谈四个阶段的诗歌风格有何不同，为何会有这样的不同。”那么学生的学习情形会大不相同。在这样的问题驱动下，学生可以通过对杜甫四个阶段诗歌作品的学习，把握诗歌中的情感，领略诗歌不同的风格，并搜集杜甫的人生资料，探讨作者人生经历对作品风格的影响，从而建构知人论世的学科思维方法。在这样的任务中，作者的生平经历等知识不是任务的终点，只是学生研究作品风格形成原因的一个支架。

【案例二：驳论文写作任务设计】

任务1：阅读下面的三篇文章，讨论这些文章是从哪个角度进行批驳的，分析驳论文的基本特征、基本结构。

任务2：针对提供的材料，写一个驳论文的片段，不少于200字。

这个案例中的两个任务，是按照先学习理论知识再解决问题的思路设计的。第一个任务的目的是让学生获得有关驳论文写作的基本知识。第二个任务的目的是运用任务1中获得的基本知识进行写作训练。这种设计既有知识获得，又有知识运用，看似很合理，但是仍有几个问题值得反思。一是这些基本知识学生在以前的议论文学习中已经有所了解，并不陌生，是否需要通过单独的任务用近一节课的时间来重新获得？二是这些知识的获得一定先于实践(写作)，实践(写作)环节必须置于知识获得之后吗？知识是否可以以“支架”或“工具”形式置于学生的实践过程中呢？

如果将任务1和任务2进行整合，提供包含论点、论据、论证等问题的三则材料，让学生针对三则材料，写一个不少于200字的文段，那么学生就会调用已有知识进行写作实践，并在成果展示、互评、修改中丰富和调整现有的知识结构。如果有的学生对于驳论文的基本特征、基本结构等知识尚有缺漏，那么他们完全可以在任务驱动之下，根据完成任务需要具备的条件，自主阅读相关文章，自行建构相关知识。这种“在做中学”“在学中做”式的任务设计，突出了实践性，体现了“知行合一”的教学理念，更加符合语文学科的课程性质。

通过对以上两个案例的分析可以看出，教师在进行任务设计时，应转变以知识传授为主的教学观念，坚持素养导向，将学生置于真实的问题情境中，运用已有知识分析问题、解决问题，并在分析问题、解决问题的过程中完成知识的获得与重建。

2. 从单一要素走向多要素整合

新课标以学习任务群为教学组织形式，整合是其本质特征。与之相应，学习任务设计也必然要凸显整合性，设计任务时应努力做好以下五个方面的整合。

一是整合学习内容。根据单元学习目标，审视单元每篇课文的价值和意义，采取多文本组合，形成指向单元目标的“内容群”。例如，基于“把握诗歌豪放与婉约风格的特点，赏析不同风格的诗歌艺术魅力”的目标，我们可以选取苏轼、辛弃疾等的经典豪放派诗词和李清照、柳永等的经典婉约派诗词，还可以选取有关豪放派和婉约派风格的诗论，多文本、多文体组成“内容群”。通过对文本的学习，我们既可以把握豪放派与婉约派风格的不同特点，又可以将两种不同的风格形成对照研究，加深对两种不同风格的理解，形成对两种风格的诗歌赏析和创作的规律性认识。再如，基于“了解同一名作者不同风格的作品，感受作者思想情怀”的目标，我们可以选取同一名作者不同时期、不同风格的多个作品组成“内容群”。如以杜甫诗歌为专题，为达成“了解杜甫诗歌多样化的艺术风格，整体把握诗人情感世界”的目标，我们可选取“沉郁顿挫”“清新自然”和“雄放俊逸”三种风格迥异的诗歌作品，组成“内容群”，让学生通过阅读诗人不同时期的作品，感受作者不同时期的思想情怀，进而构建关于社会生活与文学创作关系的认识。如以探究小说环境描写的作用为目标，我们可以选取《祝福》《林教头风雪山神庙》等含有大量环境描写的小说，组成“内容群”，通过这些作品中的环境描写，全面理解环境描写对于塑造人物形象、反映社会现实以及表达主题等方面的作用。

二是整合学习情境。情境与任务密不可分，任务只有在具体情境中，才能引发学生的语言行为表现。任务设计需要结合学习任务群的要求，去创设融合重要学科知识的问题解决情境、能够引导学生广泛而深度参与的学习情境。例如，以诗歌为主体的“文学阅读与创作”任务群教学，可以借鉴近几年央视《经典咏流传》《中国诗词大会》等节目的形式，创设“诗歌品鉴大会”这样一个情境，通过“我把诗歌朗诵给你听”“我把诗歌解读给你听”“我把诗歌评给你听”“我把诗歌创作给你听”等环节，驱动学生朗诵诗歌、解读诗歌、赏评诗歌、创作诗歌，并与同学分享、互评。这样的情境创设，建立了文本、学生、生活三者的关系，始终将学生置于主体地位，能够激发学生的参与热情；这样的情境融合了学科知识与技能，突出了语言实践活动，有助于达成素养目标。

三是整合学习方法。阅读与鉴赏、表达与交流、梳理与探究，是最基本的语文学习活动，反映在听、说、读、写等表现性的行为上，作为最常见的语文学习方式，它们是密不可分的整体，不是单一的技能训练，也不是简单地从主题内容层面上贴标签式地呼应，而是根据单元需要有意设计的结果。例如，教师在学习的不同阶段，紧密结合阅读教学，设置不同类型的表达与交流任务，通过批、概要、随笔、杂感、札记、时评、小论文、研究报告、文学创作，以及各类实用文体写作，通过口头报告展示交流，指导学生积极地、富有创意地读书，完成阅读与鉴赏、表达与交流、梳理与探究的整合。再如演说、辩论、故事会、比较阅读、主题研究、调研、访谈、文学期刊编纂、社团组织、网络协同学习……这些丰富的语文学习活动，蕴含着很多程序性方法知识。这些基本的语文学习方法、策略的学习，要贯穿始终，引导学生自主形成良好的语文学习习惯，最终达到“教”是为了“不教”的目的。

四是整合学习资源。教材是最重要的学习资源，但教材的容量是有限的。高中语文统编教材以人文主题和任务群双线组织单元且大多按群文组课的方式编写，已经为教师提供了整合性教学资源。但这并不意味着教师必须按照教材内部固有的顺序来教学，更不是说教师不需要引入其他课外资源。相反，教师应当从教学实际需要出发，秉持“用教材来教，而非教教材”的原则，根据单元目标，打破教材单元固有的内部顺序，对教材进行再度整合。同时，为了达成学习目标，教师也可以选取与单元学习主题相关的课外资源，形成与教材的配合。

五是整合学习时间。为促进学生深度学习、持续思考，教师需要设计综合性、挑战性的单元学习任务，而学生完成这样的学习任务需要较长时间。因此，教师要突破课时主义观念，根据单元任务统筹课内、课外时间，形成“课时群”，并根据任务的复杂程度合理分配学习时间；要建立课内与课外联动机制，实施课内、课外双线任务驱动，形成课内为主，课外为辅，课内课外互补的学习格局，促进学生深度学习和持续思考。

3. 从简单的问题与活动设计走向核心任务设计

传统的语文教学并非不设计问题，但是这些问题往往缺乏整合，过于零碎，一堂课多达十几个问题，教师忙于提问，学生忙于回答，以至于出现“满堂问、满堂答”的现象，课堂碎片化问题严重，学生被教师的问题牵着走，难以有独立发现问题和深入思考的时间与空间。在这样的问题的驱动下，学生掌握的是一个个孤立的知识点，解决的是一个个孤立的问题，缺乏结构化理解，难以应对综合性、复杂性问题。

传统的语文教学并非不设计学生的活动，但是这些活动往往局限于知识点的学习或单一技能的训练，总体来说比较简单，综合性不强，缺乏挑战性，不足以引发学生持续思考和理解，不能承载素养导向的学习目标；甚至有的老师不清楚设计活动的目的，不知道活动是否达成了学习目标，课堂呈现出为追求热闹而热闹、为活动而活动的嫌疑。

核心素养是知识与技能，过程与方法，情感、态度与价值观的综合体现，要获得这些综合品质，提供给学生的学习载体应该是综合性较强的内容。如果活动设计得比较小、过于简单，就很难引导学生进行深入思考和探究；如果活动比较零散、缺乏综合性，就不足以为学生提供充分体验和探究的空间，学生之间的合作与交流就容易流于形式，深度学习就很难展开。

在落实核心素养的课堂上，教学设计的关键不是设计简单的活动让学生动起来，而是设计与真实生活紧密联系、能激发学生持久思考探究或促进学生深度学习、具有一定难度和综合性、有利于素养目标实现的学习任务活动，提升学习活动的品质和质量。我们将这样的学习任务叫作“核心任务”。

下面，我们以曹禺的《雷雨》为例，说明传统的教学设计和新课标背景下的核心任务设计的区别。

传统教学中常见的问题与活动设计：

① 节选部分的戏剧冲突表现在哪里？试结合具体内容进行简要分析。

② 周朴园对侍萍的怀念之情到底是真还是假，人们一直有不同的看法。结合下列种种观点（具体观点略去），谈谈你对这个问题的认识。

③ 剧中的人物语言常常有丰富的潜台词。揣摩画线语句的潜台词，探究下列片段所表现出的人物性格。（具体片段与画线语句略去）

新课标背景下的核心任务设计：

以小组为单位，参照以下步骤，从《雷雨》选段中，任选一个片段，进行展示演出。

① 深入研读剧本。抓住戏剧冲突这个中心，多层次深入理解剧本的丰富意蕴。

② 小组集体讨论，形成演出本。抓住关键台词或关键动作，悉心体会戏剧情境和人物性格，揣摩最合适的语气、语调，设计最适宜的表演方式。

③ 进行排演，准备演出。进行排演后，投入剧情，化身剧中人物，找到最合适的处理方式。

④ 解说演出本，正式演出，评议总结。全班同学进行评议，担任导演、演员的同

学谈自己的心得体会。评议结束后，每名同学写一篇不少于800字的作文，分析剧中的人物形象。

两者相较，其不同点显而易见。前者关注戏剧冲突、人物心理或形象、潜台词，并分别设计问题或活动；后者着眼于运用，以戏剧演出为核心任务，带动学生深入研读剧本，揣摩人物动作、神情与心理，并选用恰当方式完成表演。前者涉及的学习要素和学习方式过于单一，解决问题需要的时间相对较短；后者具有复杂性、综合性和挑战性，程序较多，需要学生深度学习、持续学习。前者关注文本内部问题的研讨，导向学生做题；后者关注由文本内部向外部的迁移运用，导向学生做事。

美国教育评价专家韦伯提出了“知识深度”理论。这个理论主要指向教学活动和任务设计，强调的不是内容的难度而是学习的深度、学习过程的复杂程度，这正是在课堂上落实核心素养所需要的。“知识深度”理论将学生的认识水平分成四个等级，设计者可以根据不同等级的思维要求，设计相应的活动和任务（见表2-3）。教师可以利用这个工具，设计与学习目标相匹配的活动和任务，也可以用这个工具评估自己所设计的活动是否处在较高的思维层级，是否具有一定的综合性和挑战性，是否能够推动学生深度学习、促进核心素养落实。

表2-3　认识水平的四个等级

深度层级	思维水平	认知水平	对应的活动/任务
第一级	平常思维	回忆与再现	陈述故事中的事件、人物、背景等； 列举关于某个概念的关键词； 根据剧本回忆时间点； ……
第二级	概念思维	技能与概念	用时间线、卡通画、概述或者流程图，借助具体细节，为系列事件排序； 用多种形式，如词汇、实物、图片等解释概念； 为历史人物完成传记； 为开展调查研究制订恰当的学习策略，如信息找寻、收集组织、展示和总结； ……
第三级	策略思维和推理	问题解决与应用	使用证据，形成观点或想法； 解释复杂的概念，并将其与真实的世界联系起来； 创作论文、故事、诗歌或戏剧； 设计组织和开展调查，形成结论； ……

续表

深度层级	思维水平	认知水平	对应的活动/任务
第四级	拓展性思考	迁移思维和创造	完成需要多种角色和合作的任务，如剧本创作、视频拍摄、编辑等； 组织和参与基于社区或学校的项目活动； 运用多学科的知识解决生活中或小说中的问题； ……

语文核心素养是学生在积极的语言实践活动中积累与建构起来，并在真实的语言运用情境中表现出来的语言能力及其品质，因此，必须在真实的语言运用情境中才能培育。我们在设计核心任务时应当充分考虑核心素养形成的规律和特点，并认真考量其承载的价值和意义，只有这样，才能发挥核心任务在学生素养提升过程中的关键作用。

第三节　基于课程标准的学习情境设计

情境和任务是学习任务群的两个核心要素。任务是要学生做什么，而情境是条件，是在什么情况下做，是做的背景和意义。在任务群的学习中，我们总是围绕任务创设一定的情境，又在情境中完成相关任务。任务中有情境，情境中有任务以及任务的相关要求。有情境，任务才有可操作性，才可能引发学生真正的思考；脱离情境，学生无法理解所学内容的意义。因此，情境和任务是密不可分的，在任务群教学中，二者被合称为“情境任务”。围绕某一个学习任务群的教学目标创设一种真实情境，激发学生完成任务的欲望和动机，在这个任务的驱动下通过语文学习活动来完成任务，这是当前语文学习任务群的基本教学范式。

那么，恰当的任务情境应如何创设呢？下面，我们从任务情境设计与传统教学中情境导入、问题设计的区别以及情境的自身特点出发加以说明。

一、任务情境创设不是场景导入而是情境统领

在学习任务群中，任务情境不是教学中的一个导入环节，或者通过“讲个故事”将学科知识做所谓学生本位的庸俗化处理，而是结合学习的主题将整个学习内容、学习进程都置于情境之中，具有一定的综合性、开放性和挑战性。

传统的情境教学法是指在教学过程中，教师有目的地引入或创设具有一定情绪色彩的以形象为主体的生动、具体的场景，以引起学生一定的情感体验，从而帮助学生理解教材，并使学生的心理机能得到发展的教学方法。比如教学《始得西山

宴游记》时，呈现几张西山的风景图片，让学生感受西山的壮美；教学《定风波》时，播放一段配乐的《定风波》朗诵，让学生体会苏轼的豁达情怀；教学《荷花淀》时，播放一段《水墨动画：荷花淀》视频，激发学生阅读小说的兴趣。这些都是情境教学法的具体体现。它们只是教学中的一个环节，主要起到场景导入的辅助作用。任务情境创设则不同，它指向整个学习内容和学习进程。比如，有一位老师在教学《始得西山宴游记》一课时，创设了一个任务情境。

在中国，有一种“山水因人而胜”的独特文化现象。山水名胜，美在自然，更美在人文。事实上，山水名胜与人也是彼此成就的，如蠡湖之于范蠡，敬亭山之于李白……还有，西山之于柳宗元。

2019 年 9 月，湖南永州零陵区政府开始着力开发“西山文化”，整合众多人文与自然资源，形成西山文化集中体验展示区。我们将体验柳宗元的宴游之乐，参与西山文化设计，梳理并传承“西山文化”。

由此情境统领，产生了三个学习任务：

① “西山文化”开发中心计划在西山之巅建造一座观光亭，请依据《始得西山宴游记》，为观光亭命名（题写匾额），并撰写一副楹联。

② 开发中心举办“大美零陵，西山看山”景点推介，请依据《始得西山宴游记》创作一段西山自然景致的推介词（300 字左右）。

③ 对于“西山文化”的内涵，开发中心莫衷一是。请你撰写一段文字（400 字左右），解读“西山文化”之精髓。

这位老师创设的这个任务情境指向对《始得西山宴游记》课文的深度研读，三个任务的完成过程也正是师生研读文本的过程，并且具有一定的综合性、开放性和挑战性。学生要想写好楹联，就必须对柳宗元和西山有所了解；要想写好西山自然景致的推介词，就必须熟读、精析文本第二段对西山的自然景致的描写；要想解读“西山文化”的内涵，除了了解西山景致之外，还要深入研究当时柳宗元的写作心理以及他为文的风格与政治理想。这三个任务倒逼学生去翻译文本、精读文本、研读文本。学生在阅读与鉴赏、表达与交流、梳理与探究等语文活动中完成对文本的学习。这样的教学过程把传统的教师讲授文本转变成学生主动学习和自我建构，让学生在语文学习活动中提升学科核心素养。这也非常清楚地解答了很多教师提出的“老师不讲文本，学生能会吗？”的疑惑。教师确实没有“讲文本”，但是情境和任务逼着学生去研读文本，把“讲”变成了“学”。而且如果学生遇到不会解决的问题，他自己也会通过和同学讨论、查找资料、向老师提问的方式主动解决。这样的“不讲”，效果定然远远超越滔滔不绝的“讲”。

二、任务情境创设不是提出问题而是任务驱动

任务如果脱离了情境，极容易变成问题。

【案例一：《红楼梦阅读——钗黛比较》一课创设的情境】

小组合作学习，自选角度，比较宝钗和黛玉的形象差异。

【案例二：《荷花淀》一课创设的情境】

学校"读书节"到了，为了传承红色经典，推进中国革命传统作品的阅读，学校决定举行"红色作品最美女子"评选活动。请你为荷花淀的女子拍摄一段微视频参加评选，展现她或她们的美。

案例一是典型的"问题的提出"，而不是"任务情境的创设"。二者看似相同，却代表着两种不同的教学理念。"问题"指向答案，指向知识中心；"任务情境"指向活动，指向学生中心。"提出问题—解答问题"，师生在一问一答中完成教学内容，这就是我们传统的教学方式。其中，教师通过提问把控学生与自己对文本理解和预设的一致性，其目的是把固定、明确的内容传授给学生。说到底，这还是以知识为中心的课程理念。脱离了情境的任务是无法驱动学习的，它只能传授知识而不能提升能力。为什么说"比较宝钗和黛玉的形象差异"不是真正意义上的"任务"？第一，它缺少"目的性"。我们为什么要比较二人的形象差异？比较二人的形象差异有何意义？回答不了这个问题，就会让学习缺少动机。第二，它缺少"开放性"。任务已经明显指向二人的"形象差异"，为什么不能寻找二人的共同之处呢？第三，它缺少"探究性"。虽然是"自选角度"，但它实质上还是对文本信息的筛选和概括，无非是"性格差异""家世背景""为人处世"几个方面，都在教师的预设和掌控之中。第四，它缺少"主体性"。在回答这个问题时，我们看不到作为独立个体的学生的独特感受。

任务情境的创设，首先指向学生的语文学习活动，目的不是完成教学内容和传授知识，而是让学生通过对文本的阅读与鉴赏、表达与交流、梳理与探究等活动，运用所学的知识去解决具体情境下的问题，从而提升学生的核心素养。

案例二的任务情境指向的是学生活动——为荷花淀的女子拍摄微视频，但教学目标依然是鉴赏小说中的意境美和人性美，传承和理解革命传统文化，但是学习方式发生了根本的变化，不再是学生被老师的问题牵着走。为了完成这个任务，学生进行小组分工，小组成员分别担任导演、编剧、演员、评戏员、资料收集员、导演助理等角色；然后，学生确定本小组要拍摄的微视频的名称，商定这段视频的主题词，改编剧本，选择演员，这些活动的实质还是对文本的研读，学生运用从文本习得的知识去解决新的问题，从而在语文学习活动中完成知识的建构。

三、任务情境不是虚假情境而是真实情境

以往的高中语文教学中往往存在一种实践偏差——学习内容通常依托不适宜的虚拟情境来展开，导致学习内容缺乏挑战性，没有吸引力。比如，学习小说时教师习惯性地安排学生讨论这样的问题："假如你就是主人公，你会怎么处理这种困境""假如你就是主人公的朋友，你想对他说什么"。这种问题情境看似真实，实则虚假；学习内容看似深刻，实则肤浅。当然，这并非否定所有虚拟情境。有的情境虽是虚拟的，但也符合生活的逻辑，在学生的现实生活或以后的工作与生活中可能会遇到，而且能够激发学生的探讨欲望，依然可以看作真实的情境；而有的情境，违背生活的逻辑，在学生的现实生活乃至以后的生活中不可能发生，为虚假情境。

新课标特别强调："真实、富有意义的语文实践活动情境是学生语文学科核心素养形成、发展和表现的载体。"这对"任务情境"提出了两点要求：一是"真实"，二是"有意义"。

"真实"，首先要求情境创设贴近学生的生活实际，与学生日常生活关联，是学生日常生活或在将来学习、工作、生活中可能遇到的问题；其次，情境创设要基于学生已有的经验并超越学生已有的经验，接近学生的"最近发展区"；最后，"真实"还意味着情境创设要符合学生的情感需求，这样才能起到激励、唤醒和鼓舞的作用。"有意义"要求情境创设要符合学科特点，抓住教学重点，激发学生学习文本的兴趣与动机。另外，"有意义"还意味着情境创设一定要融合问题或任务，并且问题和任务设计要适合学生实际水平，要新颖、生动、有针对性，这样才能激发学生思考与学习的欲望。

上文中提到的"为荷花淀女子拍摄微视频"的情境，虽然驱动学生去研读小说，进行语文实践活动，但是这个情境还是算不上"真实而富有意义"。因为"拍摄微视频"其实是一件非常复杂的事，需要有编剧写剧本，有导演安排演员、分配角色，有服装、化妆、场景、美工、字幕等幕后人员，以及特效师、特效剪辑师等。这对高一学生来说，显然超出他们的生活实际和经验水平。远离学生生活的情境不仅无法调动学生的学习兴趣，而且会导致接下来的学习成了应付老师、强迫自我的行为。在此情境之下，如果将任务改成"为荷花淀女子拍摄微视频编写剧本"可能会更好一些，操作性更强一些。

新课标的课程目标是发展学生的学科核心素养，而学科核心素养的实质就是把所学学科的知识和技能应用到真实生活情境中的能力和品格。形成这样的素养，不能只靠教师的传授，还要靠学生在一个又一个基于真实生活情境的任务或项目中通过体验、探究、发现来建构自己的知识，发展自己的能力。一旦脱离了情境，

我们所获得的知识与能力很可能是无用的，所形成的核心素养也可能是表面的、不真实的。因此，提升任务情境的设计能力，应该是我们一线教师今后在较长时间内一直努力的方向。

第四节　基于课程标准的学习评价设计

学习评价是改进学生学习过程，提升学生学习成果，促进学生持续学习的关键环节。

根据评价的目的和作用，针对学生学习的评价方式大致有两种：结果性评价与形成性评价。

一、结果性评价设计

针对学习结果的评价通常在一个单元或一个模块学习结束后进行，是对课堂教学达成结果的评估，侧重于对学习结果的反馈。在整个评价体系中，结果性评价，是检验教学成果、帮助学生反思与提升的重要手段之一，具有其他评估方式不可替代的作用。

结果性评价是一个相对性概念。一节课中基于学生某项学习成果的评价，就是过程性评价；一节课后的检测与评价，相对于一个单元来说，也是过程性评价；一个单元学习后的检测与评价，相对于一个模块或一册教材来说，也是阶段性的。因此，结果性评价可以通过对结果的分析，帮助学生找到问题与不足、发现漏洞，对学生现时的学习成果提升乃至未来的学习都很有帮助。

结果性评价设计主要包括检测题的命制、检测结果及相关信息的利用两个方面。

1. 合理命制检测题，是准确评估学生学习结果的前提

（1）坚持素养导向。结果性评价充分体现新课程理念、新课标精神、新高考特点及学段特点，围绕阅读与鉴赏、表达与交流、梳理与探究等学习活动，紧密结合社会生活、生产实践、自然和科技的发展状况，在真实生活场景中考查学生运用学科知识分析问题、解决问题的能力，引导学生从解题走向解决问题。

（2）坚持学考一致。所学非所考，既不能有效检验教学成果，也无法诊断学生的学习问题，更不利于培育学生的自信心。教、学、考三者一致，是教学必须遵循的基本法则。结果性评价检测试题应密切结合所学内容，立足各单元或模块对学生的语文素养要求，着力突出学习任务群学习内容的考查，把单元导语、课后学习指导、单元学习任务等要素转化为考查内容。

（3）选材要蕴含育人价值。材料和拟题应体现“理想信念”“文化自信”“责任担

当”等人文精神，最好能体现教材人文主题。

（4）合理确定命题蓝图。命题蓝图是教师命题意图和价值取向的集中体现，决定着命题方向和质量。在命制单元检测或模块检测试题之前，教师应梳理出单元或模块中的素养要点，结合所学内容，对必备知识和关键能力分布及其考查载体做出规划，为命题实践提供路线图和施工方案。例如，表 2-4 所示的命题蓝图，对单元、任务群、语文素养、命题取向与要求等方面做了对应性思考和设计，既体现了学科素养要求，又体现了学考一致性原则，为命题活动的开展提供了方向引领和基本框架。

表 2-4　高中语文选择性必修中册期中考试命题蓝图

结构	单元归属任务群	语文素养	命题取向与要求
信息类文本阅读	第一单元 科学与文化论著研习	1. 抓住主要概念，把握核心观点，理清论述思路，感受逻辑力量； 2. 体会其表达方式，把握文章的论证、论辩艺术和严密、准确的语言风格； 3. 积极思考社会现象，深化对问题的认识，提高观点的深刻性，提升思维水平	选取 2 篇议论文，构成群文阅读，体现本单元的素养要求，吸收、转化单元研习任务
文学类文本阅读	第二单元 革命传统作品研习	1. 了解纪实作品和虚构作品各自的特点和表现手法； 2. 欣赏作家塑造艺术形象的深厚功力和富有个性的创作风格	本单元与第四单元同属文学类文本阅读，二者可取其一。本次考试只考查外国作家作品研习的相关内容
	第四单元 外国作家作品研习	1. 理解作品的内涵，领会多样化的文化观念，尝试探讨作品所反映的社会文化差异，感受人类精神世界的丰富； 2. 着重把握戏剧的矛盾冲突，体会对话在推动情节、塑造形象、揭示主题等方面的作用； 3. 通过诵读感受诗歌的氛围，分析意象和隐喻，把握诗歌语言和情感的内在节奏，体会诗歌意蕴	本单元包括外国戏剧和外国诗歌两种文体，二者可取其一，本次考试只考查外国戏剧，可选取《玩偶之家》课本节选之外的部分

续表

结构	单元归属任务群	语文素养	命题取向与要求
古诗文阅读	第三单元 中华传统文化经典研习	1. 理解史家对笔下人物的认识和评价，把握作者观点，理解文中反映的历史观念； 2. 把握论者的观点和论述方式； 3. 学会在具体语境中分辨词语的意义和用法，把握古今汉语的差异与联系；学习评价历史事件，学写人物短评或驳论	本单元有史传和史论两类文章构成，二者可取其一，本次考试只考查史传类文本，选文应富有正能量
语言文字运用	语言文字运用 Ⅰ	正确使用标点、正确选用词语、修改语病	一个材料统领 3 个题目，所选材料体现传统文化的魅力
	语言文字运用 Ⅱ	补写语句（侧重语言的逻辑性）、下定义（把握事物的本质特征）	一个材料统领 2 个题目，所选材料体现当代科技发展成果
写作	第四单元 外国作家作品研习	学写申论，针对具体问题阐发观点，提出解决办法	仿照单元任务形式，提供新材料，完成一篇不少于 800 字的申论

2. 充分利用结果背后的信息，助力教学诊断与提升

检测结果往往以“分数”或是“等级”的形式呈现，“分数”或“等级”代表了以往的学习结果。教师可以借助这些“分数”或“等级”对学生阶段学习程度或效果做出基本判断，反思自己教学中的问题，思考改进的途径、策略和办法。这方面老师们已经在长期的教学中形成了高度自觉，并积累了丰富经验。

但是，结果性评价仅止于此是远远不够的。“分数”或“等级”的背后隐藏着丰富的前因性信息，挖掘、整理和利用这些前因性信息，弄清结果背后的问题、问题背后的原因，是实施教学改进行动和学习改进行动的重要环节。

结果性评价关键信息的整理有多种形式，教学中最需要的有两种：一是阅卷报告，二是学生诊断报告。

阅卷报告是阅卷教师基于具体题目的评阅细则和学生答题存在的问题，通过评阅者的观察与思考而形成的总结性文稿。一份较为完整的阅卷报告应包含针对具体题目的评分标准、典型的答卷问题（并附答题图像）、教学建议等基本构成部

分。如下面这份针对信息类文本阅读的阅卷报告，较全面地反映了评分细则、答卷的主要问题和基于问题改进的教学建议等有价值的教学信息。

信息类文本阅读第 4 题阅卷报告

【原题再现】

材料二第一段针对报告文学消亡理由的反驳，充分有力。请结合文本简要说明。（4 分）

【参考答案】

①以子之矛攻子之盾（运用归谬法或类比论证法），指出逻辑错误。如果没有深广的传统根基便会消亡，那么报告文学和“非虚构”同为“舶来品”却结局不同，在逻辑上是不成立的。②用辩证思维阐明问题本质。“伤害”换一种角度看，其实是“周全”。③针对评论家们提出的两条理由，逐一批驳；运用破立结合法，在批驳他人认为报告文学消亡的理由的同时，也说明报告文学立足的依据。（4 分）

【答案解析】

①②两条扣住“有力”来说明，第③条扣住“充分”来说明。

【评分标准】

1. 每条 1 分，答出两条得 3 分，答出三条得 4 分。

2. 答案①②中包含结论和说明两部分。如果只有结论，没有结合文本进行说明也可得 1 分；如果没有结论，只有说明（结合文本），且说明中暗含结论要点，也可得 1 分；如果没有结论，且说明只是摘抄原文字句，不得分。

3. 第③条由两点组成，答出其中一点即可。

【主要问题】

1. 只是摘录原文字句，缺少必要的结论和分析。

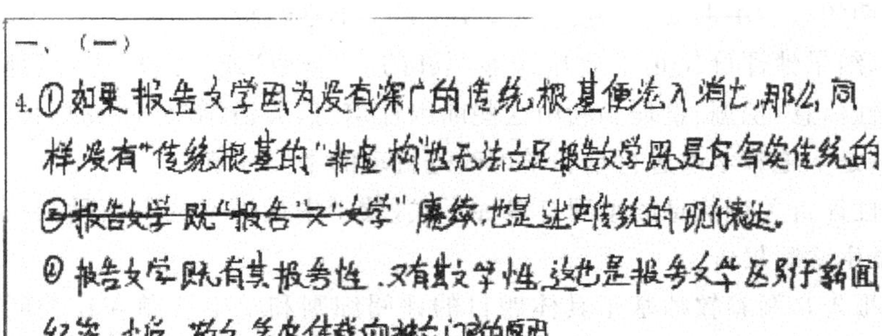
一、（一）

4.①如果报告文学因为没有深广的传统根基便注入消亡，那么同样没有“传统根基的”非虚构”也无法立足。报告文学既是内容传统的 ~~③报告文学既“报告”又“文学”~~ 血缘，也是这个传统的现代表达。

②报告文学既有其报告性，又有其文学性，这也是报告文学区别于新闻纪实、小说、散文等文体截然门户的原因

一、（一）

4. ①报告文学是写实述史传统的延续与表达，有传统根基。②报告文学既有报告性又有文学性，因此无论被教学研究者还是被教学者都有充分的自信。③.报告文学介入时代，介入现实，以时代为动力，落到实处，回归初心与本真，因此在对现实的介入性上有广度与深度。

2. 审题不对，没有从论证上来分析，而是从结构和语言等方面来分析。

4. 1、材料一运用递进式的论证结构，首先写出报告文学消亡的理由，再分别将其一一对应反驳，论证结构清晰明析 2、论证中运用对比论证，将"非虚构"和"报告文学"对比，反驳报告文学没有传统根基之，论证有力 3、论证语言通俗易懂，观点理由明确，使论证有力

一、（一）

4. ①通过对比论证，指出第一点自相矛盾之处，与"非虚构"同样非传统根基，并指出报告文学的优越之处；
②语言严密有力，用词有力
③结构上，一一相对，分条陈述理由.

3. 对于特定文段的论证方法判断不准确，抓不住文本的特性化特征。

一、（一）

4. ①运用了事实论证，写报告文学没有出现水土不服的现象。②运用道理论证，充分说明了报告文学的独特特点与区别。③用"非虚构"也存在相同的问题进行反驳，更具说服力。④对消亡的理由逐条反驳，体现了严密性，充分有力。

【教学建议】

1. 进一步强化审题能力训练，抓住题干要求，理清作答思路和角度，避免思维套板现象。

2. 强化答案规范性训练，以简洁、准确、全面为标准，调思维，理路径，分角度，避免“地毯式轰炸”。

3. 强化变式训练，抓住学生的易混点进行分析、鉴别，区分作答路径与角度的不同。

这样的阅卷报告对于教师和学生来说，都具有重要作用。教师可以利用阅卷报告掌握班级或特定区域内学生答题中存在的典型问题，吸收、借鉴教学建议，改进今后的教学；学生可以利用阅卷报告查明自己的失分之处和失分原因，可以了解其余学生存在的典型问题，促进自查自省。

学生诊断报告是教师基于学生个体答卷的分析，为优化学生学习过程，提升学习质量而反馈给学生的诊断性文稿。学生诊断报告应尽量全面提供特定区域内各个小题的正确答案、正答率、平均分、学生本人答案、失分原因、改进建议等信息。学生利用正答率和平均分，可以明确自己与群体之间的差距或优势；学生借助教师提供的失分原因，可以结合自己的答题情况，从根部找到问题；学生阅读教师提供的改进建议，可以采取针对性的措施，改进学习过程，提升学习效果。下面这份学生诊断报告是教师针对某位学生考试作答情况撰写的诊断报告。

某考生期中考试诊断报告

客观题(本人答案/正确答案)

题号	1	2	3	4	5	6	7	8	9	10
选项	B/B	C/C	D/C	A/A	C/C	C/C	D/D	D/C	C/B	C/C
正答率	21.24%	69.71%	62.06%	53.9%	93.29%	69.95%	79.28%	75.55%	37.25%	77.57%

主观题

题号	4	5	8	9	13①	13②	14	16	17	19
得分	2.5分	3分	3.5分	3分	3.5分	4分	2.5分	4.5分	6分	2分
平均分	1.43分	2.82分	1.83分	3.02分	2.4分	2.35分	1.68分	2.74分	2.8分	1.53分
题号	20	21	22	23						
得分	3.5分	2分	4.5分	48.5分						
平均分	2.84分	1.93分	3.12分	45.87分						

关键提升点一：选择题(错 3 个，失 9 分)

【失分原因】

1. 对信息类文本阅读材料的理解有偏差，导致对材料与观点的关系判断错误。

2. 对文言文中与选项相关的语句审查不仔细，未建立一一对应关系。

3. 对古代诗歌阅读缺乏古体诗必备知识。

【改进建议】

1. 借助工具书，补齐文体知识短板。

2. 每周都做相关类型的选择题专项训练，“长流水不断线”，直至高考，力争选择题不丢分。

3. 强化选项与文中相关信息的审读意识、对照意识、选项比较甄别意识。

关键提升点二：文学类文本阅读之风格赏析题(得分率为 50%)

【失分原因】

1. 语言赏析角度不准确，角度归位错误。

2. 分析方法不正确，不能结合文本具体语言点来点明效果。

【改进建议】

1. 根据做题经验，梳理各种答题角度，构建体系。

2. 结合文本具体特点，灵活选择角度，并能在作答时紧扣角度分析。

3. 研究分析题的答案组织方法与步骤，紧扣文中具体内容或形式，既不能过于具体，也不能过于笼统。

关键提升点三：作文(距一类卷低档尚有 5 分之差)

【失分原因】

1. 未能根据材料指向设计层次，有的材料指向在文中毫无体现。

2. 语言过于平实，缺乏必要的表达技巧。

【改进建议】

1. 增强材料意识，写作前先思考每则材料的主要内容是什么、指向是什么、命题者将多则材料组合在一起的意图是什么。

2. 强化思路与层次设计方法的研究。紧扣材料指向设计层次，一般来说，设计 3～4 个层次，且有平层，有递进，以增强内容的丰富性和深刻性。

3. 要充分利用常见修辞手法，如比喻、排比、反问、引用等，点亮文章语言。

这份诊断报告，基于学生的问题，找到了问题的症结，提出了有针对性、可行性的改进建议，对学生提升学习质量大有助益。

教师为学生撰写考试诊断报告，就如同医生为病人开具诊断书。教师不仅要帮助学生找准问题，更重要的是诊断出问题背后的原因，找到问题的症结，提出具有针对性的改进建议。一份切实可行的诊断报告，既是教师进行针对性、个别化辅导的路线图，也是学生改进学习的行动指南。

二、形成性评价设计

形成性评价是对学生学习过程的评价。它发生于学生的学习过程中，侧重于对学习过程的评价，应贯穿于学生学习的全程。

设计形成性评价时，教师必须思考并回答“谁来评”“评什么”“怎么评”这三个关键问题。

（一）评什么——从“对学习的评价”走向“为学习的评价”

长期以来，课堂教学中最常见的评价是“对学习的评价”。教师针对学生对某个答案进行展示后组织的评价、某项学习任务完成后的成果评价、一节课即将结束时的当堂检测等，都是“对学习的评价”。这种评价方式有助于教师指导学生利用学习结果发现其中存在的问题并加以改进、提升。但由于过于关注学习结果本身，而缺少对其产生过程的关注，这种评价方式往往不仅不能从根本上解决问题，而且易于形成学生的负积累。

新课标在“评价建议”中明确指出，“语文课程评价的根本目的在于全面提高学生的语文学科核心素养”“评价的过程即学生的学习过程”“评价不仅要关注学生外在的学习结果，更要关注内在的学习品质。注意通过评价引导学生学会学习，自觉提升语文学科核心素养”。

由此可见，形成性评价作为评价体系中的一种方式，必须将“全面提高学生的语文学科核心素养”作为根本目的。为达成这个目的，形成性评价就必须从“对学习的评价”转向“为学习的评价”。

所谓“为学习的评价”，顾名思义，就是为了促进学生学习的评价。它以学生学习为中心，以提升学生素养为目的，服从并服务于学生的学习。“对学习的评价”与“为学习的评价”虽仅有一字之差，却迥然有别：前者将评价作为教学中的一个独立环节，且往往只有这一个环节，后者则是将评价贯穿于学生学习的全过程，全程引领学生的学习；前者关注的是学习的外在结果，往往忽视结果产生的过程；后者不仅关注学习的结果，更加关注学习的过程及其内在品质。

从“对学习的评价”转向“为学习的评价”，就是要充分考虑核心素养本身的特点和生成规律，全程关注学生的学习态度、学习习惯、学习行为、思维方法与思维品质等关乎素养生成的各个要素，并让评价服从并服务于学生的学习，从而逐步提升学生的学科素养。

（二）谁来评——从“教师主宰评价”走向“评价主体多元化”

新课标倡导评价主体多元化，并提出“语文课程评价应面向全体学生，尊重学生的主体地位”。

评价权并非只能掌握在教师手中，学生本身也是评价的主体。因为，真正有意义的学习，是有目的、有计划的自觉行动，即在学习过程中，学生理解学习目标，针对具体的学习内容选择适当的学习方法，通过合适的行动路径，获得预期的学习结果。要有效完成这样的学习，学生就必须通过自我评价，反思和改进自己的学习行为。从这个意义上来说，学生应当是，也必须成为评价的主体。只有高度重视学生作为学习评价主体的意义及价值，并充分发挥学生在学习评价中的作用，语文素养培养的目标才能真正实现。

以学生为主体的评价，既包括学生个体自评，还包括同学互评。特别是在学习共同体理念普遍推广、合作学习已成为常态的新时期，学生互评，有利于促进学生之间分析问题、解决问题的策略与方法的互鉴，实现共同成长。

当然，以学生为主体的评价，并不排斥教师的评价。教师是学生学习过程的指导者，也是参与者，教师的评价不应缺失。首先，教师应作为平等的一员和学生共同参与评价过程，与学生展开多向对话交流。其次，教师的评价应选择适合的契机，止于不可不评。教师要清楚什么时候该自己出场，什么时候该学生出场，不能动辄由自己来评，甚至以自己的评价取代学生的评价。最后，教师的评价要比绝大多数学生更具有针对性和启发性，能让学生产生深度共鸣，能引领学生的思维迈向深入，而不能混同于一般。

（三）怎么评——从“随意性评价”走向“工具支撑”

传统的课堂教学多以教师的问和学生的答为主线展开，因此，教师往往会针对学生对问题的回答随机组织学生进行点评，或者教师直接点评。这种“随意性评价”往往由于事前缺乏评价标准的设计而带有浓重的随意色彩，难以引发学生深入思考和进行系统性的评价，严重削弱了评价的功能。

新课标提出的学习任务群具有大主题、大任务、大情境、综合性、实践性、生活化等特点。学习任务群教学为学习评价设计带来了很大的挑战。如果说“随意性评价”还能勉强应对传统课堂，那么当它面对任务群学习时简直就是“寸步难行”了。

学习任务群教学迫切呼唤与之相适应的评价设计。面对综合性的学习任务和复杂性的学习表现、学习成果，研发评价量规，为评价过程提供有力支撑，为学生学习提供引领，已成为当下高中语文课堂教学的急切需求。

评价的过程即学习的过程。评价量规的设计应密切结合学生的学习任务、学习过程和学习结果，切实发挥其对学生学习的检查、诊断、反馈、引领等功能。

1. 指向单元整体学习的评价量规

伴随着单元整体教学逐渐成为高中语文教学新常态，学生的学习也由传统的单篇学习转向单元整体学习。因此,设计针对单元学习的评价量规,以此引领学生对整个单元的学习,已成为学习评价设计的重要组成部分。

单元学习评价量规的设计应从达成本单元语文素养目标的关键要素出发,多维度描述不同等级的质量标准,既为学生的单元学习提供指南针,也为学生自评和互评提供参照标准,如表 2-5 所示。

表 2-5 单元学习评价量规

评价指标（分值）	优秀（8～10）	一般（6～8）	加油（0～6）	学生自评	小组互评	教师评价
学习态度（10 分）	1. 对高一第一主题单元的学习始终有探究兴趣； 2. 高度重视、认真对待、积极参与	1. 对高一第一主题单元的学习有一定的探究兴趣； 2. 能认真对待、积极参与	对高一第一主题单元的学习重视程度不够，参与意识不强			
知识掌握（10 分）	1. 能熟练背诵课文； 2. 能清楚叙述作者各个时期的代表作品	1. 能背诵课文； 2. 能清楚叙述作者各个时期的代表作品	1. 不能完整背诵课文； 2. 不清楚作者各个时期的代表作品			
阅读能力（10 分）	1. 能熟练地运用略读和浏览的方法，阅读有关资料不少于 6 篇； 2. 阅读同学的博文不少于 5 篇，并做出点评	1. 能运用略读和浏览的方法，阅读有关资料 4 篇； 2. 阅读同学的博文不少于 3 篇，并做出点评	1. 能运用略读和浏览的方法，阅读有关资料少于 3 篇； 2. 阅读同学的博文不少于 3 篇			
表达交流（10 分）	1. 小组交流时能主动发表见解，展示个人作品时大方自然、口齿清楚，清晰表达自己的观点； 2. 认真倾听他人的汇报，并能恰当点评； 3. 积极参与小组幻灯片的制作，写出全面、具体的学习总结	1. 小组交流时能按要求发表见解，按要求展示自己的个人作品，说清楚自己的观点； 2. 倾听他人的汇报； 3. 完成小组幻灯片的个人任务，并按要求写总结	1. 小组交流时不能清楚地表达自己的见解； 2. 能倾听别人的发言，有所收获			

续表

评价指标（分值）	优秀（8～10）	一般（6～8）	加油（0～6）	学生自评	小组互评	教师评价
探究能力（10分）	1. 有强烈的求知欲，不断提出许多与任务相关的问题，并努力寻找答案； 2. 能在遇到问题时独立寻找解决办法，不放弃	1. 能够提出与主题相关的问题，希望找到答案； 2. 能在遇到问题时自己进行探究或与同伴讨论寻求解决途径	1. 能提出问题，但有时偏离主题或不做进一步的思考； 2. 能对遇到的问题进行一些探究，但缺乏毅力，喜欢依赖同伴			
反思能力（10分）	1. 能经常反思学习中的不足； 2. 及时总结经验，调整学习状态和方向； 3. 能针对同学的建议，对自己的作品进行修改	1. 能经常反思学习中的不足； 2. 及时总结经验，调整学习状态和方向； 3. 能意识到同学的建议的好处	不能认识到学习中的不足			
小组合作（10分）	1. 每个成员积极参与小组活动； 2. 组员之间交流、分享搜集的材料； 3. 小组集体展示小组活动学习成果，人人发挥作用，幻灯片内容有主题、有学习价值	1. 大部分成员能参与小组活动； 2. 组员之间交流、分享搜集的材料	1. 有少部分成员参与小组活动； 2. 有少部分组员之间交流、分享搜集的材料； 3. 小组集体展示小组活动学习成果，幻灯片价值不高			
信息技术（10分）	1. 信息渠道多样，能用多种搜索方式，能获得大量信息，信息内容全面、价值高； 2. 能用多媒体制作演示文稿； 3. 能借助班级博客交流研究成果	1. 信息渠道多样，能获得大量信息，信息内容全面； 2. 能用多媒体制作演示文稿； 3. 能借助班级博客交流研究成果	1. 有一定的信息渠道，能获得一定信息，信息内容不够全面； 2. 能用多媒体制作演示文稿； 3. 能借助班级博客交流研究成果			

续表

评价指标（分值）	优秀（8～10）	一般（6～8）	加油（0～6）	学生自评	小组互评	教师评价
写作能力（10分）	1. 能依据课文内容进行评价，并写一篇不少于 800 字的文学评论； 2. 个人博文观点清晰，有感悟，具有阅读价值，能感染人	1. 能依据课文内容进行评价，并写一篇不少于 800 字的文学评论； 2. 个人博文观点清晰，有感悟，具有一定的阅读价值	1. 能完成文学评论的写作； 2. 个人博文观点不够清晰，阅读价值不高			
学习成果（10分）	能对自己写作的文学评论进行修改整理，发到班级博客，较好地完成个人学习任务，并进行展示	能进行必要的修改整理，按要求完成个人任务，并进行展示	能尽力完成个人学习任务，并进行展示			
总计						
最终分数						

注：

1. 本表是对学生本次学习过程的总体评价。
2. 总分 100 分，最终分数的计算方法为自评占 20%，互评占 30%，教师评价占 50%。

单元学习评价量规在使用时应立足学生单元学习全过程，充分发挥其过程引领作用。例如在单元学习之始，教师可让学生通过该量规明确不同等级的质量标准，确定自己的目标；在单元学习过程中，教师可以按照等级质量标准，引领学生开展自评和互评；在单元学习之后，学生对照标准，总结、反思本单元学习的收获与不足，进一步明确持续改进的目标与方向。

2. 指向某个学习环节的评价量规

在以学生自主、合作、探究为主要学习方式的课堂上，学生的每个学习环节都需要基本的学习规范和要求。如果这些规范和要求靠教师用话语来说明，往往会产生很多弊端：一是规范和要求的内容较多，学生听之于耳，难以留下较长的记忆；二是教师提示性话语过多，可能造成对学生思维的干扰；三是学生缺乏外显的参照标准，难以展开有效的自评和互评。使用评价量规，则可以较好地解决上述问题。

如针对学生在小组合作中出现的“打酱油”、凑热闹、各自为政的现象，教师可着重从组长领导力、分工与协作、规划与效率等方面确定评价量规（见表 2-6），以此帮助学生进行合作学习。评价量规呈现在课件上或者学案上，就如同一枚指南针置于学生眼前。组长知道了如何做，会变得更有领导力；组员清楚了自己的职责，会不断反思自己的行为。这样，教师期望的有序、高效的小组合作才会变成现实。

表 2-6　小组合作评价量规

	优秀级	合格级	改进级
组长领导力	组长非常清楚小组的学习任务；能激发团队成员的积极性；及时捕捉团队成员的好方法，优化过程，顺利完成预期的任务	组长清楚小组的学习任务；始终关注成员的分工、协作；能协调可能出现的问题，确保完成任务	组长的领导力不足，不能有效组织团队通过分工协作完成任务
分工与协作	每位成员都清楚小组的学习任务，也清楚自己的任务和其他成员的任务；每位成员都时刻关注任务的进展情况，并及时做出调整；成员之间配合默契	每位成员都清楚小组的学习任务，也清楚自己的任务；成员之间能互相帮助、互相补台、互相启发	分工不明确，存在“打酱油”的现象；缺乏合作，存在各自为政的现象
规划与效率	成员之间充分研讨小组任务，明确人物之间的关系，形成合理、科学的小组规划表；每位成员都能有序地完成各自的任务，使小组工作更加高效、快捷	每位成员都清楚小组的学习任务，能做出小组的规划；每位成员都能在规定的时间节点完成各自的任务	不清楚小组的学习任务，缺乏统筹和规划；不能在规定时间内完成任务

再如针对课堂辩论环节的评价量规，教师在设计时应根据已有的教学经验，充分估计学生在辩论环节可能出现的种种问题，并基于这些问题设计规范和要求。如表 2-7 所示的针对课堂辩论会的评价量规，从开篇立论、质询环节、自由辩论、总结陈词、团队配合与临场反应等方面设计了应当遵循的基本标准。正是因为有了这样的标准引领性工具，以往感觉难以组织的复杂性实践活动才能有效展开。

表 2-7　辩论会评价量规

	评分要点	正方	反方
开篇立论（20 分）	1. 开篇立论逻辑清晰，言简意赅，论点明晰，分析透彻； 2. 对于课文理解精准，能够运用文本中的观点对辩题进行适当解释； 3. 能借鉴课文的论证艺术展开论述； 4. 语言表达流畅，有文采		
质询环节（20 分）	1. 此环节要求基于课文内容进行，体现“我为作者代言”的辩论中心； 2. 脱离文本观点和材料，此环节的分数为零		
自由辩论（30 分）	1. 攻防转换有序，把握辩论的主动权； 2. 针对对方的论点、论据进行有力反驳； 3. 语言表达清晰流畅，事实引用得当		
总结陈词（20 分）	1. 全面总结本方的立场、论证，系统反驳对方的进攻，为本方辩护； 2. 语言表达具有说服力和逻辑性		
团队配合与临场反应（10 分）	辩论队整体形象良好；辩风、整体配合、语言运用、临场反应（语言、风度、举止、表情）得当；有团队精神，相互支持；辩论衔接流畅；反应敏捷，应对能力强；问答形成一个有机整体		
团体总分			

3. 指向学习成果的评价量规

学生的学习成果，既意味着某项学习任务已走向终结，也意味着一个新的学习历程即将开启。指向学习成果的评价量规应当基于学生已有学习成果，提供可提升的参照标准。

比如，根据统编教材选择性必修中册第四单元的语文素养要求，教师设计了如下学习任务。

阅读下面的材料，围绕“走向世界舞台中央”这个话题，选择一个角度，联系社会生活，写一篇不少于 800 字的申论。

过往任何一个时代的年轻人，恐怕都没有像今天这样，从一出生，就具有令人称美的国际化基因，这是现代中国在这代青年人身上打下的最鲜明烙印。

从“观察世界”，到“融入世界”，再到“影响世界”，年轻人由被动到主动，背后更彰显着中国在世界格局中的地位已悄然改变。站起来、富起来、强起来，中国进入新时代，也同样为你提供了一个走近世界舞台中央的机会。

得天独厚的开阔眼界，让你能够站在历史的塔尖，张望更加遥远的未来；中西古今的比较视野，让你手握丈量世界的工具，观察和理解更为复杂的人和事。也正因此，知识渊博、思想开放、头脑灵活的我们，肩上自然也就多了一份使命。如果说百年前，仁人志士走出国门，只为求一纸救国良方，虽有所得，却难掩心中的屈辱和无奈；那么今天，伴随一带一路建设、构建人类命运共同体的历史使命，你的心中应该有十足底气，去勾画和塑造整个世界的明天。

（摘编自《我们的征程是星辰大海》，2018 年 2 月《人民日报》）

高中阶段，学生首次接触申论写作，其难度可想而知。当学生以成文的方式呈现学习成果时，不管成果处于何种水平，应当说都包含着学生的写作热情和思考。如何评判学生的成果？如何基于现有成果进行提升，让学生在写作上有更多的获得感？这的确考验教师的指导智慧和水平。

从写作的文体来看，申论是议论文的一种，具有一般的议论文的基本特征，但又与一般的议论文有所不同。一般的议论文重在分析说理，而申论重在解决问题，即列出可行的解决方案并进行论证。

从提供的材料与写作的话题来看，材料阐明了时代青年面临的机会与使命，而时代给予的走向世界舞台中央的机会当如何把握、时代赋予的使命该如何践行，这些应该是写作思考的方向。

从学生提交的写作成果来看，学生的写作成果存在以下问题。

① 脱离材料，没有概括并分析材料，提出自己的观点，不符合申论要求，自说自道；直接写成一般的议论文，谈青年和国家的关系。

② 没有按照要求写作，没有提出具体可行的解决问题的办法或提出措施后没有展开充分论证。

③ 题目大而空或直接以话题为题目，例如使用“吾辈”“答案”“新中国，新青年”“新时代年轻人”“走向世界舞台中央”等话题。

④ 缺少主体意识，只谈国家；内容涉及的仅仅是走向世界舞台的某一个方法，只谈“实干”“创新”“奋斗”等，思路过于狭窄。

上述问题中，第一项与第二项都是因未掌握申论的文体要求，因此，教师在设计评价量规时应当重点明确文体要求方面的标准。表 2-8 所示的评价量规体现了申论作为议论文的共性要求和申论的个性要求，切中肯綮，具有较强的针对性和引导性，为学生的评议和写作升格指明了方向，体现了教师对申论写作问题的精准把握和指导智慧。

表 2-8　申论评价量规

等级	质量标准描述
一类文 (53～60)	文体特征鲜明，观点明确；能准确概括材料的主要内容，分析其中反映的问题，并针对问题提出对策，列出方案进行论证；论据典型、丰富、有时代感，逻辑严密，论证方法及表达方式灵活多样；语言流畅，有说服力和感染力；书写认真，卷面整洁，无明显涂改，无错别字
二类文 (45～52)	文体特征较为鲜明，观点基本明确；能正确概括材料内容，提炼出其中反映的问题，提出解决问题的对策，但思路不够清晰，逻辑稍欠严密；论据较典型，有时代感，能够运用常用论证方法及表达方式；语言流畅，较有说服力和感染力；书写认真，卷面较整洁，有涂改和错别字现象
三类文 (38～44)	文体特征不够鲜明，观点不够鲜明；材料内容概括基本正确，不清楚材料反映的问题，缺少具体明确的对策与方案；论证过程缺乏逻辑，段落之间文意关联度弱，论证单薄无力、大而空；卷面不够整洁，有涂改及错别字现象
四类文 (30～37)	文体特征模糊，材料归纳偏离中心，问题的提出与分析缺乏针对性；论证层次混乱；书写不够认真，卷面不够整洁，涂改及错别字现象较多
五类文 (0～29)	无文体意识，材料归纳偏离中心，不能指出材料反映的问题；抄录材料，大段或完全抄袭等；卷面不整洁，涂改多

总之，评什么（评价内容）、谁来评（评价主体）、怎样评（评价方式与工具）这三个问题是关乎学习评价设计的关键问题。只有将这些问题弄明白、思透彻、想具体，才能解决当前课堂教学中存在的评价主体错位、评价滞后、评价缺失、评价虚浮和无效评价等问题。

第三章　基于新课程标准、新教材的单元整体教学设计

第一节　单元整体教学的必要性和主要特征

传统的课时教学以一节课作为一个闭环，不论是 40 分钟还是 45 分钟，全部学习任务都要在这段时间完成。因此，课时教学常常聚焦具体的学科知识，容易做到“堂堂清”；可以组织相对简单的活动并在下课前完成，做到“有始有终”。但是，长期的课时教学，容易使教师陷入一个个具体的知识点，越讲越细，越讲越深，只见树木，难见森林。另外，课时教学时间比较短，体验和探究等复杂性学习活动难以充分展开，相对上位的学科大概念不容易建构。

核心素养是学生在解决复杂的不确定问题的过程中形成的综合品质。核心素养需要真实的问题情境，需要学生真实体验、深入探究，在解决问题的过程中逐渐培育。因此，落实核心素养的目标，需要以问题解决为中心，需要大一些的主题或项目来承载，需要相对复杂和综合的学习任务来承担。这就需要根据素养导向的目标重构单元，从课时教学走向单元学习。

华东师范大学的杨向东教授认为，核心素养的养成，首先表现在个体的积极态度和主动求索的精神上。因为只有有了一种对知识积极求索的态度，才能积极探究科学知识，才能形成改善生活的力量。其次表现在灵活的认知策略与行动效率上。独特的认知策略，使学生知识的获得不再是简单地记忆信息或积累经验，而是一种结构化、程序化的意义建构，它使知识“活”起来，也提高了行动效率。再次是系统的思维和整体的认知。有了系统的思维和整体的认知，才有知识的网络化和结构化，才能提高问题解决的顺畅程度。最后是敏锐的洞察力与良好的心智模式，这也是核心素养最重要的组成部分，是开展语文单元整体教学的重要理论依据。

关于单元整体教学，华东师范大学钟启泉教授有这样的描述：“单元是基于一定目标与主题所构成的教材与经验的模块、单位。”单元不是把教学内容碎片化地当作知识点来处置，而是有机地、模块式地组织与构成。我们所说的语文单元整体教学，就是不再把文本当作学生在研习、模仿甚至膜拜后到达的终点，而是当作学生面对生活与成长中的种种困惑，在一定的情境下促使他们发现、探究、解决问题

的辅助性材料，文本的作用从示范转向支架。教师应抓住文本作为支架的“支点”，推动学生语文核心素养的养成。这个支点，不指向单篇课文，而是一个单元的整体。它以明确的单元主题为导向，通过对教材内容的整合和补充，创设基于生活和经验的情境，形成以任务驱动、以活动为载体的教学形式。

崔允漷教授说，一个学科的核心素养就像一栋大楼，我们原来都是按照知识点教学的，一扇门教一下，一扇窗教一下，水泥教一下，钢筋教一下，这样的教跟整栋大楼难以建立关联。而单元就是一间房子，既有窗又有门，将门、窗、水泥、钢筋等结构化，就变成一个单元。当我们设计一个单元的时候，更容易看到价值观念，这就是指向核心素养的课程发展给我们带来的一个变化。

以核心素养的形成和发展为宗旨的语文单元整体教学，至少应该有下列几个显著的特征。

第一，学习问题化。学习在原始的状态下总是围绕问题开始的。在学生心中，总有“无穷的新鲜事”，问题是学生自主探索的小舟，是导引知识的线索，是产生新知的来源，是验证知识和能力的试金石。罗杰斯认为，若要使学生全身心投入学习活动，就必须让学生面临对他们个人有意义的问题。让学习问题化是教师促进学生素养形成的最重要手段。它必然打破传统的以单篇课文教学为中心的设计方式，以单元主题统整，对学习活动进行问题化的模块设计，激发学生学习的原动力，激活元认知，促进学生持续性学习和问题探究的意识。

第二，问题情境化。学习如果不是重在记忆孤立零散的事实，而是围绕一定的主题，将学习内容运用于实际生活情境，以任务驱动，以活动为载体，学生积极参与问题情境化的学习实践，那就有可能提升能力，发展素养。正如希腊学者斯特拉·沃斯尼亚道指出的：学习离不开学生积极主动的参与和意义建构；学习主要是一种社会交往活动，学生应参与他们认为在现实生活中有用的学习活动和与自己密切相关的学习活动。因此，我们设计问题化学习情境，首先是设计好接近学生的“最近发展区”问题，其次是基于生活的真实情境，帮助学生在真实的情境下进行自主学习、合作学习、探究性学习。

第三，知识结构化。图式是一种认知结构，图式影响人们对所呈现信息的理解，因为它可以提供有助于理解的背景知识，也可以使人们超越给定的信息，做出预测和推理，它还具有迁移功能，使人们习得新知、解决新问题。正如 Best 指出的：图式知识一旦被激活，就能引导问题解决者以特定的方式搜寻问题空间，寻找问题的有关特征，有助于提高问题解决的效率。知识结构化的方式就是在每个单元的学习之后安排“梳理与拓展”的学习环节，让学生在单元整体学习过程中，对自己的学习过程做一次全面的回顾，形成一种认知图式，不仅提升了学生的知识建构能力，更发展了学生的思维能力。

第四，支撑信息化。信息技术为语文学习提供了两个方面的支撑，一是丰富的信息资源和跨时空的交流学习空间，二是认知和知识管理工具。当语文学习实现线上学习与线下学习的有机融合，这样就能扩大语文课堂学习有限的学习时空，向线下学习的时空扩展，让语文学习无时不有、无处不在，这就为学生语文核心素养的养成奠定了技术保障。

第五，教、学、评一体化。传统语文课堂教学评价方法的单一化，阻碍了教学向纵深推进。从教师的视角看，科学的课程思维不仅需要我们不断反问自己"为什么教""教什么""怎么教""教到什么程度"几个问题，更需要我们思考学生"为什么学""学什么""怎样学""学到什么程度"这些问题。因此，在教学中，我们需要用课程的思维来思考在目标统领下的教学—学习—评价的问题，强调在真实的学习情境中，不仅关注对认知的评价，也关注对元认知、情感和社会维度以及心理动力技能的评价；注重将评价整合到学习过程之中，倡导学习过程就是评价过程，学生既是受评者，也是评价者，引导学生参与情境化的、解释性的、基于表现的、参与式的智慧评价，进而实现由"关于学习的评价"走向"促进学习的评价"。

上述五者，不是单元整体教学的五个方面，而是一个促进学生语文素养提升的相辅相成的、互为促进的系统。教师应通过问题化导向、情境化设计、结构化整合、信息化支撑和一体化的教学评价，帮助学生得到最好的发展。

第二节　单元整体教学设计的基本要义

单元整体教学设计指教师在对课程标准、教材等教学指导性资源进行深入解读和剖析后，根据自己对教学内容的理解，以及学生的情况和特点，对教学内容进行分析、整合、重组，形成相对完整的教学主题，并以一个完整的教学主题作为一个单元的教学。这里的单元是一个教学主题，由若干节具有内在联系的课组成。这些具有内在联系的若干节课形成一个有机的教学过程，其知识、方法、态度等内容也集合成了一个统一的板块，不能简单理解单元就是"教的单元"。一个教学单元应该有多大，并没有严格的规定，要根据目标、内容、学生发展的需要等方面来确定。整合教材内容、围绕语文要素实施是单元整体教学的基本要义。

一、整合教材内容

如何打破一课一学的缓慢进程，让相对零散的知识学习变得更加系统，帮助学生建立完整的知识体系？如何使学生在获得知识的同时，全面提高学生的综合素养？如何使知识得以快速盘活，为学生后续学习提供足够的驾驭知识的能力？如何使学生在学习中获得"举一反三"的本领，促使学生的学习延伸到更大的宽度、深度、广度？如何引领教师从学科走向课程，全面落实课程目标？在长期的语文教学实践中，不少专家和越来越多的教师已经认识到从课程的角度，对教学内容进行全面整合，实施单元整体教学，是解决上述问题的必经之路。

单元整体教学是在课程与教学之间架起的一座桥梁。单元整体教学依托课程标准，在整合教材内容和相关拓展性教学内容的基础上，以单元为单位，从课程目标、课程内容、课程实施、课程评价的角度建立自己的单元整体课程。

单元整体教学是对国家课程的二度开发，旨在建立课程观念，打破教材的编排顺序，从课程的角度研究教学，使教学的针对性、时效性更强，在实际教学中实现课程目标的高度达成，全面提高学生的学习能力，落实学科素养的培养，提高教学整体效益。

单元整体教学是对教材的整合，强调知识间的内在联系和规律，形成完整的知识结构化体系。联系不应该是牵强的，联系也不应仅仅考虑知识内容的关联性，更要考虑方法和规律的关联性。整合的目的是以规律、方法为主线，在知识间建立起盘根错节、浑然一体的关系，置知识于系统之中，实现知识结构化，让学生站在系统的高度学习知识。知识结构化体系的部件是零散的知识，其结构连接件是规律、方法、思想、学科要素等。

首先，整合要考虑整合的意义和价值。整合的目的是通过建立知识结构化体系，从系统的高度学习知识。简言之，整合是为了更有利于学生的学。所以，整合的意义和价值在于促进学生的学。换言之，有利于学生学的整合才是有意义的、有价值、有必要的整合。

其次，整合要考虑整合的方式方法。整合不是简单的链接，是依据学生的学习需要，站在学生学的角度，依据知识间的内在规律和联系，对教学内容进行有效拆分、合并、重新组装。当学生学习的内容缺乏有效支撑时，要依据学科要素，编排相应的为后续学习提供强有力支撑的支撑单元。同时，整合还要考虑为学生后续的学建立思想方法及体系上的联系，有效拓展和延伸学生后续的学，为学生未来学习提供更多可能。

再次，整合要考虑是否有利于教学的组织实施。整合不是简单地对教学内容进行合并、拆分。单元整体的内在联系，向外的可延伸性、可拓展性，以及单元自身的结构性和单元之间的结构性都会影响和制约教学的整体效果。单元整体教学的可操作性、结构性是高效课堂的组织基础，所以整合必须有利于单元整体教学的组织实施。

最后，整合要考虑单元整体教学的意义和价值。单元整体教学要打破一课一学、耗时低效、知识零散、缺乏系统的教学方式。整合必须使教学能够以单元整体方式组织教学，能有效拆分成联系紧密的组织模块，站在系统高度组织教学。单元整体教学要有利于知识的结构化和教学组织的结构化。缺乏教学组织结构化的整合将制约单元整体教学的系统实施。

二、围绕预定语文要素组织实施

整合后的单元整体教学组织单元是一种结构性的存在，内在线索是单元语文要素。教学组织实施必须依据其结构性和系统性，拆分成若干个教学组织结构化的模块。模块间可以是一种并联式的结构关系，也可以是一种串联式的结构关系，还可以是一种复合式的结构关系。模块间的教学结构关系必须保证单元结构性的完整性、系统性。否则，教学将难以保证学生知识结构体系的形成，重新陷入亦步亦趋、耗时低效的误区。

单元整体教学模块划分可以有多种方式，大体可以分为整体-整体-整体、整体-部分-整体、部分-部分-整体、部分-整体-整体几种模式。模块设置的选择由单元整体的需要决定。特殊情况下，最小的单元整体可以由一个整体模块组成，比如以某种方法为连接件组成的小单元整体，其结构体系是围绕方法建立的，教学内容主要体现方法的归纳和运用。单元整体的结构连接件就是方法，其结构件就是隐含此方法的一组知识。当然，包括某种系统方法的多个单元整体也可以构成一个更大的整体单元。组织教学时，方法应始终贯穿其中，无论是合还是分，都应围绕系统方法划分模块，系统方法本身也应作为模块组成的要件。

单元整体教学的灵魂是以单元为单位进行的整体化教学、结构化教学、系统化教学。整体化并不意味着每个模块都是整体性的教学。结构化强调的是单元自身的结构化和教学组织的结构化。系统化强调的是单元整体教学是一种系统化的存在，服务于知识学习的结构化。三者既是一种并列关系，也是一种互相交叉的关系。

具体到一个模块的教学组织实施过程，应将组织划分为多个教学环节，充分体现自主性、合作性、探究性相结合的原则，通过独立思考、合作交流、展示提升等多个环节组织教学。尤其是展示提升模块，一定要突出知识的内在联系和规律，有利于方法、规律的总结，服务于学生学习的步步深入，达到举一反三、灵活运用的目的。

无论是怎样的单元整体教学组织结构，划分为什么样的模块结构，都需要在最后一个模块进行整体提升，形成单元整体知识结构体系，突出知识的内在联系和规律。而且结构化的生成必须建立在学生独立思考、合作交流、分享提升的基础上，由师生共同参与完成。

单元整体教学的高度达成，从教材整合、单元整体教学组织结构化的构建，到教学组织实施，必须围绕所学知识，从事实性知识、概念性知识、方法性知识、价值性知识四个层面精心规划设计，使学生真正获得系统完整的知识，完成通过知识学习培养能力的目标。

三、结构化设计的原则

1. 教学要围绕学生的认知结构展开

首先，学生背景性认知结构的状况应成为教学的出发点。教学的出发点不应是“教材”，因为教学不是“教书”，学生不是“书袋”；教学的出发点也不能是教师自己对教材的理解，因为教学不是“演讲”，学生是“学习者”而不是“听众”。教学是“教学生学”，所以出发点只能是学生和学生的认知结构。

其次，教学过程的核心是学生认知结构中相关旧知识与教材新知识的联结。教学使学生以旧知识为基础，通过新旧知识间对比分析等思维运作，建立新旧知识间的逻辑关系，将新知识内化为学生认知结构的有机组成部分。

2. 要把系统、扎实地学习和掌握学科知识的基本结构作为教学的重点

学生的认知结构既不是上帝赋予的“神来之物”，也不是客观自生的，而是在学习过程中，学生对外界的知识信息（主要是学科教材知识）接收、加工、内化并按一定表征形式（语言的、表象的）组织存储的结果。从某种意义上讲，学生认知结构中某方面的知识是相关学科知识的“移植”，当然不是简单机械的“移植”，而是经过“内化”，将学科知识的“客观意义”转化为认知结构中的“可理解意义”的“移植”。毫无疑问，学科知识的基本结构是学科知识体系的结构框架，是学科知识的连接点，是最基础的，也是迁移能力最强的知识，当然应成为教学的重点。

3. 要把学生思维能力的培养和提高贯穿于有效教学设计过程的始终

结构是事物内部各要素的组合和结合方式，其核心是各要素的逻辑关系。认知结构的建构，实质就是在头脑中明确知识的逻辑关系（上位关系、下位关系、并列关系、结合关系），将知识按其逻辑关系组合起来，构筑成一定的知识体系。思维是建立知识的逻辑关系的核心要素。从这个意义上讲，学习过程就是思维过程，教学过程就是促进学生思维的过程。教学要启发学生通过思维理解和把握学科知识的内在逻辑关系，学科知识的基本结构中基本概念、基本方法和基本规则之间的逻辑关系，学科知识结构中其他的概念、方法、规则与基本结构中基本概念、基本方法、基本规则之间的逻辑关系，并通过促进学生的积极思维，将学科知识在明确内在逻辑关系的基础上内化吸收。同时，教学过程要教给学生思维的方法，导引思路，使学生在内化知识的过程中提高思维能力。

第三节 语文学习任务群与统编高中语文教材的主要特征

一、语文学习任务群的基本特征

语文学习任务群既是高中语文新课程的组织方式，又是语文新课程的内容标准。基于新课标的单元整体教学设计，首先应当把握语文学习任务群的基本特征。

新课标指出：从祖国语文的特点和高中生学习语文的规律出发，以语文学科核心素养为纲，以学生的语文实践为主线，设计“语文学习任务群”。“语文学习任务群”以任务为导向，以学习项目为载体，整合学习情境、学习内容、学习方法和学习资源，引导学生在运用语言的过程中提升语文素养。

新课标中的这段话，是我们理解语文学习任务群的基本特征的重要依据。

（一）以核心素养为纲

学习任务群改变了以往语文课程设计以“双基”为纲，或者以文本为纲的课程设计思路，坚持以核心素养为纲，围绕语言建构与运用、思维发展与提升、审美鉴赏与创造、文化传承与理解四个方面，提出了 12 项课程目标，以此统摄 18 个学习任务群。

核心素养的四个方面与 18 个学习任务群不是分别对应的关系，不是割裂开来分别落实的，而是四个方面作为一个整体，融合于每个学习任务群。比如学习任务群“语言积累、梳理与探究”，“旨在培养学生丰富语言积累、梳理语言现象的习惯，在观察、探索语言文字现象，发现语言文字运用问题的过程中，自主积累语文知识，探究语言文字运用规律，增强语言文字运用的敏感性，提高探究、发现的能力，感受祖国语言文字的独特魅力，增强热爱祖国语言文字的感情”。不难看出，学习任务群以发展学生的“语言建构与运用”素养为主，也重视学生“思维发展与提升、审美鉴赏与创造、文化传承与理解”素养的发展。在这个过程中，语文知识与技能、语文学习方法与习惯、语文学习体验探究的过程、情感、态度、价值观都融为一体，很难拆分。再比如，学习任务群“文学阅读与写作”，“旨在引导学生阅读古今中外诗歌、散文、小说、剧本等不同体裁的优秀文学作品，使学生在感受形象、品味语言、体验情感的过程中提升文学欣赏能力，并尝试文学写作，撰写文学评论，借以提高审美鉴赏能力和表达交流能力”。本任务群以发展学生的审美鉴赏与创造能力为主，但审美鉴赏与创造是以语言文字作品作为审美对象的，学生要开展审美鉴赏与创造活动必然离不开语言理解与运用，也必然会在审美鉴赏的过程中建构语言；同时，审美鉴赏与创造的过程需借助联想、想象等多种思维方式，在这个过程中，学生的思维能力可以得到进一步发展；另一方面，学生通过对古今中外不同体裁的优秀文学作品的鉴赏，可以领略各种体裁的文学作品的独特魅力，产生对文学阅读与创作的兴趣，文化传承与理解的目标也因此得到落实。

核心素养不是凭空产生的，而是对我国四十多年来的语文教学实践中积累的宝贵经验的继承和发展。2003 年版《普通高中语文课程标准(实验)》提出“知识和技能、过程和方法、情感态度和价值观”三维目标，由此开启了素养导向的教学。但是由于对三维目标融合的路径缺乏明确而清晰的描述，不少教师出现理解上的偏差，将同一目标的三个层级误解为三个类型的目标或三个目标，如“知识和技能”目标、“过程和方法”目标、“情感态度和价值观”目标，使素养教学未得到很好的落实。新课程标准提炼的语文核心素养是对三维目标的发展与超越，也为课程实施提供了新的路径，语文学习任务群正是发展学生学科核心素养的路径。换而言之，学习任务群的学习过程就是发展学生核心素养的过程。

(二) 以实践为主线

语文学习任务群以实践为主线，突出了学生的语文实践，彰显了语文课程的本质属性。

1. 语文实践是任务群学习的根本途径

日常生活中，我们总是讲“做任务”，而不说“教任务”或“讲任务”。因为大家都知道，“任务”只有通过“做”才能完成，只有通过“做”才能积累完成任务的经验，提升高质量完成任务的能力。虽然在做任务的过程中可能遇到问题，需要其他人来教授或讲解，但这种帮助是任务执行者为了完成任务主动寻求的，而非被动接受的。“语文学习任务群”这个名称本身就决定了学习任务群具有的实践属性。

新课标提出了素养型课程目标，并明确了素养目标达成的路径，即让“学生通过阅读与鉴赏、表达与交流、梳理与探究等语文学习活动，在语言建构与运用、思维发展与提升、审美鉴赏与创造、文化传承与理解几个方面都获得进一步的发展”。可以说，三大语文实践活动是达成素养目标的根本途径。

18 个任务群中，每个任务群都通过教学提示提出了实践活动要求。如“整本书阅读与研讨”中要求“阅读整本书，应以学生利用课内外时间自主阅读、撰写笔记、交流讨论为主，不以教师的讲解代替或限制学生的阅读与思考”。再如“当代文化参与”中要求“以参与性、体验性、探究性的语文学习活动为主，增强课程内容与学生成长的联系，通过开放式学习，引导学生积极参与当代文化生活；注意调查访问与书面学习相结合，现状调查与比较研究相结合，分析研究与参与传播建设相结合，提高学生语文综合运用能力”。又如“文学阅读与写作”中要求“运用专题阅读、比较阅读等方式，创设阅读情境，激发学生阅读兴趣，引导学生阅读、鉴赏、探究与写作”“文学作品的阅读与写作，应以学生自主阅读、讨论、写作、交流为主。应结合作品的学习和写作实践，由学生自主梳理探究，使所学的文学知识结构化”。此类要求不仅贯穿于活动类任务群（如语言积累、梳理与探究，当代文化参与等），还贯穿于阅读与写作类任务群。

2. 语言实践贯穿于课程始终

新课程标准在阐述语文课程性质时指出，“语文课程是一门学习祖国语言文字运用的综合性、实践性课程”。在论述语文核心素养时提出，“语言建构与运用是语文学科核心素养的基础”。在阐述语文学习任务群时指出，“引导学生在运用语言的过程中提升语文素养”。同时，专门设置“语言积累、梳理与探究”学习任务群，贯穿必修和选择性必修课程。可见课程标准对语言实践能力十分重视。

3. 综合性实践活动成为主流

在任务群设计中，阅读与鉴赏、表达与交流、梳理与探究三种语文实践活动不是分项设计、分别训练的，而往往是综合设计、整体推进的。比如，学习任务群“思辨性阅读与表达”的教学提示是“以专题性学习为主要方式。选择日常生活和学习中、历史或当今社会中学生共同关心的话题，要求学生通过阅读与鉴赏、表达与交流、梳理与探究等语文学习活动，阅读古今中外典型的思辨性文本，学习并梳理论证方法，学习用口头与书面语言阐述和论证自己的观点，驳斥错误的观点”。这是典型的任务驱动的项目学习，不再是以教师的教为中心的教学，也不再是听、说、读、写的分项训练，而是问题、话题、项目引导的特定情境中的学习，是阅读与鉴赏、表达与交流、梳理与探究有机结合的综合性学习，有利于学生语文素养的整体提高。

（三）以任务为导向

以任务为导向是语文学习任务群的本质特征。

要正确理解学习任务群“以任务为导向”的特点，首先，应正确理解“任务”这个关键词。

任务是什么？陆志平老师说过，任务就是给学生“派的活儿”、让学生“做的事儿”。根据陆老师的这句话，我们还可以这样想：什么样的“活儿”、什么样的“事儿”才是语文的“活儿”、语文的“事儿”？新课标明确提出了语文核心素养发展的途径，即“阅读与鉴赏”“表达与交流”“梳理与探究”。可以说语文学习的任务就是让学生做这三件事。这三件事不仅仅关乎学习技能，还指向核心素养。

阅读与鉴赏，不仅是读，而且有鉴赏，既涉及精读、略读、浏览等阅读方法的综合运用，也涉及对文本由表及里的认知、体验、感悟与理解，当然也离不开语法、修辞、逻辑和文体等多种知识的应用，审美鉴赏融入了阅读的全过程，思维与情感深度参与。阅读与鉴赏某一文本，不仅能理解文本，而且能形成自己对文本特有的认知、价值判断与情感，并且可以在阅读与鉴赏的过程中逐步学会阅读与鉴赏，促进语言、思维、审美、文化等方面核心素养的发展。

表达与交流，不只是写作与口语交际，更不只是听、说和写，是为了表达和交流而说而写。表达与交流既是一种手段，也是一种目的，还是一种情境。特定情境中的表达和交流更具有对象意识和真实感，发展的不只是表达的技能，还有语言、思维、审美、文化等方面的能力。

梳理与探究作为语文学习的方式，通过学习者自身对所学知识的梳理，将所学知识结构化，融入并改善大脑中原有的认知结构。梳理与探究指向主动、个性、探究、建构，指向知识的情境化、结构化，也离不开语文素养的每个方面。

因此，我们可以看出，语文学习任务群中的任务就是通过对学习情境、学习内容、学习方法、学习资源的整合，为学生设计的阅读与鉴赏、表达与交流、梳理与探究等任务活动。任务既是对学生学习的驱动性工具，也是学生学习的具体目标。“以任务为导向”，就是基于任务解决的过程发展学生核心素养。

其次，我们要弄清“任务导向”和“问题导向”的区别。

传统的教学设计以问题为导向，多是以教师提出问题、学生回答问题构成课堂主线，整堂课充斥着教师的提问和学生的回答，似乎学习就是一问一答的事儿，学生回答正确了，老师往往认为学生会了，而学生也会将完成对老师提出问题的回答视为该学习环节的结束。“问题导向”的课堂中，老师和学生像是考官和考生的关系，有的学生在课堂上甚至担心被老师提问，惴惴不安，惶恐度日。“问题导向”的问题设计往往只指向文本内部，与学生自身缺乏关联，学生不知道为何要回答这样的问题、回答这样的问题到底有何意义和价值，只是为了完成老师提出的问题不得不去思考，缺乏持续学习的兴趣与动力。

新课标以任务为导向设计学习任务群，以特定情境中的任务引领学生阅读与鉴赏、表达与交流、梳理与探究，并为任务的最终完成提供各方面的支撑。学习任务群设计并不排斥问题设计，只不过问题不再是课堂展开的主线，而是基于任务解决的需要设计的子环节或支架。

为了说明“任务导向”与“问题导向”的不同，我们从学习任务群的学习目标表述、统编高中教材的单元学习任务设计两个方面加以分析。

我们先以语言积累、梳理与探究为例，了解课标中学习任务群的目标与内容的表述所呈现的特点。

(1) 在语文活动中，积累有关汉字、汉语的现象和理性认识，了解汉字在汉语发展和应用中的重要作用，巩固和加深义务教育阶段所学的汉字知识；体会汉字、汉语与中华传统文化的关系及汉语的民族特性，增强热爱祖国语言文字的感情。

(2) 通过在语境中解读词汇、理解语义的过程，树立语言和言语的相关性和差别性的观念。

(3) 通过文言文阅读，梳理文言词语在不同上下文中的词义和用法，把握古今汉语词义的异同，既能沟通古今词义的发展关系，又要避免用现代意义理解古义，做到对中华优秀传统文化作品的准确理解。

(4) 在自主修改病句和分析句子结构的过程中，体会汉语句子的结构特点和虚词的作用，进一步领悟语法规律。在学习文学作品时，观察词语的活用、句子语序的变化等，体会文学语言的灵活性和创造性。

(5) 在运用口语和书面语表达的过程中，对比两种语体用词和造句的差别，体会口语与书面语的风格差异。

(6)反思和总结自己写作时遣词造句的经验，建构初步的逻辑和修辞知识，提高语用能力，增强表达的个性化。

上述目标描述，不仅指明了学生学习的方向，还明确指出了学习的内容与路径，明显导向学生做事，即让学生在语文实践活动中提升各方面的核心素养。

我们再以统编教材上册第七单元学习写景抒情散文为例，了解单元学习任务的设计所呈现的特点。

第一个任务：平时你是否留意过身边的自然景物？哪些景物曾经激起你心灵的涟漪，引发你对生命的感悟？本单元的写景抒情散文，都表现了作者眼中的自然美，表达了他们对生命的感悟与思考。阅读这些文章，完成下列任务。

(1)《故都的秋》《荷塘月色》和《我与地坛》描写的是同一个城市的景物，呈现出多姿多样的美。选取你认为最精彩的段落，反复朗读，细细品味，写一段评点文字。

(2) 这几篇文章都有融情于景、情景交融的特点，字里行间蕴含着作者的思想感情。结合《赤壁赋》，分析文中的景与情是怎样完美融合在一起的。如有兴趣，可以选取文中的一个片段，拟写视频拍摄脚本，挑选合适的音乐和场景，制作一个小视频。

这个任务的核心是体会作者的感悟与思考，引导学生带着感情关注身边的自然之景。两个小任务活动性很明显：一个是朗读、品味、思考，并点评，重点是点评文章中多姿多彩的美；另一个是在解读文本的基础上，写视频脚本，选相关资源，最后制作出小视频。这样的任务，以前的教材可能会这样问：这篇文章描写了哪些美景？美景当中蕴含着作者怎样的情感？作者是怎样将景与情巧妙融合在一起的？很显然，任务式的设计，其核心是让学生做事，在做事的过程中建构起相应的素养，学生会有较高的参与度，会产生更多的学习体验；而问题式的练习则更像是客观的考核，似乎与学习者自身的体验无关。

通过以上分析可以看出，以任务为导向的教学设计与以问题为导向的教学设计有着根本不同：前者注重通过真实情境中的任务引导学生做事，后者注重引导学生做题；前者更加注重学习内容与学生自身经验的关联，后者更加注重问题本身；前者以任务的解决为落脚点，在任务的解决过程中实现素养提升，后者以问题的解决为归宿，虽能培养学生的解题技能，但难以承担提升综合性素养的重任。

二、统编高中语文教材的主要特征

统编高中语文教材以《普通高中课程方案（2017 年版）》和《普通高中语文课程标准（2017 年版）》为依据，以立德树人为根本目标，以课程标准提出的语文核心素养为依归，继承我国母语教育的优良传统，借鉴教育改革的成功经验，贯彻工具性与人文性统一的精神，构建了以语言建构与运用为基础的综合性、实践性语文教学体系，呈现出众多鲜明的特点，其中最主要的特点有以下几点。

（一）落实“任务导向”：任务设计成为高中语文教材核心追求

高中课标在课程结构的设计依据中，首次提出“学习任务群”的概念，并概括为“‘语文学习任务群’以任务为导向，以学习项目为载体，整合学习情境、学习内容、学习方法和学习资源，引导学生在运用语言的过程中提升语文素养”。从这个概括可以看出，它带着明显的综合性、实践性、开放性的特征，而“以任务为导向”也成为它最基本的特质。从这样的设计依据出发，高中课标一共设计了 18 个学习任务群。应该说，这些任务群首先是课程内容的规定，明确高中学段语文教学的基本内容；同时它又是学习路径的规定，这个路径不再是以往简单的读写训练、知识传授等，而是通过任务的解决来实现语文素养的提升。统编教材在单元整体建构的基础上，以任务设计统领整个单元的教学。因此，完成特定任务，使学生享有学习的获得感，是本次教材设计的一个重要理念。

首先，通过人文主题和学习任务群两条线索组织单元，提升语文核心素养。人文主题是立德树人教育的根本需要，所以教材以新时代高中学生应具有的“理想信念”“文化自信”“责任担当”作为隐性的精神主线，分解出若干人文主题，如青春激扬、劳动光荣、生命的诗意、使命与抱负、责任与担当、良知与悲悯等，作为单元组合和内容选择的重要依据，发挥语文教材的铸魂培元作用。学习任务群是新课标所规定的基本教学内容，所以它是教材的最重要抓手，是课程内容安排的重要依据。教材根据新课标所赋予的每个任务群的不同学分分别安排，设计单元。以“文学阅读与写作”任务群为例，必修教材共设计 5 个单元，分别是青春激扬——中国现当代及外国诗歌、小说，生命的诗意——中国古代优秀诗词，自然情怀——中国古代与现当代散文，良知与悲悯——古今中外戏剧作品，观察与批判——中外小说作品。通过这 5 个单元，分层次地落实新课标对这些学习任务群的要求。两条线索组织单元，更能凸显语文工具性与人文性相统一的本质特征，有助于语文核心素养的培养。

其次，通过阐述核心任务，引领整个单元学习内容和学习资源的组织。核心任务是单元教学的纲，它是围绕单元人文主题并基于学习任务群的基本特点提出的，又对本单元的学习内容、学习情境、学习方法以及教学活动等起到统领作用。一般来说，教材中每个单元导语第三段的第一句阐述的都是本单元的核心任务，以下各句是完成核心任务所应达到的语文素养目标。比如必修上册第一单元以诗歌、小说为主，其第三段是这样阐述的：学习本单元，可从“青春的价值”角度思考作品的意蕴，并结合自己的体验，敞开心扉，追寻理想，拥抱未来。要理解诗歌运用意象抒发感情的手法，把握小说叙事和抒情的特点，体会诗歌和小说的独特魅力；学习从语言、形象、情感等不同角度欣赏作品，获得审美体验；尝试写作诗歌。这个单元的核心任务就是第一句，是对青春价值的思考和对作品意蕴的鉴赏。围绕这个核心任务，教材一方面选择了《沁园春・长沙》（毛泽东）、《立在地球边上放号》（郭沫若）等 5 首诗，以及《百合花》（茹志鹃）、《哦，香雪》（铁凝）2 篇小说作为主体学习内容，并通过“学习提示”等板块推荐阅读《赤光的宣言》（周恩来）、《太行春感》（朱德）等拓展学习资源；另一方面在单元最后设置具体学习任务，组合成单元学习的总体，以达到培养语文素养的目标。

最后，设计“单元学习任务”板块，落实具体学习要求。这个板块是对核心任务的分项具体落实，是核心任务的分解，也是对学习内容的整合、提升与实践。教材一般给每个单元设置 3～4 个学习任务，这些任务具有整合性、结构化的基本特点。整合性指的是设计任务时要把听、说、读、写打通起来考虑，要把过去常说的阅读与鉴赏、表达与交流、梳理与探究整合到一起，分中有合，共同服务于核心能力的培养。比如当教学以阅读为主时，除了要注意一般阅读方法、阅读策略的引导，还要引导学生明白为什么读这篇或这组文章、要解决怎样的问题、达到怎样的目标，从而完成表达与交流、梳理与探究等相关任务。结构化是指这些任务是从内容到形式、从课内到课外、从阅读吸收到表达输出的一个富有逻辑联系的整体。以必修上册第二单元新闻作品的学习为例，4 个任务可以做如下概括：

① 从文章内涵出发，探讨劳动的价值与意义；

② 从文章的结构、写法特点出发，探讨新闻作品的独特性；

③ 拓展阅读各种新闻作品，交流好新闻的评选标准，并推荐一篇新闻稿，写一份推荐书；

④ 关注身边的人物，写一名熟悉的劳动者的故事。

我们由以上概括可以看出：一般第一个任务是基于单元文章的阅读，围绕单元主题进行设计的，并尽可能与学生的生活实际建立联系或适度向外拓展；第二、三个任务整合文本的共同特点，从文章结构、写法、特色等方面进行设计，帮助学生达到单元工具性的学习目标，或向外延伸拓展，与实际生活建立联系；最后一个任务往往引导学生借鉴单元选文的写法进行写作实践，提升写作素养。这些任务相互关联，前后呼应，构成一个结构化的语文实践活动系列，以综合提升学生的语文核心素养。

（二）强化实践意识：语言实践成为任务完成的适当路径

高中课标明确指出，语文学习任务群是“从祖国语文的特点和高中生学习语文的规律出发，以语文学科核心素养为纲，以学生的语文实践为主线”设计而成的，要“引导学生在运用语言的过程中提升语文素养”。也就是说，学习任务群所设计的学习项目，所关注的学习内容、学习资源、学习方法，所设置的学习情境等，都不是孤立存在的，而是以恰当的活动为载体，通过一定的语言实践活动让这些因素建立起联系，从而建构知识和学习体验，完成相应的任务。任务是目标，是为了解决真实的问题；活动是手段，是完成任务的路径，是完成任务的保证。

活动的实质就是让学生进行切合实际的语言实践，这个语言实践不是孤立的听、说、读、写，而是整合了不同方面并延展到社会生活的综合的语言实践活动。

首先是语言实践的活动性。教材不再设置“知识中心”时代的记忆性、知识类题目，也不再设置“能力中心”时代机械的、烦琐的、简单的问答式练习，而是在任务的统领下，强化阅读与鉴赏、表达与交流、梳理与探究等活动实践，加强活动性，促进语文素养的自主建构。因此，教材中“单元学习任务”板块布置的是任务，同时有为完成任务而设计的相对细致的活动方案，力求让学生在语言实践的过程中建构知识，形成素养。

为了让学生更好地在文本与任务之间建立起关联，也为了让教师在教学文本时有所遵循，教材还特意安排了“学习提示”板块。这个板块主要有三个功能：一是激发兴趣，让学生愿意阅读；二是提示重点、难点，给师生教和学的抓手；三是指示学习路径，给学生提供学习的方法和策略。

其次是整合性。新课标在教材编写建议中指出：“教材编写要体现整合的理念……灵活地整合阅读与鉴赏、表达与交流、梳理与探究等学习活动，选用典型材料设计语文学习任务，引导学生在语文实践活动中全面发展核心素养。”正像温儒敏教授在多个场合反复强调的那样，语文学习最重要的“活动”还是读书，还是我们都熟悉的那三件事——阅读与鉴赏、表达与交流、梳理与探究，也就是语文“活动”的三个主要方面。从这样的观念出发，教材中学习任务的设计特别注重这三个方面的整合，力求使学习活动更加贴近真实的语文生活实践。例如必修上册第三单元是古诗词鉴赏，我们从下面对学习任务进行分析的表格（见表 3-1）可以看出教材编者的努力。

表 3-1　必修上册第三单元的学习任务

教材学习任务概括	活动的整合性体现
知人论世，查找资料，理解诗词的内涵，结合自身体验，感受古人的生活与精神	思考与理解、查找资料、梳理探究、口头交流
把握文本，设计朗读脚本；查找音频、视频资料，模仿借鉴；制作音频、视频；举办朗诵会	阅读鉴赏、书面表达、查找资料、口头表达
欣赏古诗词的写法和艺术特色；把握技巧，写文学短评	阅读鉴赏、书面表达

最后是延展性。学习任务指向解决真实情境中的问题，学习活动指向真实的语文实践活动，所以教材中任务的设计不仅注重学习活动自身的整合，也更多地延伸到真实的语文生活，力求打通学生语文生活与社会生活之间的联系，让他们体会到语文学习的兴趣与价值。比如必修上册第六单元的主题是“学习之道”，第一个学习任务就是在深入阅读文本的基础上理解今天我们倡导的“学会学习”的理念，这会促使学生思考，让他们了解古今学者有关学习的论述在当下仍然具有深远的社会意义。第三个任务是从古人对学习的认识引入今天学习中遇到的新难题，要求学生以《“劝学”新说》为题，写一篇 800 字左右的议论性文章，这是让学生在语文学习与生活实践、学习实践之间建立起联系，进一步加深学生对学习价值的认识。

（三）注重情境设计：真实情境让学习更有意义和价值

王宁先生指出，所谓“情境”，指的是课堂教学内容涉及的语境；所谓“真实”，指的是这种语境对学生而言是真实的，是他们在继续学习和今后生活中能够遇到的，也就是能引起他们联想，启发他们往下思考，从而在这个思考过程中获得需要的方法，积累必要的资源，丰富语言文字运用的经验。我们把这个真实情境概括为“从所思所想出发，以能思能想启迪，向应思应想前进”。

我们可以这样理解：在以学习任务为核心的实践活动中，真实情境应该是活动的本质特征，或者说，真实情境是活动开展的主要依据。没有真实的情境，活动就会脱离学生的所思所想，势必会虚假；活动虚假，学生就会失去学习的兴趣，就无法达到应思应想的境界。因此，教材设计紧扣真实情境，设计出了能激发学生学习动机，提高他们学习兴趣，并有利于深度阅读和深度写作的有效的语言实践活动。

首先，每个学习任务中，前边的引入语都是创设的情境。新教材中的任务与以往教材中的练习有很大不同，它不再是知识性的积累或问题式的训练，而是通过较多的描述引出相关学习任务，这些描述设置的就是具体的情境。一般来说，每个单元的第一个任务都是从文本内容出发探讨人文价值，涉及个人体验情境、文本情境，有时也涉及社会生活情境；第二个任务从文本结构、表达技巧、语言风格出发进行设计，涉及文本情境、学科本体认知情境；最后一个任务是书面表达方面的任务，涉及的是真实的社会生活情境以及个人认知情境。

其次，也可以把单元导语视为教材提供的整体学习情境。单元导语一般由三段组成，简明扼要地说明单元的人文主题、所属学习任务群及选文情况，单元核心任务及学习目标。师生都应重视教材中每个单元的单元导语，因为它明确了单元学习的价值取向、单元选文的依据、单元学习的核心，以及所需具备的基本语文素养，对整个单元有统领作用。特别是对核心任务及学习目标的阐释，有助于我们切实把握学习的重点，有效对待学习内容，真正提升语文素养。

最后，还可以把课文视为教材选择的具体学习情境。文本情境应当指两个方面：一是文本涉及的时代背景、社会环境、人物形象（小说等）、写作意图等；二是完成任务需要理解的文本的内容、结构、写法、风格等。前一个方面与我们对语境的传统理解是一致的，很多时候是解读文本绕不开的内容；后一个方面算作情境有些勉强，可能有点泛“情境化”倾向，但在新的课程观中这些内容是为完成任务服务的，所以视为情境的一部分也未尝不可。当然，师生之间，生生之间构成的学习现场，更是真实情境的一部分。因为这个情境是现实发生的，所以课堂教学中教师要进行有效的关注。

第四节　基于学习任务群的单元设计构成要素与设计策略

一、单元设计的构成要素

《普通高中语文课程标准（2017 年版）》中说：“从祖国语文的特点和高中生学习语文的规律出发，以语文学科核心素养为纲，以学生的语文实践为主线，设计‘语文学习任务群’。‘语文学习任务群’以任务为导向，以学习项目为载体，整合学习情境、学习内容、学习方法和学习资源，引导学生在运用语言的过程中提升语文素养。若干学习项目组成学习任务群。”由此可以看出：每个单元就是一个学习项目，每个学习项目由标题、情境、任务、资源、活动和评价等要素构成，这些也是单元设计的构成要素。

1. 标题

标题即项目名称或单元学习主题，是与素养有关的内容选择，往往用一个概括的题目来表示。标题不完全等同于单元人文主题，但又不能脱离单元人文主题。标题应将教材中的单元人文主题与学习任务相结合，体现人文性与工具性的统一，并指向本单元学习的主要目标。如必修上册第一单元的人文主题是“青春激扬”，结合学习任务可将标题拟写成“向青春举杯”“跨越时空的青春对话”等。再如必修上册第二单元的人文主题是“劳动光荣”，结合学习任务可以将标题拟写成“致敬劳动者”“走进劳动现场”等。又如必修上册第三单元的人文主题是“生命的诗意”，结合学习任务，可将标题拟写成“生命的独特发现与表达”“探寻诗人生命的诗意”等。这些标题，都是指向单元的学习目标、人文主题的，但各自的情境、任务可能又略有不同。

2. 情境

引入真实的生活情境，能够将学习内容与学习者建立关联，易于消除语言作品与学生生活之间的隔膜，有利于培养学生解决生活实际问题的能力。

语文学科实践活动情境主要包括个人体验情境、学科认知情境、社会生活情境三种类型。我们可以根据任务需求，灵活设计与任务要求相契合的情境。

如“思辨性阅读与表达”学习任务群，以“问天下谁是英雄”为学习主题，以编制一份“我心中的英雄”排行榜为最终任务的情境可以进行如下设计：

从神话到历史，从古代到当下，英雄是永恒的人文母题；青年学生往往有英雄情结，都在心底仰慕英雄；文学、历史、现实，关于“英雄”的情思和见解，极易引起青年学生，以及社会大众的共鸣与思考；不同的人、不同的时代。不同的价值取向，会对英雄进行不同的评价。

这个学习情境是基于学生个性化的阅读经验及审美体验进行设计的，属于个人体验情境，它既契合学生的生活与成长需要，又能提供思辨学习的动机。由此情境出发，阅读、辨析、评价英雄，与英雄“对话”，就构成了本学习任务。

再如，阅读《小词大雅》，以编写《小词大雅》简书为最终任务的情境，可以进行如下设计：

古典诗词有如神山，隐约在海阔天边、苍波远处，普通读者只知其美而不知其何以为美，欲窥神山面目而苦无路径。

“仿佛神山如可见”是叶嘉莹先生的词句，她学贯中西，是当代诗词大家。《小词大雅》是叶嘉莹先生的演讲实录。这本书举例丰富、说理恺切，借着叶嘉莹先生的指点，读者可以一窥“神山”的奥妙，将你领略到的奥妙凝结成简洁的文字，编写《小词大雅》简书。

这个情境指向探究语文学科本体相关的问题，因此属于学科认知情境。情境中的第一段指出了普通读者学习古诗词的困惑，这些困惑也是学生真实存在的问题，情境与学生学习有较强的关联，能够唤起学生的关注与思考。第二段中“借着叶嘉莹先生的指点，读者可以一窥‘神山’的奥妙，将你领略到的奥妙凝结成简洁的文字”指明了任务完成的路径，在作者、作品与学生之间建立了关联，启发学生“向应思应想前进”，有利于学生完成编写《小词大雅》简书的最终任务。

又如，“当代文化参与”学习任务群，以“热门电影的评价与交流”为学习主题，以“思考热门电影背后的文化问题，参与设计媒体讨论”为核心任务的情境，可以这样设计：

近年来，电影市场常有一些具有超高票房、巨量观众的影片，这些影片在较长的一段时间内被人关注、引人讨论，在许多领域对人们产生了巨大的影响，我们把这些影片称为热门电影，热门电影常常带来年度热词，引领社会文化潮流，影响大众日常生活和审美趣味。思考热门电影背后的文化问题，参与社交媒体讨论，一定会很有意思。

这个情境指向具体的社会生活，属于社会生活情境。“当代文化参与”学习任务群本身的特点决定了只有设计社会生活情境才能与学习任务相契合。情境中的“热门电影”属于广为关注的社会现象，符合学生的“所思所想”，“思考热门电影背后的文化问题”符合学生的“能思能想”，“参与社交媒体讨论”是为了引领学生“向应思应想前进”。

情境有大有小，各有功用。学习设计中的大任务所需情境，不同于导入课文的由头性质的“小情境”，而是贯穿整个任务学习的“大情境”。每个单元导语的第一段往往会设置学习情境，有些可以直接借用，如统编高中语文教材必修上册第一单元的导语：

青春是花样年华。怀着美好的梦想、纯真的感情，带着对自我的认识、对社会的思考和对理想的追求，我们就此迈出人生的重要一步。

本单元的五首诗歌和两篇小说创作于不同的历史时期，都是对青春的吟唱。作者或感时忧国、抒发情怀，或感悟人生、思考未来，让我们体验到各具特色的文学表达，点燃澎湃的青春激情。

有的情境可以根据单元导语进行改造，如统编高中语文教材必修上册第五单元《乡土中国》整本书阅读任务学习设计，就可设置这样的真实语文生活情境：

中国社会学奠基人之一的费孝通先生，留给我们丰富的社会学研究成果，他的家乡江苏吴江在他曾二十六次考察访问的江村设立了费孝通纪念馆。但作为其重要代表作的《乡土中国》，在馆中只有一本书陈列而没有相应的介绍。学者郑也夫曾说“研讨一个学者的著作是对他的最高礼节”，我们不妨尝试为《乡土中国》设计几块展板，激起观众阅读的兴趣，从而实现对作者的真正纪念。

3. 任务

学习任务是由学习情境、学习内容、学习方法和学习资源整合后形成的学习项目。单元学习中的任务是具有较强包容性的大任务，在整个单元学习中具有统领作用。统编高中语文教材中，每个单元的若干选文看似在一个主题之下，但彼此并不是想象中的那么齐整。设计学习任务时，要尽最大可能用一个大任务将它们统揽起来。必修上册第一单元学习可安排“编制新诗写作要领表”的主任务打通整个单元，第三单元学习可安排“制作‘经典咏流传’诗歌朗诵策划书”的主任务进行单元学习，第四单元“家乡文化生活”可设置“家乡编制文化册页”或“编订家乡口述史”的主任务来进行大单元教学设计，第八单元“词语积累与词语解释”可设置“建设成语里的文化记忆网站”或“编制我的词语手册”的主任务来进行大单元教学设计。

其次，需要围绕核心任务或大任务，分解子任务。子任务不是随意排列的，而是按照一定的逻辑与层次有序排列的，这种排列方式使这些任务相互关联，前后呼应，构成结构化的语文实践活动系列，以综合提升学生的语文核心素养。如统编高中语文教材必修下册第二单元（中外戏剧），可将编排、演出戏剧作为核心任务，为完成这个核心任务，核心任务可分解为如下几个子任务：

① 研读剧本，抓住戏剧冲突这个中心，多层次理解剧本的丰富意蕴。

② 集体讨论，形成演出本。（设计能充分表现人物内心活动的关键台词或关键动作，揣摩最合适的语气、语调，设计最适合的表演方式）

③ 进行排演，准备演出。（投入剧情，化身为剧中人物，注意表现人物之间的互动）

④ 正式演出，评议总结。评议之后，每名同学写一篇不少于800字的作文，表达对所排演剧本的理解，或记录自己的观剧心得，或分析剧中人物形象。

子任务①为研读剧本，要求理解剧本丰富的意蕴，是编排、表演戏剧的基础和前提；子任务②为设计演出本，要求基于前一个子任务，为排演提供有力的支撑；子任务③为排演，是正式表演前必要的准备环节；子任务④为评议总结，是对观看表演的具体要求，也是戏剧表演的后续性学习活动。4个子任务紧紧围绕核心任务，前后关联，不断进阶，推动着学生学科素养的发展与提升。

单元整体教学并不排除单篇教学。统编教材精选了大量古今中外经典作品，我们需要在单元教学整体设计的基础上，对这些经典作品进行精读，而不能浮光掠影，匆匆忙忙赶任务。经典作品的单篇精读教学，也要落实“任务导向”，通过任务驱动学生开展语言实践，发展学科素养。以选择性必修上册第二单元（外国作家作品研习）中的《复活》为例，我们可以设计“改编课本剧，搬上话剧节舞台”的学习任务，可以将这个学习任务分解为三个子任务（活动）：

① 搜集作者资料，熟悉小说内容，设计演出海报；（演出前）

② 把握人物形象，揣摩心理变化，撰写赏析文章；（演出前）

③ 举办文学沙龙，研讨小说主题，深刻理解“复活”的含义。（演出后）

上述三个子任务均围绕核心任务展开，既有文本内部的研习活动，又有生活真实情境下的语言实践活动，共同指向了核心素养目标。

4. 资源

资源，是为完成学习任务而提供的语言资料。资源可以是线上资源，也可以是线下资源；可以是文本，也可以是线索……无论哪种资源，都可归为教材资源和课外资源两大类。

（1）教材资源。现行统编教科书中每个单元的导语、选文和学习提示，可视为三大学习资源。单元导语的第二段、第三段有利于整体把握单元选文的特点。任务群教学视野下的单元选文，不是每篇都要面面俱到、巨细无遗地进行解读，而是要聚焦学习任务，精心选择其中的学习内容作为活动资源来完成学习任务。选文后的学习提示，总体是结论性的表述，教学中可转化为过程性阅读指导的问题或活动。

（2）课外资源。语文学习的外延与生活的外延相同。生活中处处存在语文学习的资源。但是这些资源对教学来说有价值大小之分，并非所有资源都可转化为有意义的教学资源。因此，教师应该根据单元任务设计和学生学习的实际需要，精心选择课外资源，并使之与单元学习任务产生关联。这种关联性材料大致有以下几种类型：一是与教材文本互补的资料，如为加深学生对单元内文本的理解，教师可以给学生提供更为丰富的创作背景、名家赏评等文本资料；二是教材文本的拓展性资料，如为了帮助学生全面把握教材中外国优秀作品的故事情节、人物形象、社会价值等，教师可以让学生开展某部优秀作品的整本书阅读，也可提供与特定作家作品有关的其他书籍或视频影像资料，进行拓展性阅读或观看；三是知识性支架资料，如在完成某项学习任务的过程中学生必须了解的程序性知识、写作知识等，在以任务为主线的学习过程中，把这些知识作为完成任务的支架或工具嵌入学习过程，是很有必要的。

5. 活动

活动，是围绕学习任务展开的语言实践活动，是学习内容、学习资源、学习方法、学习情境等产生相互关联的载体，是完成任务的手段或路径，也是完成任务的保证。语文学习活动就是课程标准中所说的阅读与鉴赏、表达与交流、梳理与探究。阅读与鉴赏既涉及精读、略读、浏览等阅读方法的综合运用，也涉及对文本由表及里的认知、体验、感悟与理解，当然也离不开语法、修辞、逻辑和文体等多种知识的应用。表达与交流既是一种手段，也是一种目的，还是一种情境。特定情境中的表达与交流更具有对象意识和真实感，发展的不仅是表达的技能，还有语言、思维、审美、文化等方面的技能。梳理与探究是指学习者通过自身对所学知识的梳理，将所学知识结构化，融入并改善大脑中原有的认知结构。

如果把学习任务看作一个整体，那么一个个活动就是这个任务整体中的子任务；如果把学生完成任务的过程看作一个完整的链条，那么开展一个个活动则是这个完整链条中的一环。如现行教材必修上册第二单元(新闻报道与新闻评论)，要完成评选优秀新闻的学习任务，离不开下列支撑性活动：

① 浏览报纸或网站；

② 挑选优秀的新闻作品；

③ 草拟优秀新闻评选标准；

④ 写推荐书，阐述推荐理由，与新闻作品一起进行展示、交流。

上述4个活动包含了浏览、深读、审美、梳理、概括、书面表达、口头表达等具体活动，每个活动都是完成优秀新闻评选的必要步骤。这些活动将课外日常生活中的新闻与单元内部的新闻关联起来，将阅读与鉴赏、表达与交流、思维与审美等学习途径有机结合起来，为学生完成“评选优秀新闻作品”这个学习任务提供有力支撑。

6. 评价

评价，是针对学生任务完成过程中的表现和任务结果而实施的持续性、多元化评价，目的是促进学生的学习、提升学习成果、达成学习单元目标。

(1) 开展持续性评价，让评价贯穿学习全过程。

① 诊断性评价。在单元或更小的学习单位的教学开始时，了解学生的学习起点，如初读感受、困惑、已具有或尚未具有的必备知识与技能情况等。

② 形成性评价。在单元教学进行期间，了解学生情况，便于调整教学。

③ 总结性评价。在单元或学期结束时，了解学生是否达到预期的教学目标。

(2) 注重表现性评价。

以任务为导向、以活动为载体是基于任务群的单元整体教学的基本特点。活动表现如何？成果如何？一是通常需要根据学生在真实情境中的表现，判断其所知所能，如方案策划、比赛、事件任务、角色扮演、访谈、小论文、日志、学习记录等。一般来说，呈现任务的同时就要呈现评价标准。二是要评价学生在完成任务过程中各方面的表现。如以阅读与鉴赏活动中“体会作者各有特色的论证语言，通过诵读、品味，感受其在不同语境中的论证效果”为例，可设置以下评价项：

① 能否把握论证语言的基本特点；

② 能否概括不同作者特有的语言风格；

③ 能否在遣词、造句、修辞三个方面找到对应其语言风格的表达特色；

④ 举例是否正确，效果分析是否得当；

⑤ 能否找到其他凸显语言特色的鉴赏点，并加以分析。

单元任务学习教学设计的六大构成元素中，重难点是情境的设置、任务的安排和评价的匹配。

二、单元整体教学设计策略

单元不是知识或内容单位，而是学习单位。一个单元就是一种课程，或者说微课程。进行任务学习单元整体教学设计，需要依据课程标准，研究教材内容与编写意图，研究学生的学习心理与学习能力，研究学生的语文生活，统筹考虑设计单元学习目标、单元主题、学习情境、学习任务与学习过程、评价与反思，保持这些单元内部因素之间的自然协调。

围绕单元人文主题进行任务学习教学设计，大致有以下几种策略。

1. 先学后做

先学后做策略以第一单元的任务学习教学设计为例。

主题：青春激扬。

标题：跨越时空的青春对话。

情境：青春是花样年华。怀着美好的梦想、纯真的感情，带着对自我的认识、对社会的思考和对理想的追求，我们就此迈出人生的重要一步。如果突破时空，与本单元诗文作者以及小说中的人物举行一场关于青春的对话，你将如何吟唱自己的青春？写一首“青春宣言”诗歌表达自己飞扬的青春激情。

任务：撰写“青春宣言”。

资源：

① 单元选文；②《学写诗歌》写作知识短文。

活动：

① 感受青春情怀——诵读诗歌，阅读小说，整体把握，交流感悟。

② 品鉴青春乐章——诗歌注意揣摩意象、品味语言，小说注意解读人物、赏读细节。

③ 对话青春——举行“青春的价值”讨论会。

④ 抒写青春——创作新诗，合编诗集，纪念青春。

所谓“先学后做”，就是先学选文、后做（完成）任务。这种设计策略，往往针对名篇较多的单元，适用于大单元、大情境、大任务教学的初始阶段。经典文本，一般阅读难度较大，适度研习，有助于完成大任务。与以往的文本研习不同，这里对文本的读解，不是巨细无遗、面面俱到的，而是聚焦单元的学习目标、结合后面的学习任务进行的文本学习。

第三单元“生命的吟唱”、第七单元“自然情怀”等，都可以进行这样的教学设计。

2. 做中带学

做中带学策略以第二单元的任务学习教学设计为例。

主题：劳动光荣。

标题：走进劳动现场。

情境：生活中有各种各样的劳动，劳动随时都在发生。但我们基本没有关注过劳动的现场，没有思考过劳动对于每个人的意义，更没有想过如何把劳动的现场变成文字让更多的人看到。现在，作为一名报社见习记者，你有机会思考这个问题，走进文字里的劳动现场，感受这些劳动的温度，记录劳动者跳动的脉搏。

任务：采访身边的劳动者

资源：

① 单元选文；②单元导语；③《写人要关注事例和细节》写作知识短文。

活动：

① 确定采访对象，了解采访对象；

② 编制采访提纲，拟写采访手记；

③ 写作消息、通讯，或者新闻评论。

活动中，学生可诵读《芣苢》《文氏外孙入村收麦》等作品，体会劳动的美好与欢乐；可学习本单元中关于袁隆平、张秉贵、钟扬的通讯和《写人要关注事例和细节》写作知识短文，学会分析通讯的报道角度，理解事实与观点的关系，抓住典型事件，把握人物精神，便于进行采访身边劳动者的通讯写作；可阅读《以工匠精神雕琢时代品质》，了解新闻评论的观点，学习阐述观点的办法，进行采访身边劳动者的新闻评论写作。

所谓“做中带学”，就是边做(完成)任务边学选文。这种设计策略，是先学后做设计策略的升级版。

单元选文未必是经典文本，不需要精读细研，就适合作为“做中带学”型教学设计的学习资源、学习支架。

如果说任何选文都是学习资源，那么事实上每个单元都可以按照这种策略进行教学设计，如第一单元“青春岁月”、第三单元“生命的吟唱”、第七单元“自然情怀”。

3. 微点放大

微点放大策略以第七单元的任务学习教学设计为例。

主题：自然情怀。

标题：记录心中那片独特的风景。

情境：我们每天行走在大地上，或许很少意识到，这里的一花一草、一木一石，都隐藏着许多与自己息息相关的密码。然而，有人敏锐地捕捉到了这些密码，并把它们写成了文字，给我们带来了美的欣赏和生活的启迪。阅读这些文字，体悟文字背后的匠心，选择一片独特的风景，拟写视频拍摄脚本，抒发自己对大地的情意。

任务：拟写视频拍摄脚本。

资源：

① 单元选文《故都的秋》《荷塘月色》《我与地坛》《赤壁赋》《登泰山记》；②视频拍摄脚本样例。

活动：

① 群文阅读，整合学习(或两个版块分读，或五篇文章一起学习)；

② 挑选片段，拟写脚本(片段要富有张力、带动全篇，脚本可结合样例进行拟写)；

③ 分享交流，回扣文本(学习活动与文本研读要结合，文本的局部与文本的整体、单篇的文本与单元的整体要兼顾)。

所谓“微点放大”，就是将教科书单元学习任务中的某个小任务(“微点”)，放大为整个单元学习的大任务。

第七单元的单元学习任务中有个“微点”：这几篇文章都有融情于景、情景交融的特点，字里行间蕴含着作者的思想感情。学生可以结合《赤壁赋》，分析文中的景与情是怎样完美融合在一起的。如有兴趣，学生可以选取文中的一个片段，拟写视频拍摄脚本，挑选合适的音乐和场景，制作一个小视频。

这个局部教学的“微点”，可以放大、升格为打通整个单元的主任务。《故都的秋》中的“故都秋景图”、《荷塘月色》中的“月下荷塘图”、《我与地坛》中的“地坛沉思图”、《赤壁赋》中的“扣舷而歌图”和《登泰山记》中的“泰山观日图”等，都具有画面感强、激活全篇的特色。选择其中的画面、场景，借助视频拍摄脚本样例，进行视听结合的小视频拍摄脚本写作、交流，再回扣文本进行二度学习，就易于收到灵活、有机的教学效果。

第六单元“学习之道”的教学设计，同样可以将单元学习任务最后的作文题《“劝学”新说》这个“微点”作为大单元教学设计的主任务，让学生阅读单元选文，梳理前人的学习之道，进而根据新的时代要求，探寻新的学习之道。

以上任务学习设计策略，都彰显了语文学习任务群的特点：一是以语文核心素养为纲的大单元设计，二是真实语文生活情境中的深度学习，三是以学生的语文实践活动为中心的教学过程。当然，以上策略与示例并非定式，但我们可以从中获得有关单元整体教学设计的启发。相信随着大家的深入探索，定会涌现出更多富有创意的策略和方法。

三、单篇精读与单元整体教学的辩证思考

新课标颁布以后，任务群教学迅速席卷全国各地，特别是各种观摩课、示范课、交流课，好像非多篇组合就羞于展示了。在有些课堂上，学生跟着老师匆匆的步伐从这一篇读到那一篇，一节课下来，问他们学了什么，他们一脸茫然。在有些课堂上，学生为完成任务而完成任务，只顾提取信息，或寻找某个细节，全文写了什么一概不知道，更别提反复诵读、吟咏味、字斟句酌了。老师们听到的、看到的几乎都是单元整体任务的成果展示交流环节，鲜能看到成果展示前的具体而真实的完成过程。有的教师简单地将单元整体教学理解为将一组课文或单元所有课文放在一起来教，而视单篇精读教学为不合时宜。这些问题的出现，值得我们深入反思，需要我们辩证理解单篇精读教学与单元整体教学或任务群教学之间的关系。

单元整体教学并不排斥单篇教学。判断一种教学形式是否属于单元整体教学有很多标准，其中最重要的标准有两条：一是看是否有明确的单元目标和清晰的单元教学整体规划，二是看是否能够在单元目标和整体规划下有序设计教学过程。群文教学固然有值得称道的一面，比如更接近真实的阅读，能够培养快速阅读、迅速获取信息的能力，能够锻炼梳理、整合能力，能够提高学生分析、概括、反思等高阶思维能力；而基于单元目标和单元整体规划实施的单篇精读教学，也是单元整体教学的重要组成部分。

从统编教材的选文来看，单篇精读文本是应有之义。选文多是古今中外的经典课文。入选的新时期的作品，也是极具代表性的典范之作，如必修上册第二单元的《喜看稻菽千重浪》《心有一团火，温暖众人心》《“探界者”钟扬》《以工匠精神雕琢时代品质》等。对于这些经典之作，如果我们直接让学生奔着“任务”去阅读，或者仅将课文作为完成任务的“支架”，势必会导致文本阅读的窄化、文本利用价值的削减，造成经典文本的浪费。教材总主编温儒敏先生曾语重心长地说：“很多课文都是经典，让学生接触经典，本身就是教学的重要目标。”因此，教材中的单篇课文需要精讲，需要引导学生仔细阅读；成组文章中教材指定的精读课文，也需要引导学生精读。

从单元整体教学或任务群教学的目标达成来看，单篇精读有助于更好地完成“任务”，达成教学目标。如果缺乏单篇精读教学，仅让学生为完成任务而完成任务，必然会导致学生盯任务，急匆匆地从一篇课文读到另一篇课文，这种走马观花式的阅读，难以高质量地完成任务。当然，我们强调单篇精读，并不是要像过去那样讲课文的内容是什么、结构是怎样布局的、用了哪些写作技巧……，事无巨细，无

所不包，也不是先讲单篇精讲，再将几篇文章或单元所有文章整合起来讲，而是要基于单元目标和整体规划，从问题出发，为活动做准备，将整体性的任务分解并嵌入单篇文章精读，让学生在解决问题的过程中实现对文本的深度理解，在文本的深度理解中完成任务或为完成任务提供基础性条件。因此，当我们高举任务群理念，实施单元整体教学时，也要记住在进行真实的语言实践活动时给经典文本解读留重要位置。

四、教学设计案例

（一）统编教材必修下第二单元（戏剧）基于单篇精读和多篇整合的教学设计

《雷雨》单篇精读教学设计案例

【学习目标】

① 阅读剧本，了解剧情，把握其中的矛盾冲突（语言建构与运用）。

② 通过品味人物语言，探测人物的内心世界，进而探究作品的艺术魅力（思维发展与提升）。

③ 感受作者借助浓重的戏剧氛围及人物语言所传达的悲剧意识（审美鉴赏与创造）。

④ 理解以象征手法深刻反映社会现实的文化传统（文化传承与理解）。

【学习情境】

同学们，戏剧不仅仅是用来读的，更是用来演出的。学习本单元，我们班要举办一个小型话剧表演活动，将《雷雨》的经典片段搬上舞台，在这个活动中，你们就是编剧、导演和演员，究竟谁能更精彩细致地编写、演绎剧目情节？谁又能真实再现人物形象？让我们拭目以待。

学习活动一：我要当演员。

学习任务：

① 阅读《雷雨》整部戏剧，把握剧的主要矛盾冲突，画出人物关系图。

② 采用批注法精读《雷雨》课文节选部分，深入品读人物语言，抓住戏剧以人物语言和动作等方式刻画人物形象的特点，分析戏剧中几个主要人物的形象特点，分角色朗读，模拟角色扮演。

③ 小组交流分享对于剧中人物的理解和思考，为人物定性，撰写人物说明。

学习活动二：我要当导演。

学习任务：

① 在学习《窦娥冤》的基础上，初步认识传统戏剧和现代戏剧的基本特征。

② 根据人物关系图，研读剧本台词，准确写出戏剧冲突和台词分析，准确解读潜台词，写出演出提示语。

③ 为经典片段撰写演出本，与同学进行分享交流，并做出反思与评价。

【《雷雨》学习任务单】

①比较《雷雨》与元杂剧《窦娥冤》的异同。

②画出剧中人物关系图。

③写出剧中的主要矛盾冲突。

④找出剧中耐人寻味的潜台词并分析言外之意。

⑤找出剧中人物性格特征及悲剧命运的根源。

⑥谈谈文本给你留下最深印象的一句话或者一个场面及原因。

⑦找出你觉得最精彩的片段改写成演出本。

【相关知识储备】

① 了解《窦娥冤》和《雷雨》的内容。

② 积累戏剧基本知识，了解剧本的基本特点。

③ 了解演出本创作的相关知识。

多篇整合教学设计案例

戏里乾坤，人间悲悯

——《窦娥冤》《雷雨》悲剧美的探究与发现

【学习目标】

① 通过解读演出本和观看演出加深对文本的理解。

② 通过交流解读悲剧人物的毁灭，认识悲剧的价值。

【评价任务】

① 倾听、解读演出本，演一演戏剧精彩情节。

② 说一说悲剧带给自己的震撼，写一写对悲剧力量的理解。

【情境任务】

每年 3 月 27 日是世界戏剧日。这一天我们学校将举办一场盛大的戏剧活动，向同学们展现戏剧的魅力，传递戏剧力量，引领大家共享戏剧艺术带给人类的精神财富。为了更好地参与学校的这个活动，我们班在今天举办一场品剧会，分享阅读体验，理解悲剧价值，希望我们从课本的戏剧中感受良知与悲悯，汲取生命力量。

活动一：赏戏剧台本，演戏剧角色。

品剧会第一环节：欣赏同学们创作的优秀演出本并观看《窦娥冤》《雷雨》的精彩表演，将改进建议填入评价表，如表 3-2 所示。

表 3-2 戏剧表演的评价表

评价角度	评价内容	改进建议
一	两部剧的编写和表演是否尊重了原著	
二	选取的内容是否反映了主要矛盾	
三	是否抓住了能充分表现人物性格和内心活动的关键台词	
四	在角色塑造上有哪些优点和缺点	
五	表演的感染力如何	

品剧会第二环节：请同学们根据前面的评价表对两个剧的编写和表演进行点评。

活动二：师生同交流，探悲剧价值。

鲁迅先生在《再论雷峰塔的倒掉》中说："悲剧是将有价值的东西毁灭给人看。"我想和同学们结合这两部戏交流一下对鲁迅这句话的认识，共同探讨这些悲剧故事彰显了悲剧主人公身上哪些美好的、有价值的东西，又是如何渲染他们被毁灭的惨痛与悲壮的。这些有价值的东西被毁灭带给我们什么样的心理震撼？（请根据表 3-3 进行思考、解答）

表 3-3 对两部戏的分析

人物	性格	结局	悲剧效果
窦娥			
鲁侍萍			

写一写你的感受：

（本教学设计案例由诸城一中陈绚老师提供）

（二）选择性必修下第一单元（古典诗歌）单元整体教学设计案例

【单元学习目标】

① 借助诵读，探寻诗意，品味诗歌之美，感受古人的哀乐悲欢，把握诗歌蕴含的传统文化精神，认识古典诗歌的当代价值。

② 结合以前所学，了解我国古典诗歌的发展脉络，并比较不同体裁的诗歌在节奏韵律、表现手法、艺术风格等方面的异同。

③ 对作品内容、风格和表达做出恰当的评价，认识古典诗词对中华民族精神的重要影响。

④ 撰写鉴赏文章，提高鉴赏古代诗歌的水平和议论性文章的表达能力。

单元学习活动、单元学习目标、语文素养、学习任务群的对应关系如表 3-4 所示。

表 3-4 单元学习活动、单元学习目标、语文素养、学习任务群的对应关系

	学习任务群	语文素养	单元学习目标	单元学习活动
必修上第三单元	文学阅读与写作	1. 在反复诵读和想象中感受、欣赏古代诗词独特的艺术魅力； 2. 了解古诗词的形式特征，包括对偶、平仄、押韵等语言形式，掌握鉴赏古代诗词的基本方法； 3. 体会诗人对社会的思考与人生的感悟，理解文学作品丰富的内涵和语言的独特表达，提升审美能力； 4. 尝试写作文学短评	1. 感受诗歌的意境，欣赏诗歌独特的艺术魅力； 2. 借助知人论世、以意逆志等方法，把握诗歌的内涵，感受诗人的精神境界，体会诗人对社会的思考与人生的感悟； 3. 在学习本单元作品的基础上，联系既往文学作品的学习，根据自身实际情况，写一篇文学短评	学习活动一：感志士之慨、隐士之情——《短歌行》与《归园田居》比较阅读（两者在表达志士之慨和隐士之情时有不同的韵律、节奏和表达技巧）（指向目标 1、2） 学习活动二：区别诗体和诗风——《登高》《梦游天姥吟留别》《琵琶行》比较阅读（梳理诗歌的情感脉络，概括主体风格）（指向目标 1、2） 学习活动三：品豪放与婉约——《念奴娇·赤壁怀古》《永遇乐·京口北固亭怀古》《声声慢》比较阅读（思想情感、意境、艺术手法、语言的异同，运用比较法写诗歌短评）（指向目标 1、2、3） 学习活动四：梳理与探究（指向目标 2） 1. 从本单元诗歌中任选三首，说说诗人对生命有何独特的发现与创意表达； 2. 从本单元诗歌中任选一首，了解其写作背景，说说它在作品解读中的具体作用

续表

	学习任务群	语文素养	单元学习目标	单元学习活动
选择性必修下第一单元	中华传统文化经典研习	1. 借助诵读，探寻诗意，品味诗歌之美，感受古人的哀乐悲欢，把握诗歌蕴含的传统文化精神，认识古典诗歌的当代价值； 2. 结合以前所学，了解我国古典诗歌的发展脉络，并比较不同体裁的诗歌在节奏韵律、表现手法、艺术风格等方面的异同； 3. 对作品内容、风格和表达做出恰当的评价，认识古典诗词对中华民族精神的重要影响； 4. 撰写鉴赏文章，提高鉴赏古代诗歌的水平和议论性文章的表达能力	1. 深入研读本单元的古典诗歌作品，探寻诗意之美，品味诗歌之味，感受古人通过诗歌表达的哀乐悲欢等情感； 2. 把握其中蕴含的文化精神，认识古典诗歌的当代价值； 3. 结合以前所学，了解我国古典诗歌的发展脉络，并比较不同体裁的诗歌在节奏韵律、表现手法、艺术风格等方面的异同； 4. 选择一首诗歌，写一篇不少于800字的鉴赏文章	学习活动一：比较阅读(指向目标1、3) 第一组：相似的爱情，不同的悲剧——《氓》与《孔雀东南飞》比较阅读(人物形象、语言风格、表现手法等方面的异同) 第二组：相似的忧伤，不同的风格——《离骚》《蜀相》《扬州慢》比较阅读(从时代背景、诗歌体式、作者情况、表现手法、表达效果、整体风格等角度比较这三首诗词的异同) 第三组：相似的惊叹，不同的表现——《蜀道难》《望海潮》比较阅读(时代背景、诗歌体式、描绘的画面、表现手法、表达效果、整体风格的异同) 学习活动二：相似的诗意，不同的时代——“今天我们为什么读古诗词”(指向目标2、4) 1. 发现当代生活中的古诗词； 2. 品味个人读过的古诗词，写一篇800字以上的鉴赏文章； 3. 举办“今天我们为什么读古诗词”研讨会

第五节　“任务驱动”教学模式的结构流程设计

“任务驱动”教学模式的结构流程大致包括设计任务、展示任务、完成任务、效果评价、梳理归纳五个环节。每个环节的操作要领如下。

1. 设计任务

每节课上课前，教师必须重视精心设计教学情境，创设激发学生探究新知的教学情境，将教学目标、教学内容转化成对于学生来说很有意义的任务。

任务设计时，应遵循下列原则。

(1) 目的性:任务必须具有明确的目标,才有实施的价值。

(2) 真实性:任务体现学生的实际生活、认识水平和基础情况,能激起学生学习、深究的欲望。

(3) 及时性:当学生生活中有与教学相关的事发生时,应及时反馈到任务中,这可以很好的激发学生的学习兴趣,并提高学习效果。

(4) 教育性:任务必须有助于学生语文知识的学习,语言技能的形成,语言综合运用能力的发展。

(5) 学科渗透性:语文不仅是一门语言,它还涉及相关学科的学习,甚至可以这样说,语文本身就是一门综合学科。

(6) 文化渗透性:学语言就是学习一个国家的文化,因此在任务设计时应渗透文化,培养学生文化交流的意识和基础,并不断提高个人素养。

(7) 渐进性:一个单元的学习目标是通过一个任务链,环环相扣、循序渐进地实现的。因此,在任务设计时一定要注意任务的坡度,层层递进,能让学生自己在活动中充分体验成就感,感受到个人的提升或成长。

(8) 可调整性:活动应随不同班级的学生特点进行适当调整。

(9) 整体性:任务一般要能分成几个子任务,要给学生一个较大的探索和创新的空间。学生通过对所提的任务进行分析、讨论,明确任务大体涉及哪些知识,并找出哪些是旧知识、哪些是新知识,在老师的指导、帮助下找出解决问题的方法,最后通过任务的完成实现对所学知识的意义建构。如果任务过于琐碎,必然达不到这样的效果。

(10) 可操作性和适当性:可操作性强调任务是具体的,学生可以按任务的要求进行操作,避免了盲目的操作;适当性强调任务难易要适度,太易或太难都将影响学生的学习积极性。

(11) 开放性:完成任务的方式和过程可以多种多样,最后的成果也可以是各不相同的。任务的开放性,为学生提供了创造的空间,使学生的想象力和创造力得到发展。

2. 展示任务

每节课上课后,教师首先要把这堂课的任务呈现在学生面前。展示任务后,教师不要急于去讲解应该怎么做,或立即让学生自己去做,而是要指导学生进行讨论。教师要引导学生分析任务与学生自身的关联,明确任务的价值和意义,激发学生完成任务的动力;要引导学生分析任务完成的条件、路径、程序等,整体规划任务完成过程;要引导学生逐步理清问题,找出哪些是学过的,自己已经会做了,哪些是新的知识,自己还不懂。学生通过讨论,会发现并提出自己的问题,教师不要直接告诉学生应当如何去解决面临的问题,而是向学生提供解决该问题的有关线索。

3. 完成任务

这是一个全开放性的教学环节,其目的在于让学生在自主探索的过程中完成对新知的理解和应用。通常,教师对知识进行讲解、演示后,关键的一步就是让学生动手实践,让学生在实践中把握真知、掌握方法。在完成任务阶段,教师只是一个帮助者和引导者,要多给学生以鼓励,让每个学生都能自由地、大胆地去完成任务。教师要走进学生之中,及时地为学生提供帮助,还要主动去观察学生,发现学生的问题,特别是共性问题,教师要给予指导,而学生则可以按以下几种方式来完成任务。

(1) 自主探索:学生独立完成任务,进行自主探索学习。在学习过程中充分发挥学生的主动性,体现出学生的首创精神。学生通过学习正确评价自己的认知活动,从中获取对知识的正确理解,探求问题的最终解决方法。学生在遇到困难时,可以向老师、同学、书本、网络请教,培养自己获取信息、鉴别信息、处理信息的能力。比较单一的任务可以采用这种学习方式。

(2) 协作学习:建构主义学习理论认为,每个学习者都有自己的经验世界,不同的学习者可以对某种问题形成不同的认识。由于不同的家庭环境和个人爱好,学生的水平参差不齐,我们当然不能一视同仁。在集体任务完成后,教师可采用分层教学法,让不同层次的学生清楚各自的学习任务。每个教学班根据学生学科知识水平不同,安排座位,成立学习小组(5～6 人)。各个小组有不同的要求,小组内既合作又竞争。在操作中,要体现分层要求,分层指导,满足各层次学生的需求,从而使每个学生的个性得到充分的发展。采用分层要求的形式既能达到教学目的,也能让学生各有所得,还能让学生懂得协作的重要性,掌握自我协调的方法,既发展了个性,又培养了团队协作精神。同时,这种形式也有利于创设民主、和谐的课堂气氛,生动活泼地教学。通过这种协作和沟通,学生可以看到问题的不同侧面和解决途径,开阔自己的思路,从而对知识产生新的理解。比较综合的任务可以采用这种学习方式。

4. 效果评价

为了检验和促进学生达到预期的目标,发现教学中的问题,教师要对学生的学习效果进行评价。教师可根据学生的学习情况及时改变教学方式,学生也能通过评价了解自己的学习情况,及时调整自己的学习方式。评价应体现评价主体的多元化和评价形式的多样化,既关注结果,又关注过程;既要关注学生任务完成后的结果,又要关注任务完成过程中的行为表现。具体的评价方法可以是观察法和成果评价法。观察法即通过观察学生在讨论、完成任务活动中的发言、技能、协作、创新等对学生做出评价。教师和学生都可以通过表格来记录学习过程中学生的具体情况。成果评价法是对学生完成任务所形成的各种形式的成果进行评价,包括评价学生对知识的掌握、应用水平,成果中所包含的创意等方面。成果评价前,师生应共同讨论确定针对特定任务的成果评价量规,明确评价的维度及其不同水平的特征，为学生自评和互评提供评价标准。评价时，既可以让学生自己来评价，也可以让同学来评价，还可以师生共同评价。值得注意的是，有时，从结果看，部分学生在结束任务后没有像样的作品，但从过程看，他们能够运用各种方式、方法或工具进行操作，应从发展的角度给予他们鼓励性的评价。

5. 梳理归纳

单元学习之后，教师要引导学生对所学的知识、方法进行归纳总结，并建立起与已学的旧知识、方法之间的联系，以加深学生对知识的记忆、理解，完成真正意义上的知识建构。

第六节　逆向设计，构建“教、学、评”一致性关系

一、传统教学设计存在的主要问题

传统教学设计过程的三个阶段如图 3-1 所示。

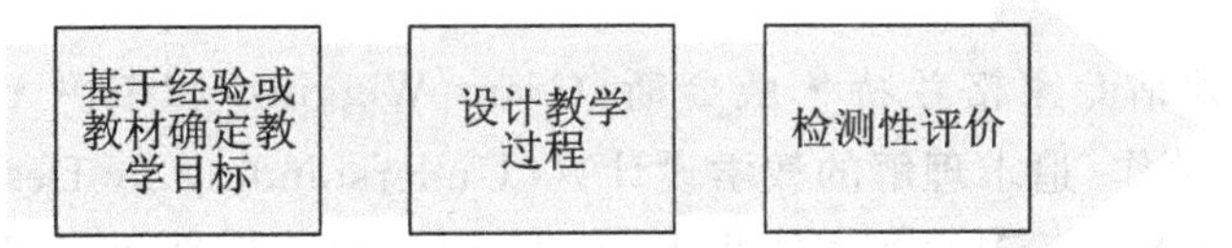

图 3-1　传统教学设计过程的三个阶段

(1) 目标设计不科学。教师多从自身经验或者教材、教参出发，缺乏课标依据；不同教师对同一教学内容的目标差异很大，甚至五花八门，各不相同；目标的制订只是为了应对教学常规要求，追求教学案结构形式上的完整，并无多大实际意义。

(2) 目标不具素养导向性。教师只注重知识点的教学，缺乏大概念意识，难以形成解决问题的方法、策略，学生遇到陌生情境和新的问题时，捉襟见肘。

(3) 目标不具引导性。教师多考虑“教什么”和“怎么教”，很少考虑学生“怎么学”和“学到什么程度”，常常出现“教了未必学了”和“学了未必会了”的问题。

(4) 目标的实施侧重于教师的主导。教师说什么，学生就听什么；教师讲什么，学生就记什么。教师按照自己的预期和设计往前推，学生跟着教师的节奏走。学生一旦离开教师，就不知道该学什么、该做什么了。

(5) 目标达成对教师的依赖度较高。学生的学习多依赖教师的组织能力和分析、讲解，如果教师的教学组织能力不强、讲解能力平平，那么整个班级教学目标的达成就会大打折扣。

(6) 目标与教学过程对应性较差。教学环节和活动设计不能清晰指向教学目

标，教学过程往往存在游离目标或“枝蔓横生”的现象，导致目标达成度较低。

（7）教学过程和评价分离。教师只注重学习结果评价，忽视学习过程评价。教师往往只在一堂课或一个单元结束后，进行课堂检测，导致结果评价无法弥补过程中的问题与不足，容易产生负面影响。

二、逆向教学设计：走向“教、学、评”一致性

逆向教学设计的三个阶段如图 3-2 所示。

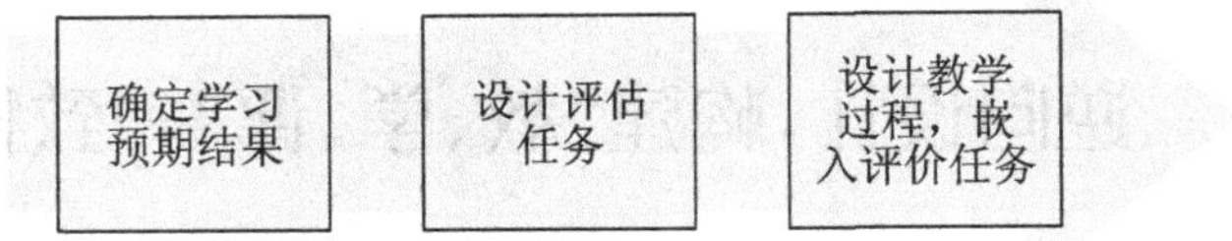

图 3-2　逆向教学设计的三个阶段

（一）逆向教学设计的主要特征

美国教育评估专家格兰特·威金斯（Grant Wiggins）和杰伊·麦克泰格（Jay McTighe）在其著作《追求理解的教学设计》（《Understanding by Design》）一书中提出了“逆”于常态教学设计的“逆向设计”方法，为教学一致性提供了更关注学习本质的设计方法。

逆向设计强调课堂、单元和课程在逻辑上应该从想要达到的最终的学习结果导出，而不应该从我们所擅长的教法、教材和活动中导出。学习从教师期望的结果开始，然后逆向运行到学生开始上课的状态。也就是说，逆向教学设计是从“终点”（学生的学习结果）出发，逆推到教学活动，而非一般的语文教学设计从“起点”（依据教学内容，确定教学目标）出发，然后设计教学活动，最后通过作业或者单元测验进行检测。逆向教学设计过程中的重要问题：学习目标达成的预期学习结果究竟是什么？哪些评量证据（指标）能证明学生取得了预期的学习结果？设计哪些学习体验和活动能帮助学生取得预期的学习结果？

逆向教学设计的基本特征主要体现在以下三个方面。

1．“教学目标”与“学习结果”的逆向翻转

以往的教学设计看重教学目标的确定，却很少思考教学目标的最终产出——学习结果。逆向教学设计在第一阶段就要求设计者思考学生将会得到什么（学习结果），而不是教师打算教什么（教学目标），以学生的预期学习结果为起点来设计教学活动，引导老师从核心素养培育和课程标准的角度来思考学习结果的确定，真

正体现了以学生为主体而非以教师为主体的教学思想。

2.“教学活动”和“构建评估”的逆向翻转

在逆向教学设计过程中，设计者必须在设计教学活动之前，思考如何开展评估，确定了合适的评估证据之后再设计教学活动，而不是在一个单元学习即将结束时才构建评估。评估设计先于教学活动设计的重要目的是使预期结果和教学体验保持高度一致。

3. 教学活动优先次序的标准逆向翻转

在逆向教学设计中，教学活动安排的次序确定的主要标准是，如果我们想让学生理解某个知识，必须先考虑让他们学会哪些基本的知识和技能，也就是说依据学生的能力发展阶梯来确定教学活动的优先次序，而不是根据教师教学的偏好和教学习惯来确定。

（二）逆向教学设计的基本步骤

逆向教学设计大致可分为三个步骤。

1. 第一步：确定预期的学习结果

学习结果包括以下要素：预期的迁移、学生要持续思考的问题、预期的理解、要掌握的知识和技能、学习结果依据的标准等。

预期的学习结果是指学生通过学习能达到的目标，是教学设计的起点，指向学生要到哪里去。

确定预期的学习结果应当依据课程标准，结合具体学习内容，充分考虑学生学习的实际情况。要确定预期的学习结果，首先应弄清以下几个问题。

(1) 本单元或本节课属于课标中的哪一个任务群？该任务群的学习目标有哪些？本单元或本节课能落实学习任务中的哪些目标？如何将这些目标转换为具体的单元目标或课时目标？

(2) 与本单元或本节课内容相对应的课标学业质量有何描述？学生学习本单元或本节课能够理解什么？学生能够掌握哪些知识和技能？学生能够形成哪些方面的迁移能力？有哪些问题是学生需要持续思考的问题？

思考以上问题的目的是将课程目标、任务群目标转化为单元教学目标或课时教学目标，再将教学目标转化为学生能够实现的学习结果。

以往的教学设计看重教学目标的确定，却很少思考教学目标的最终产出——学习结果。逆向教学设计在第一阶段就要求设计者思考学生将会得到什么(学习结果)，而不是教师打算教什么(教学目标)，以学生的预期学习结果为起点来设计教学活动，引导老师从核心素养培育和课程标准的角度来思考学习结果的确定，真正体现了以学生为主体而非以教师为主体的教学思想。

2. 第二步：确定合适的评估证据

如果说确定预期的结果是为了指明学生应该到哪里去；那么，确定评估证据则是为了证明学生到了哪里。这个阶段，教师应思考：设计哪些学习体验和活动能帮助学生取得预期的学习结果？什么样的任务必然能够引发学生的行为表现从而证明是否达到预期结果？谁来评价最适合？教师基于上述思考，设计出评估任务。评估任务的叙述要清晰，能够明确指向某条目标，评价方式要多元化。

3. 第三步：设计教学过程，嵌入评价任务

该环节中，教师应根据预先设计的评价任务，设计具体的学习环节和学习活动，并将预设的评价任务嵌入教学过程。学习活动设计要聚焦目标达成，多个学习活动之间要有关联并有进阶。学习方式多样，要体现学科性，凸显课堂中的“在学习、真学习”。

附：单元教学设计简表

单元教学设计简表如表 3-5 至表 3-8 所示。

表 3-5　阶段一：明确预期的学习结果

<table>
<tr><th>课程标准</th><th>学习结果</th></tr>
<tr><td rowspan="4">1. 本单元要达到的内容标准和任务目标有哪些？
2. 本单元要发展的习惯和跨学科的目标是哪些？
3. 此设计将达到什么样的目标？
① 知道；② 理解；③做到；④理想信念与价值观。
4. 目标来源有哪些？
① 教育目标与学科核心素养；
② 课程标准；
③ 学业质量标准；
④ 高考命题要求。</td><td>1. 学习迁移
① 学生能自主地将所学运用到……
② 学生将获得哪种持久、自主的学习结果？</td></tr>
<tr><td>2. 理解意义
(1) 深入持久理解
① 大概念是什么？②学科概念网及其结构是什么？③期望对它们的基本理解是什么？④学生可能存在哪些误解？
(2) 核心问题
用问题指导学生进行探究性学习，关注教学过程中的重要概念。</td></tr>
<tr><td>3. 掌握知能
学生应掌握的知识和技能是？
要求理解和掌握的知识和技能有三种类型：①为了达到预期理解而建构的基础知识；②明确阐明或暗示的目标中所包含的知识和技能；③完成阶段二中的复杂评估任务所需要的核心知识和关键技能。</td></tr>
<tr><td>4. 产生价值
情感、态度、价值观
可以评估、可视化的理想信念和价值观</td></tr>
</table>

表 3-6　阶段二：确定恰当的评估办法

评估的标准	评估的内容工具
准备采用哪种标准来评估预期学习结果的成效？评估中最重要的本质属性是什么？	评估内容：①确定评价内容和评价标准；②设计表现性任务；③选定或设计表现性评价的工具。 评价工具：①演示；②实验与调查；③研究项目（个体项目或群体项目）；④口头描述或表演；⑤作品或作品选集。 评价要求：①学生通过哪些真实的表现性任务证明自己达到了预期的理解目标？②通过什么标准（量规）评判理解的成效？
	其他评估证据 测试、小测验、问答题、工作样本、观察报告、开放式主观题、观察、家庭作业和日记等。

表 3-7　阶段三：规划教学过程

活动资源和目标	教师监控	学生调节
1.确定核心任务 ① 教学活动是否致力于达成知识技能、意义理解、学习迁移和理想价值目标？ ② 教学活动是否体现了学习的基本原则和最佳教学实践？ ③ 三个阶段是否始终保持一致？ ④ 教学活动对学生是否有吸引力，是否有效果？ 2. 组织学习活动 哪些学习体验和教学能够使学生达到预期的结果，应如何设计？	① 在课堂活动中，教师如何监控学生的知识技能、意义理解、学习迁移和理想价值的学习过程？ ② 潜在的薄弱点和误解是什么？ ③ 学生如何获得必要的反馈？	① 学习目标的确立和学习结果的呈现，对知识的深度理解； ② 学习时间、学习过程与学习效率； ③ 学习方法——自学、合作、探究、体验等； ④ 自评理解力发展状况； ⑤ 运用量规统计和分析自己学习动力、经历、压力、意志力等非智力因素方面的表现。

表 3-8　阶段四：教师反思、记录并改进

反思要点	反思内容与记录
回顾教学，分析成败，查找原因，寻求对策	① 教学设计在实践上还存在哪些问题？如何改进？ ② 基本理解是否深入探究了我们选定的科学探究范围？ ③ 选定的培养目标是否得到落实？ ④ 学生是否提出了一些有价值的问题，值得我们记录在案？ ⑤ 对真实性任务与表现性评价设计的内容和量规的改进建议有哪些？ ⑥ 对下一步教与学的初步设想和规划有哪些？

第四章　基于课程标准的教学转型

第一节　教学理念的转变——实现教学转型的前提

语文课程标准在阐述学习任务群时明确提出：从祖国语文的特点和高中生学习语文的规律出发，以语文学科核心素养为纲，以学生的语文实践为主线，设计“语文学习任务群”；“语文学习任务群”以任务为导向，以学习项目为载体，整合学习情境、学习内容、学习方法和学习资源，引导学生在运用语言的过程中提升语文素养。

语文课程标准在阐述学习任务群教学方式时强调：学习任务群以自主、合作、探究性学习为主要学习方式，凸显学生学习语文的根本途径；这些学习任务群追求语言、知识、技能和思想情感、文化修养等多方面、多层次目标发展的综合效应，而不是学科知识逐“点”解析、学科技能逐项训练的简单线性排列和连接；学习任务群的设计，旨在引领高中语文教学的改革，力求改变教师大量讲解分析的教学模式。

语文课程标准在阐述教学建议时要求：关注学生学习方式的转变，做好学生语文学习活动的设计、引导和组织，注重学习的效果；根据学生的发展需求，围绕学习任务群创设能够引导学生广泛、深度参与的学习情境；通过多样的语文实践活动，融合听说读写，跨越古今中外，打通语文学科和其他学科、语文学习和学生的生活世界，运用优质的素材和范例，激发学生的学习兴趣和动力，提高语言文字运用能力；加强课程的实施整合，通过主题阅读、比较阅读、专题学习、项目学习等方式，实现知识与能力，过程与方法，情感、态度与价值观的整合，整体提升语文素养；鼓励学生根据个人兴趣、能力和特长，自主选择学习内容和学习方式，学会自我监控和学习管理，探索个性化的学习方法；鼓励学生自主阅读、自由表达，激发问题意识，引导他们体验发现问题、解决问题的过程；注意引导学生在自主学习的基础上，学会倾听和分享、沟通和协作，掌握探究学习的方法，提高实践创新能力。

上述语文课程标准中的内容，在教学方向、教学组织形式、教学方式、学习方式等方面都提出了明确指向和要求。要落实好任务群教学，提升学生学科核心素养，首先要求高中语文教师转变自身教学理念、正确定位自身角色，合理转变教学方式，完成与课程标准的准确对接。

一、从知识的传输者转为学习的引导者

在新课标标准下的高中语文教学实施过程中，学生的学习方式正由传统的单一接受式学习向综合性、实践性学习转变。这就要求教师必须从传授知识的角色向学生学习的引导者转变。新课程要求学生树立自主学习、终身学习的理念，以语文知识教学为例，学生重在建构知识而非记忆知识，为了达到这个目的，教师要改变过于强调知识传授的倾向，努力培养学生积极主动的学习态度，关注学生获得知识的过程。如对文言词语的梳理与探究的学习任务设计，传统的做法是让学生查阅词典进行文言词语的一词多义的背诵、记忆，然后提供给学生丰富的语言材料，让学生进行知识的印证巩固，而在基于新课程标准的学习模式下，教师可以引导学生探究文言词语一词多义义项归纳的理由，并能说明义项之间的关联。学生参与这样的建构知识的过程，才会真正理解汉字构形的规律，并能够做到举一反三、触类旁通。

传统的语文课堂教学，主要弊病在于教师以灌输为主，将课文进行“解剖麻雀”式的割裂分析，学科术语、概念灌输得多，学生的真实感悟、切身体验被忽视。而新课标“以学生发展为本”的理念要求我们的教学要达到“学生会学”的境界。因此，在课堂教学中，语文教师要尽量改变“传道受业”的形象，引导学生以自主、合作、探究性学习为主要学习方式，在阅读与鉴赏、表达与交流、梳理与探究中提升学生运用祖国语言文字解决实际问题的能力。课堂教学的重心在于掌握规律，而不是记忆支离破碎的语言与文法知识，让学生在有限的课堂教学时间内，获得较高的学习效益。

二、从单向的主导者到互动的合作者

传统的语文教学多注重课文的讲解，以文本为纲开展语文教学，逐篇精读精讲，形成文章体系是常见的做法，教师作为学术的权威拥有对教材选文的阐释权，其主要作用是主导学生学习文本的整个过程，以讲授和传递文章思想内容为主。在新课程的实施中，教师不仅是课堂的主导者，还应是学生学习的合作者。师生之间的合作关系不是知识传递的关系，而是有着共同话题的对话关系。师生双方作为完整的人，以整体的人格相互影响，在对话中进行知识与智慧的交流，精神与意义的沟通，共享知识与经验，使课堂成为师生精神共生共长的交流的“场”。语文课堂只有从教师的单向主导走向师生课堂的对话合作，才能真正焕发生命活力。在师生对话过程中，教师不再以教参为准绳，以枯燥的教条去限制学生，以自身的权威去主导课堂，而是把教材看作促进学生学习的资源，把课堂看成师生思想交流的平台。

语文教师应以民主的精神，以合作的方式，创设宽容、融洽的课堂学习环境，使课堂教学真正成为激发学生的生命活力、促进学生心灵成长的土壤。语文新课标倡导自主、合作、探究的学习方式。与之相应，语文课堂应注重语文与生活的相互联系，促进学生的整体发展。语文课堂的互动从理念到实践，形式多样：师生合作互动，深度解读文本；文本内外互动，拓展学习空间；生生合作互动，激活学习思维；学用互动，有效迁移运用。合作互动不只是在教和学的方面针对教学内容的，还应让学生在语文课堂中通过学习的合作，学会生活的技能，通过思想的互动，感受生命的涌动和成长。如此，教师的劳动才会闪现出创造的光辉和人性的魅力；也只有在这样的语文课堂才会体现出育人的本质和实现育人的功能。

三、从经验的固守者到教学的创新者

创新是一个民族的灵魂，是一个国家发展的不竭动力。在新课程的背景下，每位语文教师都面临着全新的机遇、崭新的挑战，在从事语文教学的道路上理应接受新理念，继而研究新教学，逐步成长为教学的创造者。语文课堂创新就是要克服传统教学的弊端，努力贯彻新课程的教学理念，运用新教材的教学方法，创设全新的教学情境，激发学生创新学习精神，培养学生创造性思维能力，从而让课堂教学真正充满生机与活力。

语文教师要摒弃传统的思维局限，勇于发掘自身的创新潜能。反思是创造的基础，每一位教师应对自己的教学行为加以反思、研究并提出改进意见，在当下的新课程教学实践中，教师应不断审视固有教学经验的局限，适时调整自己的教学思想，以应对当前语文教学情境愈来愈新、愈来愈复杂的问题。以阅读教学为例，不少老师都经历从牵着学生读到引着学生读，再到由学生自主读的教学理念的转变，在此过程中，教师要充分挖掘自己的创新潜能，对照新课程标准反思自己的教学行为，对教学情境进行创新性设计，对教学内容进行创造性整合。

语文课堂教学的创造性首先体现在对教材的巧妙处理上，教师并不是教材和参考书的“传声筒”，而是要针对学生的心理特点和已有知识，对教材进行科学和艺术的处理，从而形成可以操作的教学方案。语文教学重要的是“用教材教，而不是教教材”。教学的创造性还体现在教学方法的选择和优化上。各种教法各有利弊，如何激活学生，这就需要教师在吃透教材的基础上，进行教法上的编排、设计和加工，克服组织形式的模式化。在教学过程中，教师要当好组织者和引导者，帮助学生利用教材学会学习。语文教学的创造性还体现在教师一贯追求教学个性最终形成不拘一格的教学特色上。语文教师要树立特色意识，形成个性化教学特色。这就要求教师不能墨守成规，而要勇于创新，不断调整、优化教学。教学是一种艺术，教学风格就是一种教学艺术的创造性表现。教师在教学中不仅要遵循一般的教学规律，而且要结合自身实际和学生的具体情况进行突破和创新。

四、从关注教师的教转向关注学生的学

在处理教与学的关系上，新课程背景下的课堂教学更加关注学的过程，研究学生如何学，以学定教。学生学习的原有状况是教学目标设计的基本出发点和依据，教学目标设计重在“设计学生”，根据学生学习的实际情况，找出新知识和学生原有知识的关系，根据“最近发展区”原则设计教学内容，促进学生积极主动地学习。传统的教学强调教师的绝对权威，而新课标强调学生的主体性，强调学生在学习过程中的能动作用。新课标指出学生是有思想、有感情的个体，教师要尊重学生、关心学生，在与学生的积极作用中共同成长。因此，高中语文课程教学目标的设计，要突出学生的主体性，由传统的“我要教会什么”变为“学生能够学到什么”，也就是说要把教师的教学目标转化为学生可执行的学习目标，让学生在积极的学习过程中学习语文课程。

五、从单一学习目标到综合统整性目标

新课程背景下的语文课堂教学要落实核心素养，教学目标应由促进知识能力发展向促进学生全面发展转换。在以知识立意为核心、能力训练为主线的传统课堂上，教师以完成教材中的知识讲授为教学核心，学生在一种自然、被动状态下开展学习活动。但是，究竟能够让多少学生在课堂上得到能力形成的有意识训练，仍然是一个模糊的概念。只要部分学生能够配合教学过程，并在这个过程中解决问题，教学任务似乎就完成了。要实现新课程提出的学生发展的三维目标，让学生在“知识与技能、过程与方法、情感态度与价值观”方面得到全面发展，就要从知识立意、能力立意向以人为本促进全体学生的全面和谐发展立意的方向转变，将课堂教学中全体学生的全面和谐发展作为教学目标立意的核心，关注每个学生，使其通过课堂上的学与教获得相应的发展。

当前高中语文课程内容采用任务群的设计理念，任务群学习目标指向并回应“语文学科核心素养的四个方面是一个整体”，即语言建构与运用是语文学科核心素养的基础，语言是重要的交际工具，也是重要的思维工具；语言与思维的发展相辅相成；语言文字是文化的载体，又是文化的重要组成部分，学习语言文字的过程也是获得文化的过程；语言文字作品是人类重要的审美对象，语文学习是学生提升

审美能力、提高审美品质的重要途径。因此，落实“目标发展的综合效应”的基础是语言建构与运用，载体是积极主动的语言实践活动，解决问题的关键在于如何针对具体的学习任务群实现学习目标的整合。

追求“目标发展的综合效应”，需要从单一目标设计走向统整性目标设计，打通“阅读与鉴赏”“梳理与探究”“表达与交流”三种常见语文学习活动的关联，从阅读与写作的整合、语言积累探究与写作的整合等角度设计综合性学习目标。

六、从机械教课文到灵活做任务

新课程背景下的高中语文课程内容以任务群来承载，教材选文以人文主题和任务群双线交织组合成一组群文，群文阅读与传统课堂相比，是一种大单元、任务式教学，从课堂教学内容选择与确定来看，教学理念有了本质的变化，以前是机械教课文，现在是灵活做任务，以前是着眼于单篇课文内容设计，现在是学习任务设计。

课程标准提出的学习任务群是对十多年来课程改革经验的提炼，是在教学实践中探索出的新事物。学习任务群就是一种单元教学，还是以课堂教学为主，还是要教听、说、读、写，只不过变换了一种方式，这种方式就是以任务为引领。所以，设计教学方案之前，教师应思考本单元能承担语文素养的任务是什么，看看围绕任务提供了哪些资源，提示了哪些要求，然后以任务来带动整个单元的教学。单元学习任务不是课后练习，而是设计单元教学的依据，也是整合单元课文阅读与写作的抓手。当然，教师也要注意到，很多课文都是经典，让学生接触经典，本身就是教学的重要目标，不应该把课文纯粹作为解决问题、完成任务的材料或者讨论问题的“支架”。

如针对《短歌行》与《归园田居》的群文学习，一位教师创设了诗文品鉴大会的真实学习情境，没有采取常见的比较阅读的方式处理两首诗歌，而是立足诗歌诵读教学，将学习内容整合为五个读经典的环节。

环节一为诵读经典：我把《短歌行》或者《归园田居》朗诵给你听。要求：由经典诵读人朗诵，要符合朗诵要求，注意重音、停顿、语速、语调、语气节奏。

环节二为解读经典：我把《短歌行》或者《归园田居》讲给你听。鉴赏团从文意、艺术特色（修辞手法、语言特色）等角度对诗词进行简短的解读，每个人选一两个角度即可。

环节三为评析经典：我把《短歌行》或者《归园田居》评给你听。选取最有感触的一点与大家分享，写一段 80～100 字的文学短评，写成后小组交流，每组选派一名代表展示。

环节四为经典讲堂：拓展中国古典诗歌中的入世与出世传统。

环节五为传承经典：我把《短歌行》或者《归园田居》背诵给同学听。

这个案例将两首诗歌的教学内容整合为“读经典”，环节一为诵读经典，环节二为解读经典，环节三为评析经典，环节四为经典讲堂，环节五为传承经典，用任务带领大家学习。作为经典的古诗，教学中必然会涉及曹操、陶渊明等诗人的生活经历、语言风格、意象意境等常识。教师根据诗歌研读和学习进度，让学生根据任务对诗歌进行阐释、比较、解读，再适时引入“知人论世”的思想，帮助学生更好地理解诗歌，使学生在体会每位诗人对社会和人生的独特感悟的同时，也认识古代诗歌的当代价值，增强中华优秀传统文化的传承意识。对文本学习内容与课外拓展内容的高度整合，避免了过去机械讲解课文的弊端，在灵活的任务完成中将诗歌必备知识转化为诗歌鉴赏素养。

第二节　基于课程标准的教学改进行动——教学转型行动规划

一、坚持目标导向

(1) 实施有效教学。引导教师确立基于课程标准实施专业教学的理念，加强专业学习和实证研究，坚持以学生为中心，开展逆向教学设计，充分关注学生的个性特征，实现教、学、评一致。

(2) 促进深度学习。通过目标导向、评价引领、活动驱动，激发学生主动学习的愿望，经历必要的学习过程，让有意义的学习真实发生，从而发展学科核心素养，促进学生健康、快乐成长。

(3) 实现四个转变，即从基于教材到基于课程的转变、从“教师教”到“学生学”的转变、从课时教学到单元设计的转变、从“育分”到育人的转变。

二、坚持三个基本原则

(1) 系统设计。基于学生学习视角，坚持系统设计，有计划、有步骤地探索、实践、提炼“教、学、评一致性”的整体实现路径。

(2) 协同研究。按照市、校、教研组、教师四个层级，理清各自的研究任务及工作重点，边研究、边行动、边总结、边完善。

(3) 梯次推进。以问题和需求为导向，坚持由点到面、由浅入深，尊重学校、年段和学科实际，探索梯次渐进式的推进策略。

三、明确重点任务

（一）精准把握课程标准

准确领会高中课改的价值导向，以此为统领，整体把握高中语文课程标准，明晰学科核心素养和学科学习方式落地的有效路径。坚持以线上、线下相结合的方式，以案例为载体，积极开展扎实有效的导读、共读、研读活动，做到人人有课标、校校研课标、时时用课标，不断提升语文教师的课程执行力和专业素养。同时，提高教师解读、使用教材的能力，准确把握教材内容所承载的课程文化、性质及学业要求等。

（二）探索单元整体教学

立足学校、学科实际，积极探索指向学科核心素养的主题化、结构化的单元整体教学，从“如何确定大单元”“如何设计一个单元的学习”“如何介入真实的情境与任务”“如何设计反思支架以引领或支持学生反思”等层面加强行动研究，从而解决知识碎片化和去生活化的现象，凸显学科育人的关键能力、必备品格与价值观念。

在单元设计中，教师要注重学科大概念的理解和运用，科学、合理地确定单元主题；围绕大概念、关键能力等重构单元内容，设计体现学生学习进阶的单元整体教学目标；设计表现性任务，实现课程与生活的关联，促进学以致用、知行合一；开展体现综合性、层次性、关联性、实践性的学习活动，满足不同学生的发展需求，为学生提供合适的学习方式，让学生在解决真实情境问题中形成能力，积淀素养。

（三）推进逆向教学设计

准确理解并有效实施逆向教学设计的三个阶段，即确定预期的学习结果、确定合适的评估证据、设计学习体验和教学过程，确保教、学、评的一致性。

1. 细化课标要求，规范目标叙写

明确逆向教学设计的起点，即依据课程标准，参考学科教材，结合学生年龄特征和认知规律，将学习目标通过具体、明确、有意义的学业表现体现出来。

(1) 逐级细化课程目标。进一步明确学科课程的育人价值，系统梳理课程内容结构及其重点，以“课程目标—学期（年级）目标—单元学习目标—课时学习目标”为路径，逐级细化学习目标，确立学科学习目标体系。在实践中，积极探索概念（能力)拆解、水平分层、表现匹配、内容分配的具体策略。

(2) 编制学科课程纲要。以年级教研组为单位,基于课程标准,从学生学习的角度,对一个学期所要实施的学科教学进行整体设计,编制学科学期课程纲要。在学科信息、现状分析、课程目标、课程内容、课程实施、课程评价及保障条件等要素编制中,基于学情、校情,融入市、校两级教学要求,突出学科学习活动,有效整合教学资源,形成可执行、有实效的纲领性文件。

(3) 规范学习目标叙写。转换视角,从学生的角度,本着具体、可操作、可评价的原则,从"行为主体、行为条件、行为表现、表现程度"四个要素规范目标叙写。重点细化"行为条件"要素的叙写,如学习方式、情境、手段,或学生达成学习结果需要的经历、机会、时间等条件。目标的细化过程也是活动设计的过程。

2. 坚持目标导向,优化评价设计

坚持评价设计先于学习活动设计,强调评价嵌入学习过程,合理地设计学习评价目标、评价内容及评价方式,发挥评价的诊断、激励与改进功能。

(1) 形成评价框架。基于课程标准,确定评价维度,设计评价内容和观察点,提出评价方式建议,形成市、校两级学科评价框架。做好评价的校本化实施,明确学科学年、学期、单元等各个阶段的评价安排,创造性地设计具有校本特色的评价工具,如学习习惯调查问卷、学习成果日常观察记录工具(阅读存折)等。

(2) 设计评价任务。依据学习目标,设计与之相匹配的、有意义的评价任务,明确评价标准及评价方式。评价任务的设计要提供真实情境,经历真实的学习过程,并促进学生实践所学;评价标准要体现水平划分,简洁、易操作,有实效。同时,要通过持续性的评价过程、多元化的评价策略以及课程内容的调整,照顾学生的学习差异。

(3) 加强命题研究。充分发挥命题的导向作用,坚持正确的政治导向,突出能力立意和素养导向,制作双向细目表,提升语文教师命题的专业化水平。加强对高考试题的研究,并通过备课组集体命题、市级命题比赛等方式提高教师的命题能力。

(4) 重视评价反馈。要持续、及时、明确、有针对性地反馈评价结果,实现对学生的精准指导,从而把达成目标的动力传递给学生。不断丰富学习评价策略,让学生明确自己现在在哪里、将要去哪里、如何缩小差距。加强学科教育质量监测数据的采集和整理,提升教育质量分析水平,发挥其正确引导、合理分析和科学改进的作用,建立完善的学科教育质量保障体系。

3. 聚焦关键能力,设计学习活动

逐步改变以讲授、问答为核心的教学方式,明确以活动为主体的学习方式,有序规划与教学目标相匹配、适应学生年龄特征、难度适宜的学习活动。

(1) 有序设计学习活动。严格依据课程标准,严格控制学习进度,明确界定相关知识的拓展深度与广度,杜绝无序拓展。遵循本学科的本质特点及学习规律,基于学习目标,聚焦重点内容或关键问题,确定活动任务、明确学习要领、设计活动流程、进行有效指导与反馈。学习活动设计要体现学习层次的递进,兼具吸引力、挑战性与有效性,避免出现就课论课的知识碎片、经历断点、能力断层等问题。

(2) 提供有效学习策略。积极建构新型课堂文化,以结构化、情境化、任务型、实践型的课堂教学,给予学生更多的学习时间、空间,实现主动学习、释放潜能、全面发展的目标。依据每个学生的学习方式、节奏、进度,努力提供个性化的教学支持;通过真实的教学情境、有挑战性的学习任务、有效的教学策略等,培养学生的学习兴趣,激发学习热情,促进综合运用能力的提高。

(3) 建设学科学习资源。除了教材外,学校、教师要积极为学生学习提供资源,如文献资料和网络资源等,以及时间管理、任务评估、思维发展等学习工具。有条件的学校要通过增加和优化语文学科需要的专用教学设备、教学素材,建设学科教室。

(四) 促进学生自主学习

克服以教为中心的惯性思维,引导学生自主学习,真正树立责任意识,为自己的学习负责,为自己的成长负责。

积极创设师生平等、民主、宽松的课堂氛围,引导和鼓励学生独立思考、主动探究与合作交流。积极探索个别化教学、个性化教学以及小班化教学的有效路径。

通过自我规划、自我评估、自我反思、自我调整等方式提升学生自我管理的能力;给予学生充分参与、表达的机会,不断丰富探究活动、社会实践、作品展示等表现性任务;树立科学的质量观和人才观,关注学生的学习品质。

四、组织保障

(1) 优化顶层设计,形成改革合力。由市教研室高中语文教研员牵头,切实加强对“基于课程标准的学习”的顶层设计,加强统筹协调,指导学校制订学科行动方案,协同研究推进中遇到的重点、难点问题。各学校建立管理体系,各校云学科组、备课组、教师要明确各自的职责,完善推进路径。

(2) 加强专业引领,推进联合教研。坚持走出去、请进来、树起来,以“教研员—校长—业务干部—教研组长—教师”为主线,开展分层多样化精准指导;鼓励学校积极探索，先行先试，总结和推广研究实验成果。建立学科教研基地和“基于课程标准的学习”实验基地，加强区域联合教研，共同破解推进中的难题。教研员组织骨干团队，完成学习目标分解与内容序列的初步建构工作，切实发挥引领带动作用。

(3) 抓实校本教研，提升实施水平。市、校、学科教研组三级，要在学期初制订切实可行的教研计划，完善联动深度教研模式，实现区域和校本研修的优势互补。保障学校的教学自主权，因地制宜，聚焦重点任务中的关键环节，抓实集体备课、互动研讨、课例打磨等校本教研活动。结合推荐学习书目，开展区域共读行动，提升专业实施水平，以教师的研究水平来减轻课业负担，提升学生的学习品质。

(4) 完善评价体系，推动工作落地。探索评价体系的系统变革，进一步完善课堂教学评价量表，关注教、学、评一致性；进一步改进命题内容及方式，精准把握难度和效度；进一步完善教学常规的内容及考核方式。

(5) 加强分享交流，提炼优秀成果。通过课题申报、课例评选、案例征集等形式，共建共享多元化的“基于课程标准的学习”资源。积极挖掘、提炼成果和经验，定期组织展示交流活动，在传播和推广中进一步激发教师专业发展和学校内涵发展的积极性。

五、推荐教师阅读书目

(1)《有效教学》，崔允漷主编，华东师范大学出版社出版。

(2)《核心素养导向的课堂教学》，余文森著，上海教育出版社出版。

(3)《深度学习：走向核心素养》，刘月霞、郭华主编，教育科学出版社出版。

(4)《教了不等于学会了》，张菊荣、周建国主编，华东师范大学出版社出版。

(5)《上海市小学基于课程标准的教学与评价实践指南》，上海市教育委员会教学研究室编，上海科技教育出版社出版。

(6)《教育目标的新分类学(第 2 版)》，[美]罗伯特・J.马扎诺，约翰・S.肯德尔著，教育科学出版社出版。

(7)《追求理解的教学设计》，[美]格兰特・威金斯、杰伊・麦克泰格著，华东师范大学出版社出版。

(8)《理解为先模式：单元教学设计指南》，[美] 格兰特・威金斯、杰伊・麦克泰著，福建教育出版社出版。

(9)《学习评价 7 策略》，[美]Jan Chappuis 著，华东师范大学出版社出版。

第三节 构建高效课堂的支撑系统——课堂转型的具体路径

高效课堂可分为八大支撑系统，分别是小组系统、流程系统、互动(沟通)系统、反思系统、导学案系统、评价系统、呈现系统、文化系统。这“八条大道”，是实施语文课堂变革，通往高效课堂的理想之路。

一、构建小组系统

小组建设成功的标志是小组文化的形成。文化形成，不仅必须经历一个较长的过程，而且在这个过程中，必须有密集而导向一致的事件发生。

陶行知先生呼吁解放学生，但是他没有解决解放后怎么办的问题。高效课堂高度关注小组建设，就是要通过发挥团队作用，解决好学生解放、课堂开放后课堂学习的有序、有效问题。小组团队作用的发挥，不仅能实现陶老先生解放学生的愿望，更重要的是，可以有效地利用这份能量，为团队内学生的高效学习和发展提供强大的动力支撑。

传统课堂，教师讲，学生听，只要课堂安安静静，教学就能顺利进行，这样的课堂，根本不需要小组。

传统课堂，讲得好不好是教师的责任，但学得好不好，完全是学生的责任，这样的课堂，不需要关注学生的学习动力问题，小组存在与否，意义不大。

传统课堂，学生间没有互教互学的责任和义务，学习完全是各个独立个体自己的事，小组存在与否，无关紧要。

高效课堂无论是关注生命的狂欢还是知识的落实、能力的形成、素养的提升，都离不开小组作用的发挥；无论是拓宽展示的空间和舞台，还是提供最有效的“同学”机会和资源，小组都是最佳平台；无论是课前预习的独学、对学、群学，还是展示中的倾听、对抗、质疑，小组都能和学习主体形影相随，提供“贴身”服务。

毫无疑问，由于战争的特殊要求，部队的组织体系是最高效的：军、师、团、营、连、排、班。战场上，班长、班副各关注五六个战士，即战斗小组。小组，是高效组织体系的最基本单位。

小组建设的成功标志是小组文化的形成。文化形成，不仅要经历一个较长的过程，而且在这个过程中，必须有密集而导向一致的事件发生。因此，我们可以把小组建设的过程分为三步。

第一步，搭建小组。“异组同质，同组异质”的原则大家都很熟悉，不再赘述，小组规模以 6 人为最佳，若班额较大，8 人亦可。第一次组建小组时，任课教师一定要让学生明白搭建小组的意义，建设的过程也是唤醒的过程。

第二步，组魂建设，包括物质文化和制度文化的建设。

物质文化，就是组名、组徽、组旗、组歌、誓词等，这是小组文化的基础。组名至关重要，是最典型的文化符号，既要符合班级文化的价值取向，又要具有本组的特色。为了便于形成强大的小组文化场，组名要尽可能通俗、阳光、精准、锐利，让人过目难忘，富有冲击力。

制度文化，就是组规。组规制订的主体是小组全体成员，价值取向与小组文化的建设目标一致。组规制订走民主路线，制订的过程也是统一的过程。组规的内容要尽可能详细，包含学生在校的方方面面，语言表述要尽可能简洁、通俗、风趣，避免长篇大论、刻板生硬。组规要在实践中严格执行，起到导向和惩戒作用，更为重要的是，在课内、课外的学习和各种活动中，我们既要坚持对小组的即时评价，又要坚持对评价结果的日积月累和公开呈现，为小组长作用的发挥制造环境，提供目标和事实。

如果第一次由上而下组建的小组不够理想，可以用竞选和民主选举的方法，重新建设小组，让具备领袖气质的学生成为组长，发挥他们的人格魅力，强化小组建设。

第三步最漫长，也最重要，是小组真正的形成过程。前面的工作，一是确立了价值取向，二是提供了载体和制度约束、导向，但是，真正内化为小组成员的精神需求，需要较长又充满密集事件的过程。组名、组徽、组旗、组歌、誓词这些标志性的文化符号，要反复出现，并不断赋予更加深刻的解读。

小组文化实际上是一种合作文化、团队文化，当每个学生都有这样的自觉时，小组这种形式本身，意义已经不是很大了。文化的最终形成，就是文化主体为“文”所“化”。

二、构建流程系统

教学时间分配虽然各有不同，但在流程设计上都遵循了这样的基本原则：预习、展示、反馈密切相连，课前、课中、课后环环相扣，课前充分预设和预习，课中充分互动和交流，课后认真总结和反思。目标前置、问题前置、方法前置、学习前置、管理前置，学习流程重心的普遍前移，使先学后教思想得到普遍落实。

传统的学习流程是讲、听、记、练(做)、考。这种流程最大的问题是不道德。为什么不道德？多年来，“学为主体、教为主导、练为主线”口号，在各个学校喊得很响，可看看我们的流程，在这样的流程下，学生能成为主体吗？这种流程，决定了学生在课堂上、学习中只能处在被动地位。

所以，要想保证学生在课堂上的主体地位，把课堂还给学生，让学生成为学习的主人，就必须改变课堂流程，用流程保证学生的主体地位。

目前，全国各地实行高效课堂的学校，虽然有各种各样的时间分配，但是都有自己课堂流程的重新设计。“循环大课堂”“三三六课堂”“271 高效课堂”“五环大课堂”“主体多元双向五环大课堂”等，都遵循预习、展示、反馈密切相连，课前、课中、课后环环相扣，课前充分预设和预习，课中充分互动和交流，课后认真总结和反思的流程，尊重了学生的主体地位，提供了探究的可能和机会，让师生在课堂上平等对话。在课后，学生能养成反思的习惯，形成反思的能力，这种能力是真正的理性力量，任何一个人一旦具备了这样的能力，将终身发展，日益强大。

三、构建互动(沟通)系统

互动(沟通)系统可以改变课堂的情感状态，重建师生的关系。

互动(沟通)系统优化了课堂生态，促进了师生共同、和谐、快速发展。

传统课堂不重视师生关系建设，因为教师的任务是讲清、讲明、讲透，学生的任务是记忆、理解、应用(解题)，师生分工泾渭分明，几乎没有交集；师生关系状态如何，对这样的课堂的教学和学习效果的影响不大。

传统课堂的问题所在，也是高效课堂的突破所在。

高效课堂，第一是尊重学生的主体地位，让学生的学习变被动为主动；第二是想方设法让师生在课上、课下深度、高效互动交流，在互动中，强化平等、紧密的师生关系，改变课堂的情感状态，优化课堂生态，促进师生共同、和谐、快速发展。所以，互动既是高效课堂的标志之一，也是保证课堂生命活力，知识与方法，过程与能力，情感、态度、价值观落到实处的重要措施。

四、构建反思系统

一切变革和进步，都必然伴随着反思！反思是自主意识觉醒的标志之一；反思也是学生学习和自我管理、自我发展、自我成就、自我超越的必然。

高效课堂中，处处应有反思的影子。

每个问题探究之后，都要进行反思，因为问题的设计不是无目的的，反思，让我们明确目标是否达成。每份导学案的最后部分，都留有反思的空间，让学生回扣目标，检验学习的成效。

每节课后，无论是学生还是教师，都要对本节课的导学案和学习过程进行反思。

教师反思，一是可以让导学案的编写贯通于整个高效课堂的流程，在教中再次提高导学案的编写水平，以便在下次使用时站在更高的起点上；二是可以促进教师的专业发展，叶澜教授曾说，反思三年成名师。这种课堂，由于开放和深沉，教师可以实现在教中学，通过反思，把这些智慧的光芒收集起来，照亮自己的专业发展之路。

学生反思可以养成良好的反思习惯，成为学习型人才，终身受益。任何课堂，即使是高效课堂，也不可能解决所有学生的所有问题。没有搞懂或者理解不透的问题，学生可以下课后摘录到纠错本上，在摘录的过程中加深理解，实在搞不懂时，可以先求教于同伴，再求教于教师。

五、构建导学案系统

很多人认为，预习不是正式的学习，只是为正式学习做准备，这是一些教师和学生认为预习可有可无的原因。其实，预习就是学习，是学习的一种重要的方式。不会预习、不重视预习的学生，已经提前败下阵了。

传统课堂的载体是教案、笔记、作业、试卷。这些载体只能承载以讲、听为主的传统教学。这套载体下，师生信息完全不对称，必然导致教师成为课堂霸主，高高在上，滔滔不绝。学生完全没预习，甚至连学习目标都不知道，根本无法与教师平等对话、交流，只能被动听讲、拼命记忆、设法理解。

高效课堂要求转变学生的身份，让学生站在课堂中心，真正落实他们的主体地位，让学生成为自己的主人。要达到这样的目的，学生和教师、学生和学生必须成为平等的对话者。显然，传统载体，无法担此重任。所以，课改学校，无一例外地进行了课堂载体的改革，导学案应运而生，责无旁贷地担起了这个重任。

按照高效课堂的流程，导学案要经历形成、使用、评价、存档几个阶段。目前，破解“导学案困局”的关键还是对导学案本质的理解和对预习这种学习方式的理解。

导学案是什么，当前有很多表述，路线图、方向盘、指南针、导航仪等，这些都是帮助理解其功能的，但没有揭示它的本质。

如果把教材当“原著”，导学案就是话剧的“剧本”。教师是“编剧”，学生则是话剧中的“名角”，每次登台，他们既要尊重剧本，更要临场发挥，即现场生成。

“编剧”在创作“剧本”前，首先要搞明白“制片”的目的，即为何演；其次，要明确演给谁看，是定位为阳春白雪，还是下里巴人；第三，要从“原著”中寻找可以利用的“价值点”，要想方设法把这些“点”的内涵、外延搞清，并转化为情境，最好能够形成冲突。“演员”有好戏，“观众”才有兴趣。

与此类似，教师在编写导学案前，首先必须搞清学习目标，这目标来自两个方面，一是课程标准，二是学情。目标确定后，教师再进行内容的选择，不必要，也绝不可能把教材上的所有内容都搬进课堂(教教材)，要知道，大容量和大信息量并不简单相等。根据目标和学情，教师要从本节教材中选择几个恰当又关键的“价值点”，然后围绕这些点的内涵和外延创设问题，使之问题化，再想方设法把问题转化为“生活”，把学生可能存在的认知冲突尽可能地设计进去。

导学案使用的第一个环节就是预习，在对待使用导学案预习这个问题上，有两个主要倾向：一是预习可有可无，无关紧要；二是预习极为重要，预习好的标志是“完成”导学案。

是不是都做对才算是完成？回答是否定的。如果都对了，后面的学习(大小展示)就是没有必要的。传统课堂上，有的人为了获取比赛的优势，提前做了大量准备，学生全会了，再重新表演一遍，那是“不道德”的课堂，与我们提倡的高效课堂所说的预习完全不同。预习就是学习，是学习的一种重要的方式。

那么，怎样就算完成了预习呢？只要学生知道在下面即将开始的学习内容中，哪些他已经搞懂，哪些他还没有搞懂就算是完成了预习。会的学习内容转变为课堂的教学资源；不会的学习内容是课堂上真实的学习内容。由于每个学习个体的懂或不懂存在差异，所以，每个学生课堂上学习的内容也是有差异的，这就实现了同步教学下的差异学习。

六、构建评价系统

激励性评价是真正极端复杂的艺术。但凡艺术，都带有极强的主体属性，再好的师傅，只能教原则和技巧，无法传输艺术，师傅领进门，实施靠个人，靠每个教师的悟性和能力，这是许多教师终生从教都难以逾越的一道坎，也是推进课改的一道难题。

传统课堂一是不重视评价，认为评价浪费时间，没有必要；二是用批评代替评价，更有甚者，个别教师在“严是爱”的谎言下，肆意地宣泄自己的不良情绪，使评价脱离了理性，这样的评价不仅没有教育意义，还会造成对学生的伤害；三是几乎不评价学习的过程，因为，课堂上根本没有显性的认知冲突，所有的东西都来自课本和教师，一切都是标准的、正确的，无从评价，不必评价。

事实上，评价极为重要。评价是发动机，评价是方向标，评价是课堂里的魂。评价，让课堂充满生机；评价，让学生在认知冲突中找到正确的方向。激励性评价，让课堂不再冰冷、寂寞和缺乏人性关怀。

高效课堂内的评价要坚持全面性、激励性和即时性三大原则。

全面性：第一，要评价学习结果，更要评价学习过程；第二，所有流程都评价，所有事件都评价；第三，教师评价小组，组长评价组员。

在全面性方面，多数教师注意了对学生情感状态和知识形成过程的关注和评价，但对两个问题，往往注意不够。

其一，教师在流程评价中，不注意对课前学生导学案预习情况的评价。这样一是容易挫伤学生预习的积极性，二是有些教师没有认真地完成第一次学情调查，从而导致在展示内容选择和展示任务分配上的盲目性，课堂聚焦不准，效益自然会受影响。

其二，教师直接评价学生，忘记了他背后的团队，长此以往，明星展示现象越来越多，组长被架空，小组团队作用越来越弱，多数学生再次成了观众。关键组织作用被削弱，课堂必将遭遇更大问题。

激励性：激励性评价，就是不批评学生，尽可能鼓励学生张扬个性，发表自己的观点。大家都知道“我要学”比“要我学”产生的学习效益更高，也承认，兴趣和动机是学习的第一动力，但是，在实际组织学生学习的过程中，我们往往都急急忙忙地直扑知识目标，忘记了对学生兴趣、动机的培养、保护，这不能说不是一个很大的遗憾。

激励性评价的难点在于，教师针对不同类型学生，激励火候、时机的把握和方式的选择。教师要对学生中的“黛玉型”“悟空型”“沙僧型”“八戒型”“唐僧型”“张飞型”等进行认真研究，做到心中有数，然后分门别类采取不同方式对待。如果说教学是艺术，那么，激励性评价则是真正极端复杂的艺术。

如何弥补教师在评价方面能力的缺陷？教师应尽可能发挥小组团队的作用，即实现评价主体的多元化。事实上，如果小组建设得非常成功，教师评价、组长评价、同学评价多管齐下，也可以达到很好的激励效果。

即时性：前面说过，部队是一个高效的团队，无论是战时还是和平时期，各国的部队都能保持高昂的士气，秘诀之一就是即时评价。当过兵的人都知道，部队完成任何一项任务，都会立刻进行评价总结。与此对比，我们的传统课堂死气沉沉。同样是青年居多的场所，课堂为何这样萎靡？传统课堂，根本不关注即时评价，作业、周考、月考、期中考、期末考等，都是滞后的评价。设想一下，把所有的体育比赛中的记分牌都撤掉，比赛结果都在一个月后公布，赛场还能生龙活虎吗？

即时评价贵在即时。教师在组织学生的学习过程中，往往会忘记关注学生的情感状态，十分功利地直扑知识目标。彻底解决这个问题的关键，是教师观、学习观的彻底转变。教师在课堂中的首要任务，不是传授知识而是点燃学生。韩愈说：师者，传道，授业，解惑也。新师者应该点燃、激励、启蒙、传道、授业、解惑。学习是学生的主体性行为，没有主体的唤醒和参与，学习不会真正发生；教师再敬业，也不能代替学生学，就像再爱孩子的母亲也不能代替孩子成长。

七、构建呈现系统

高效课堂就是集体面批的课堂，每个人把自认为对而实际上错的结论和想法展示出来，利用小组和班级资源，集体面批，高效纠错、高效落实。

传统课堂的呈现方式是单调的：教师讲，学生听。高效课堂，在呈现方式上实现了全面的突破，课堂不再单调，而是丰富多彩、不拘一格、充满新意和活力。

展示，是高效课堂的第一呈现方式。大家都知道“发展”这个词，“展”既有拓展、增长、提升的意思，也有展开，展示的意义。“展”为“发”提供了动力和资源。

展示至少有两大益处：一是实现了课堂资源的增值、共享，直接服务于学习目标的高效落实，二是为学习主体提供了展示自我、享受成功，张扬个性的机会，为解决“我要学”的内驱力问题提供了最有效的方法和途径。生命激情，知识与方法，过程与能力，情感、态度与价值观，通过展示这个呈现方式，珠联璧合、相得益彰。

纠错，是高效课堂的第二种呈现方式，实现了知识的高效落实。

纠错利用学生学习新知过程中的认知冲突资源。学习的第二个本质特征是认知冲突。认知冲突分为两种，一是学习主体内旧知与新知的冲突，二是不同学习主体的冲突。个体由于其成长经历、社会生活方式不同，对同一新知的认知不同，从而产生个体间的认知冲突。无论哪一种冲突，都是高效课堂的重要学习资源，都必须利用好。

基于此，“展错”、纠错成为高效课堂的第二种常态呈现方式。

点拨是课堂的第三种呈现方式。点拨可以实现对知识理解的提升。由于学生的年龄、心智以及掌握的基础知识、社会活动经验等的局限性，学生间的冲突、辩论，往往会陷入低水平循环的怪圈，俗称“车轱辘争辩”，这样的争辩，意义不大，浪费时间、资源，苗头一现，教师要及时介入，适时点拨。当然，点拨的主体也不一定是教师，如果你发现有一个学生眼睛里泛着光，也要把这样的机会大方地送给他——教师，绝不在课堂上与学生争风头。

开放，是课堂的第四种呈现方式。开放实现了学习内容、应用空间的大拓展。知识与生命隔膜，学习与生活无关是传统教育的又一大弊端，直接导致了新的学习无用论泛滥，学生学得累，对课堂没兴趣。高效课堂，要求把课本知识与学生的成长体验紧密地联系在一起，把课本知识的应用和学生的真实生活紧密联系在一起，把基础性学科的学习与最新的科技发展紧密联系在一起，教材不再是冷冰冰的知识信息载体，课堂不再是庄严肃穆的学术殿堂，一切都有了温度、味道、色彩。这样做，不仅师生的视野开阔了、学习内容增加了，更重要的是，学习有用了、有感觉了，学生学习的兴趣自然就增加了。

对抗，是课堂的第五种呈现方式。在激烈的对抗中，小组成员并肩作战，彼此认识到对方的价值，团队在对抗中形成。对抗，是一种相对激烈的学习状态，这时，无论是直接对抗的双方，还是观点倾向明确的其他小组之间，都会“剑拔弩张”，此时此刻，倾听、思维、表达都进入忘我状态，是学习的巅峰时刻。

质疑是课堂的第六种呈现方式。如果说对抗更多地表现为团队行为的话，质疑则更多以学生个体的方式出现。质疑，不仅让课堂更加有活力，更重要的是，质疑培养了学生的批判精神，有助于民主启蒙。我个人认为，传统课堂对学生的伤害可以从三个方面加以认定：伤身、伤脑、伤心。教师讲授式教学，学生只能接受式学习，当然，所谓的动脑，也仅仅是认同性思维。这种单一的思维方式，让我们的很多学生成了“脑残”，而且往往对成绩越好的学生，伤害越大，它使我们的学生失去了批判精神，没有了批判精神，就不可能从理性上真正立起来。良好的思维品质应是敏锐的、是综合的。发散、逆向的思维价值远远大于这种认同性思维。敢于批判和质疑，我们的新一代才有可能真正成为立起来的人。传统课堂扼杀了学生的综合思维能力，即迂腐、呆板，死读书、读书死，学生缺乏独立意识和创造能力，导致经过课堂后的不再是人才，而是工具。这种思维对中华民族危害极大。

八、构建文化系统

课堂要想润物无声，一定不能不借助文化的强大力量。可以肯定地说，高效课堂文化形成之时，就是课堂改革成功之日。

没有文化的课堂，只是一个“驯兽场”；没有文化的小组，就是没有灵魂的机器。如果说小组建设成功的标志是进入文化态，那么课堂教学改革成功的标志就是形成新的课堂文化、教学文化、教育文化。

大到国家、民族，小到单位、个人，其发展的过程都不外乎“以人化文”和“以文化人”的循环过程，从这里可以看出，人既是文化的主体，也是文化的客体。“以人化文”，人充当了主体；“以文化人”，人就是客体。

关于文化的论述很多，我们体会到，“文化就是一种有明确指向且能量巨大的场”，凡是进入其中的人，都会在不知不觉间被其所化，而且这种“化”会“化”到人的潜意识层面，然后，人就被其左右，但人往往不知。大的例子就不用举了，想想你的乡音，想想你的家乡小吃情结，无不是在你不知的情况下，由文化能量刻下的深刻烙印。

文化力量如此强大，但是文化的形成却是极其艰难的，“以人化文”，就是改良文化、发展文化，这件事非常艰难。中华民族历史长河中曾经和文化巨人搏击的伟人，有几个彻底达到其目的了？不要说中华文化，就说你的乡音，不管你离开家乡多久，学普通话多久，乡音一直与你相伴，让你难以彻底改变。

无论如何，文化是无法回避也不能回避的。文化的力量如此强大，我们必须让其发挥作用，“以人化文”再难，我们也要坚持去做。

关于如何“以人化文”，也有很多著述，不外乎围绕物质文化、制度文化、精神文化几条线去努力“化文”，我们希望所有课改学校，高度关注这个问题，因为这是推进课改的强大力量，也是课改中最大的难关。

高效课堂，体系庞大，仁者见仁，智者见智，虽表述各异，但大道相通。以上述八个系统为脉络，梳理高效课堂建设工程，旨在让我们的语文课堂改革“既见森林、也见树木”。整体理解就是仰望星空，这样不管道路多曲折、坎坷，方向都不会动摇；理清经络，关注细节，就是对工程的系统解码。只要我们牢固树立系统思维，脚踏实地，步步为营，就一定可以走向成功。

第四节　有效教学基本要素——课堂转型的内涵要素

（1）从“语言建构与运用、思维发展与提升、审美鉴赏与创造、文化传承与理解”四个方面设计具体、可操作的教学目标，符合课程标准要求和学生实际；指导学生正确理解和准确把握教学目标，并落实到教学过程中。

（2）根据教学目标确定教学内容，围绕目标组织教学活动；教学内容重点突出，难点突破；依据学生实际优化教学内容，让不同层次的学生都有所收获和发展；指导学生学习语言运用，提高语文能力，培养语文核心素养。

（3）教学流程体现“自主学习、合作探究、精讲点拨、有效训练”的高效原则；教学环节注重学生的听、说、读、写和思维训练，环节紧凑高效；加强朗读指导，注重语言品味；通过阅读鉴赏提高表达交流丰富性，借助表达交流提高阅读鉴赏深刻性。

（4）有针对性地选用问题探究、话题讨论，文本诵读、表达训练等多种教学方式；合理使用黑板、课件、实物投影仪等多种教学媒介。

（5）以学生的学习为中心，师生关系平等；基于学情组织课堂学习，及时进行跟踪训练，适量布置课后作业；有效处理集体备课与个性备课、学案导学与课堂组织、课前预设与课堂生成的关系；问题设置思维含量高，合作学习扎实有效，指导有高度。

（6）学生积极参与阅读鉴赏、表达交流、思维训练等学习活动的全过程；善于倾听他人意见，负责任地表达自己的观点；学习习惯良好，学习行为规范；阅读有独立见解，表达有鲜明个性，思维有独到之处。

(7) 每个学生都能全身心地投入学习，情感、态度、价值观等方面得到较好发展；大多数学生能够习得学习方法，形成相应能力，养成良好的学习习惯；学习目标达成度高，知识和能力生成性强。

(8) 能够多层面、多角度地评价学生；纠正学生的思维偏差，保护学生的积极性，激发学生的学习动力；善于运用过程性评价、发展性评价、表现性评价和结果性评价等多元评价机制。

高中语文课堂有效教学基本要素评价量表如表 4-1 所示。

表 4-1　高中语文课堂有效教学基本要素评价量表

评价项目	评价内容
教学目标	① 三维目标具体明确，可操作； ② 学生明确目标，落实目标
教学内容	① 根据目标确定教学内容，围绕目标组织教学； ② 教学内容重点突出，突破难点； ③ 优化教学内容，满足不同层次学生的需求； ④ 学习语言运用，提高语文能力，培养语文核心素养
教学过程	① 教学流程体现高效原则； ② 教学环节紧凑有效； ③ 阅读鉴赏与表达交流互为作用
教学方法	① 有效选用学习方式； ② 合理使用教学媒介
教师活动	① 以学生的学习为中心，师生关系平等； ② 基于学情组织教学，及时进行跟踪训练，适量布置课后作业； ③ 有效处理集体备课与个性备课、学案导学与课堂组织、课前预设与课堂生成的关系； ④ 问题设置思维含量高；合作学习扎实有效，提问有深度，引导有高度
学生活动	① 学生积极参与学习活动的全过程； ② 独立思考，善于倾听，负责任地表达； ③ 学习习惯良好，学习行为规范； ④ 鉴赏有独立见解，表达有鲜明个性，思维有独到之处

续表

评价项目	评价内容		
教学效果	① 每个学生都能在情感、态度、价值观等方面得到较好发展； ② 大多数学生习得方法、形成能力、养成习惯； ③ 学习目标达成度高，知识和能力生成性强		
教学评价	① 能够多层面、多角度地评价学生； ② 善于运用多元评价机制		
评语		等级	

第五节　制定语文新高考考试纲要，为有效备考提供支撑

一、高中语文新高考考试纲要

2019 年 6 月，国务院办公厅发布《关于新时代推进普通高中育人方式改革的指导意见》，规定“实施普通高中新课程的省份不再制定考试大纲”。2020 年 1 月 7 日，教育部考试中心正式发布《中国高考评价体系》，高考命题“依据高中课程标准，参考高考评价体系”，开启了“后考试大纲时代”。

《中国高考评价体系》是深化新时代高考内容改革和高考命题工作的理论支撑和实践指南，从宏观上回答了“为什么考”“考什么”“怎么考”的问题，是所有学科高考命题共同遵循的纲领性指导文件。

《基于高考评价体系的语文科考试内容改革实施路径》是《中国高考评价体系》语文高考方面的具体化，具体阐释了语文学科考试内容改革的依据和原则、考查内容、考查要求和考查载体。其中的关键能力、必备知识和考查情境与《普通高中语文课程标准(2017 年版)》及原考试大纲的考查能力都有密切联系。虽然从 2020 年起，国家取消考试大纲，命题“依据高中课程标准，参考高考评价体系”，但是原考试大纲在师生复习备考过程中仍然有重要作用。

为方便师生复习备考，解决备考依据纷纭，考点不够具体、明确的问题，我们依据新高考试题结构，结合课程标准的学习任务群、学业质量标准和《基于高考评价体系的语文科考试内容改革实施路径》，在原来的考试大纲的基础上，整理形成新高考考试纲要，其内容如下。

（一）现代文阅读（Ⅰ）（信息性阅读）

① 把握信息类文本主要文类及其基本特征、体式惯例，能整体感知文本，把握主要概念、观点、方法等关键信息，分析评价观点和材料、主次信息的关系。

② 能评价文本的主要观点和基本倾向、社会价值和现实意义，有理有据地评判文中观点，发展新观点，呈现更客观的事实。

③ 能评估作者的写作意图、读者意识和信息来源。

④ 能在不同文本的信息之间建立联系，分析、比较多个文本在内容、材料、观点、表达方式和价值倾向等方面的异同，提出值得探究的问题。

⑤ 能用文本中提供的事实、观点、程序、策略和方法解决学习和生活实际中遇到的具体问题。

⑥ 以正确的价值观审视信息的思想内涵，以求真求实的态度对文本信息进行实证、推理、批判与发现。

现代文阅读内容及相应的能力层级如下。

1. 论述类文本阅读

阅读中外论述类文本，了解政论文、学术论文、时评、书评等论述类文体的基本特征和主要表达方式。阅读论述类文本，应注重文本的说理性、逻辑性和语言特点，分析文本的论点、论据和论证方法。

1）理解 B

（1）理解文中重要概念的含义。

（2）理解文中重要句子的含意。

2）分析综合 C

（1）筛选并整合文中的信息。

（2）分析文章结构，归纳内容要点，概括中心意思。

（3）分析论点、论据和论证方法。

（4）分析概括作者在文中的观点、态度。

2. 实用类文本阅读

阅读和评价中外实用类文本，了解新闻、报告、科普文章的文体基本特征和主要表现手法。阅读实用类文本，应注重真实性和实用性，准确解读文本，筛选整合信息，分析思想内容、构成要素和语言特色，评价文本的社会功用，探讨文本反映的人生价值和时代精神。

1）理解 B

（1）理解文中重要概念的含义。

（2）理解文中重要句子的含意。

2）分析综合 C

(1) 筛选并整合文中信息。

(2) 分析语言特色，把握文章结构，概括中心意思。

(3) 分析文本的文体特征和主要表现手法。

3）鉴赏评价 D

(1) 评价文本的主要观点和基本倾向。

(2) 评价文本产生的社会价值和影响。

(3) 对文本的某种特色做深度的思考和判断。

4）探究 F

(1) 从不同角度和层面发掘文本反映的人生价值和时代精神。

(2) 探讨作者的写作背景和写作意图。

(3) 探究文本中的某些问题，提出自己的见解。

（二）现代文阅读（Ⅱ）（文学类文本阅读）

阅读和鉴赏中外文学作品，了解小说、散文、诗歌、戏剧等文学体裁的基本特征和主要表现手法，结合作品的具体内容，阐释作品的情感、形象、主题和思想内涵；感受形象，品味语言，领悟内涵，分析艺术表现力，理解作品反映的社会生活和情感世界，探索作品蕴含的民族心理和人文精神；能比较两个以上的文学作品在主题、表现形式、作品风格上的异同，能对同一个文学作品的不同阐释提出自己的看法或质疑。

1）理解 B

(1) 理解文中重要词语的含义。

(2) 理解文中重要句子的含意。

2）分析综合 C

(1) 分析作品结构，概括作品主题。

(2) 分析作品的体裁特征和表现手法。

3）鉴赏评价 D

(1) 体会重要语句的丰富含意，品味精彩的语言表达艺术。

(2) 鉴赏作品的文学形象，领悟作品的艺术魅力。

(3) 评价作品表现出的价值判断和审美取向。

4）探究 F

(1) 从不同角度和层面发掘作品的意蕴、民族心理和人文精神。

(2) 探讨作者的创作背景和创作意图。

(3) 对作品进行个性化阅读和有创意的解读。

（三）古诗文阅读

阅读浅易的古代诗文。

1）识记并理解 A

默写并理解常见的名句、名篇。

2）理解 B

（1）理解常见文言实词在文中的含义。

（2）理解常见文言虚词在文中的意义和用法。

常见文言虚词：而、何、乎、乃、其、且、若、所、为、焉、也、以、因、于、与、则、者、之。

（3）理解与现代汉语不同的句式和用法。

不同的句式和用法：判断句、被动句、宾语前置、成分省略和词类活用。

（4）了解并掌握常见的古代文化知识。

（5）理解并翻译文中的句子。

（6）正确标注古代诗文。

3）分析综合 C

（1）筛选并整合文中信息。

（2）归纳内容要点，概括中心意思。

（3）分析概括作者在文中的观点、态度。

4）鉴赏评价 D

（1）鉴赏文学作品的形象、语言和表达技巧。

（2）评价文章的思想内容和作者的观点、态度。

（四）语言文字应用

正确、熟练、有效地使用语言文字，在运用口语和书面语表达的过程中，积累汉字、汉语的有关现象和理性认识。

1）识记 A

（1）识记现代汉语普通话常用字的字音。

（2）识记并正确书写现代常用规范汉字。

2）理解 B

（1）在语境中解读词汇、解读语义。

（2）敏锐地感受语言特点和情感特征，判断其表达的正误与恰当程度，察觉其言外之意和隐含的情感倾向。

3）表达应用 E

（1）正确使用词语（包括熟语）。

（2）辨析并修改病句。

病句类型：语序不当、搭配不当、成分残缺或赘余、结构混乱、表意不明、不合逻辑。

（3）选用、仿用、变换句式，扩展语句，压缩语段。

（4）正确使用常见的修辞手法。

常见的修辞手法：比喻、比拟、借代、夸张、对偶、排比、反复、设问、反问。

（5）语言表达简明、连贯、得体，准确、鲜明、生动。

（6）正确使用标点符号。

（7）运用初步的逻辑知识，推断事理。

（8）区分口语与书面语用词造句的差别和风格差异。

（五）写作

写论述类、实用类和文学类文章。

① 根据具体的语境和表达的目的、要求，运用口头和书面语言，文从字顺、准确生动地表达自己的真情实感。

② 反思和总结自己写作时遣词造句的经验，增强表达的个性化。

③ 讲究逻辑，注重情感，能综合运用多种表达方式，从多个角度、多个方面表达自己的理解和感受，力求做到观点明确，内容丰富，思路清晰，感情真实健康，表达准确、生动。

④ 追求正确的价值观、高尚的审美情趣和审美品位。

作文考试的评价要求分为基础等级和发展等级。

1. 基础等级

（1）符合题意。

（2）符合文体要求。

（3）感情真挚，思想健康。

（4）内容充实，中心明确。

（5）语言通顺，结构完整。

（6）标点正确，不写错别字。

2. 发展等级

1）深刻

透过现象深入本质，揭示事物的内在关系，观点具有启发作用。

2）丰富

材料丰富，论据充实，形象丰满，意境深远。

3）有文采

用语贴切，句式灵活，善于运用修辞手法，文句有表现力。

4）有创新

见解新颖，材料新鲜，构思新巧，推理想象有独到之处，有个性色彩。

二、教材重组与整合策略

1. 教材重组思路

五本（必修上、下，选择性必修上、中、下）打通，文本精选；聚焦高考考点，挖掘高考元素，重组教材，用几个文本集中训练一个考点；整合教材单元学习导语、每课学习指导和单元学习任务的训练点作为重要的训练点；全过程都要重视阅读理解意识与策略的引导与训练。明确一个指导思想：用教材复习，而不是复习教材。

2. 教材重组结构

（1）按新高考试题结构，教材重组结构分为信息性阅读（实用性阅读、论述性阅读）、文学阅读（小说、散文、戏剧、诗歌）、古诗文阅读（文言文、诗歌）和写作四个部分。

每个类型再按类细分，如小说可按不同角度分为小说类型和小说技法等，每个角度再细分。

（2）写作：将单元人文主题作为写作的主题训练点；将单元任务群主题作为写作的技法训练点；系列性交叉训练；将教材文本作为训练材料落实训练点。

三、教材考点梳理要求

每个专题分为两部分内容。

第一部分，专题考点梳理。（参考《语文新高考考试纲要》和《教材复习点梳理》表格）

第二部分，专题教材复习：复习考点——复习篇目——篇目精要——巩固训练（如为典型试题，只提供试题名称即可）。

小说复习可以从两个方面进行。

（1）小说的叙事角度——《祝福》《边城》——《祝福》为第一人称，有限视角（次要人物）；《边城》为第三人称，全知视角（局外人）

（2）环境描写的作用——《林教头风雪山神庙》《装在套子里的人》——《林教头

风雪山神庙》的自然环境描写渲染气氛、推动故事情节发展;《装在套子里的人》的社会环境影响了人物的性格与命运。

四、教材考点训练设计案例

【案例一:文学类文字阅读】

散文专题(一)

专题考点

1. 分析作品的体裁特征和表现手法。

2. 鉴赏作品的文学形象,领悟作品的艺术魅力。

复习篇目一

1.《故都的秋》。

2.《荷塘月色》。

3.《我与地坛》。

复习考点

1. 理解并掌握情景交融、情理结合的手法。

2. 感受作品的文辞之美,品味、评点精彩段落。

复习内容

1. 这三篇文章在情景交融、景理交融方面各有侧重,请结合文本简要分析。

2.《故都的秋》《荷塘月色》和《我与地坛》描写的是同一个城市的景物,呈现出多姿多彩的美。选取你认为最精彩的段落,反复朗读,细加品味,写一段评点文字。

拓展训练

1. 阅读2018年高考浙江卷《汴京的星河》,完成1～4题。

2. 阅读2019年高考天津卷《萨丽娃姐姐的春天》,完成1～4题。

散文专题(二)

专题考点

1. 掌握文章围绕中心合理选材、布局谋篇的技巧。

2. 理解文中重要词语和重要句子的含意,体会重要语句的丰富含意。

复习篇目二

1.《记念刘和珍君》。

2.《为了忘却的记念》。

复习考点

1. 理顺文章思路，分析作品结构特色。

2. 理解文中关键句子的含意。

复习内容

1. 阅读《记念刘和珍君》和《为了忘却的记念》，结合作者的情感，梳理文章的思路。

2. 结合《记念刘和珍君》全文，理解下列句子的含意。

(1) 真的猛士，敢于直面惨淡的人生，敢于正视淋漓的鲜血。这是怎样的哀痛者和幸福者？

(2) 人类的血战前行的历史，正如煤的形成，当时用大量的木材，结果却只是一小块，但请愿是不在其中的，更何况是徒手。

3. 结合全文，理解标题“为了忘却的记念”的深刻含义。

拓展训练

1. 阅读侯志明《灯如红豆》，完成 1～3 题。

2. 阅读蒋子龙《记忆里的光》，完成 1～3 题。

散文专题（三）

专题考点

1. 从不同角度和层面发掘作品的意蕴、民族心理和人文精神。

2. 分析作品的体裁特征和表现手法，品味精彩的语言表达艺术。

复习篇目二

1.《一个消逝了的山村》。

2.《秦腔》。

复习考点

1. 多角度、多层面探究作品意蕴。

2. 感受不同的创作风格，鉴赏散文语言之味。

复习内容

1.《一个消逝了的山村》中自然对于冯至不仅是审美上的愉悦体验，也是汲取生命思考的源泉。眼前的山村风物生发了作者怎样的联想和生命感悟？请举例加以阐释。

2. 阅读《秦腔》，思考作者是如何将秦腔所激发的喜怒哀乐场面表现出来的。

3. 比较《一个消逝了的山村》《秦腔》两篇散文的语言风格特点，并以《秦腔》举例分析说明。

拓展训练

1. 阅读朱以撇《挺拔之姿》，完成1～4题。
2. 阅读李娟《我们的裁缝店》，完成1～3题。

【案例二：写作训练推进计划】

写作训练推进计划如表4-2所示。

表4-2　写作训练推进计划

教材	单元	单元人文主题	复习读写话题	思路写法训练点	思维能力训练点	典型高考题
必修上册	第一单元	青春激扬	青春与时代	论述类作文拟题	寓意类材料作文审题立意	2018年北京卷①；2019年全国卷Ⅱ；2014年江苏卷
	第二单元	劳动光荣	劳动与责任	论述类作文开头	现实生活事实类材料作文审题立意	2019年全国卷Ⅰ
	第三单元	诗意人生	人生态度：出与入	论述类作文论点的表述	言论类材料作文审题立意	2013年湖北卷；2013年重庆卷；2005年湖北卷
	第四单元	我们的家园	乡村与都市	论述类作文开篇扣题	驳论文写法	2008年浙江卷
	第五单元	乡土的中国	传统与传承	主体论证结构·并列式	阐述类文章写法	2014年北京卷
	第六单元	学习之道	学习：求人与求己	主体论证结构·对照式	时评文写法	2016年全国卷Ⅱ；2016年天津卷；2014年江西卷；2013年天津卷
	第七单元	自然情怀	自然与人文	主体论证结构·层进式	比较选择类任务驱动作文写法	2018年北京卷②；2015年广东卷；2015年北京卷②；2014年湖北卷
	第八单元	语言家园	语言与沟通	主体论证结构·综合式	文学评论（赏析）类作文写法	2018年江苏卷；2007年湖北卷；2004年广东卷

续表

教材	单元	单元人文主题	复习读写话题	思路写法训练点	思维能力训练点	典型高考题
必修下册	第一单元	文明之光	典籍之魅与文明之光	论述类作文结尾	申论写法	2019 年北京卷①；2017 年全国卷Ⅱ
	第二单元	良知与悲悯	良知与悲悯	如何叙例	演讲稿写法	2013 年全国大纲卷；2012 年全国课标卷
	第三单元	探索与发现	探索与发现	如何析理·因果	发言稿写法	2013 年江苏卷
	第四单元	媒介素养	信息时代的真与假	如何析理·假设	书信写法	2020 年北京卷②；2020 年江苏卷；2016 年浙江卷
	第五单元	使命与抱负	使命与抱负	如何析理·对比	辩论稿写法	2018 年全国卷Ⅰ；2018 年天津卷
	第六单元	观察与批判	观察与批判	打造精品议论文段	倡议书写法	2013 年山东卷；1995 年《鸟的评说》
	第七单元	不朽的红楼	家风与家族	任务完成段写作	建议书写法	2020 年浙江卷；2004 年湖南卷
	第八单元	责任与担当	责任与担当	核心概念阐述段写作	主持词写法	2012 年山东卷
选必上册	第一单元	伟大的复兴	英雄：复兴与振兴		读后感写法	2021 年全国甲卷；2020 年天津卷；2015 年北京卷①
	第二单元	百家争鸣	立身处世：知与行（学与用）		慰问信写法	2020 年全国卷Ⅲ；2018 年浙江卷；2015 年四川卷
	第三单元	多样的文化	多元文化：拿来与接纳		表扬信写法	2019 年江苏卷；2017 年全国卷Ⅰ
	第四单元	逻辑思辨	感性与理性		透过现象深入本质	2011 年辽宁卷；2004 年重庆卷

续表

教材	单元	单元 人文主题	复习 读写话题	思路写法 训练点	思维能力 训练点	典型 高考题
选必中册	第一单元	理论的价值	理论与实践		揭示事物的内在关系	2012年安徽卷;
	第二单元	苦难与新生	苦难与新生		概念界定	2015年湖北卷; 2012年江苏卷
	第三单元	历史的现场	读史与评史		间接论证	2020年全国卷Ⅰ; 2021年八省市模考卷
	第四单元	丰富的心灵	女性的美与权益		辩证分析	
选必下册	第一单元	诗的国度	诗歌:必需品或调味品			2015年浙江卷; 2008年湖南卷
	第二单元	时代镜像	时代: 我们与他们			2016年上海卷; 2008年上海卷
	第三单元	至情至性	选择: 情与理			2015年全国卷Ⅰ; 2015年上海卷; 2002年"心灵的选择"
	第四单元	求真求实	科学家与科学精神			2018年全国卷Ⅱ; 2015年安徽卷

说明:1."思路写法训练点"与"思维能力训练点"与单元读写话题并不存在直接对应关系,教师可以根据教学实际自由调整训练点的先后顺序。

2."思路写法训练点"共16个,侧重于一篇文章结构形式方面的训练;"思维能力训练点"共24个,侧重于某类文章或某类问题的训练,旨在固化学生对某类文章的写作思路或对某类问题的分析思路,即力争做到写作思维建模。

3."思路写法训练点""思维能力训练点"可以分散到作文讲评中,结合学生写作来强调,结合学生作文修改来训练、落实。

4.本写作训练推进计划旨在为写作复习提供一种可遵循的思路,可选择性使用。

第六节　实施阅读能力提升工程,助力学生提升语文素养

公民的阅读能力是一个国家"软实力"的重要标准,关系到国家的发展和民族的未来。阅读能力是衡量教育水平的重要指标,是世界各国推进教育改革追求的

重要目标。阅读对于提高学生的学习水平、促进学生身心健康成长有着不可替代的作用：能够帮助学生更好地学习学科知识，培养学习能力，提高思维能力；能够帮助学生开拓视野，丰富内心世界和人生智慧，提升人文素养。长期以来，各校普遍重视学生阅读工作，相继实施了“朝阳读书”“主题阅读”等系列读书工程，对推进全员阅读、提升学生综合素养产生了显著效果。为进一步提升学生阅读能力，提高学生阅读水平，引导学生博览群书，建设“书香校园”，确保学生可持续发展，学校应持续组织实施阅读能力提升工程。

一、阅读能力提升工程要达成的目标

1. 培养学生喜欢读书的良好习惯，养成乐于读书的浓厚兴趣

让学生以书为友，广结书朋，“好读书、多读书、读好书、读整本书”，助推人生幸福。高中阶段，学生重点通过阅读提升人生境界，逐步加深对个人与国家、社会、自然关系的思考和认识。

2. 培养学生理解、分析和解决问题的能力，为各学科知识学习和能力培养奠定基础

把阅读作为搜集、处理信息，认识世界，发展思维，丰富情感，获得审美体验的重要途径。通过阅读培养学生的联想、想象、品味等形象思维能力，使学生的情感体悟与审美体验等情感、态度素养得到进一步提升；通过阅读培养学生的归纳、概括、推断、评价等逻辑思维能力，使学生的信息筛选与整合、问题分析与解决、思想概括与表达等抽象思维品质得到进一步提高。

3. 培养学生判断、思辨、质疑和批判的能力，提高创新意识

培养独立阅读能力，使学生善于发现问题、提出问题，对阅读文本做出自己的分析判断，努力从不同的角度和层面进行阐述、评价和质疑；注重个性化阅读，让学生充分调动自己的生活经验和知识积累，在主动积极的思维和情感活动中，获得独特的感受和体验；学习探究性阅读和创造性阅读，发展想象能力、思辨能力和批判能力，养成深刻性和批判性的思维品质，用现代的观念和科学的眼光审视古今中外作品的内容和思想倾向，取其精华，剔其糟粕，逐步养成严谨、求实的学习作风。

4. 丰富学生的精神世界，培养学生的健全人格

通过阅读和鉴赏，陶冶情性，追求高尚情趣，提高道德修养。通过阅读和体验，培养审美感知和审美创造能力，养成自觉的审美意识和高尚的审美情趣。通过阅读和思考，吸收古今中外优秀文化营养，逐步形成自己的思想、行为准则，树立积极

向上的人生理想；增强文化意识，重视人类文化遗产的传承，尊重和理解多元文化。

二、实施路径与要求

1. 增大阅读量，扩大阅读范围

《普通高中语文课程标准(2017 年版)》要求必修阶段各类文本的阅读总量不低于 150 万字，选择性必修阶段各类文本的阅读总量不低于 150 万字。在此基础上，学校要根据学生的特点，适当增大阅读量，获取阅读最大效益。

在以文学阅读为主的基础上，形成涵盖人文、科技等领域的“大阅读”，既完成一定量的指令性阅读(以“基础书目”为主)，又满足学生的个性阅读和兴趣阅读(以“推荐书目”为主)。

2. 做好“四个结合”，积极营造读书氛围

学校要做到自主阅读与组织阅读相结合，纸质阅读与电子媒介阅读相结合，读书活动与课堂教学、体验实践相结合，校内阅读与家庭阅读、社区阅读相结合，让学生通过课堂教学的“精读”和有组织的阅读指导习得读书方法，通过自主性的校内、家庭、社区阅读和阅读体验实践活动，扩大阅读面，满足阅读的个性需求，学以致用。

学校要结合“书香校园”文化建设，充分挖掘学校资源，营造浓郁的书香氛围，采用设立读书专栏、建设文化走廊等多种方式，形成“开门见书山、推窗闻书香”的读书氛围，让书籍阅读与性情陶冶随时随地发生，让学生真正与书籍结缘。

各校要大胆创新，积极探索出一套行之有效的阅读策略与方法，逐步形成区域与学校的特色；把阅读提高到学校文化建设的高度来认识，并以此为契机，促进“书香校园”“书香家庭”“书香社区”的形成。

3. 加强图书馆、阅览室建设，提供足够的阅读时间与空间

学校要加强图书馆、阅览室建设，配置丰富的阅读资源，发挥阅读主阵地作用。学校要在公用经费中按比例列支图书购置费用，要充分征求各学科教师意见，科学配置图书。配齐足够数量的、满足学生阅读需要的“推荐书目”(见附件)中的图书。“推荐书目”中的基础书目为指令性阅读任务，是阅读工程所规定的阅读量的底线。

学校要建立有效的图书借阅制度，有计划地开展图书借阅、阅览等活动，保证让学生每学期平均借阅 8～10 本书。学校要创造条件配置学科阅览室或学习领域阅览室；建立电子阅览室，增加电子图书资源储备；建设阅读网站。学校要利用晚自习、课外活动、双休日和节假日等时间，全天候开放图书馆和阅览室。学校要在教室、走廊、宿舍等场所设立图书角、小书架，配备一定数量的图书供学生随机阅

读。学校要设立“图书超市”，促进学生个人藏书的交流，实现图书资源共享。

拓展阅读资源。学校要立足实际，与社区图书馆、市(县)图书馆加强联系，广开书源。学校要采用家长会、开设阅读讲座等形式对家长进行培训，让家长认识到阅读对孩子学习成长的重要性；定期给家长推荐优秀书目，让家长积极为孩子购买书籍，督促孩子读书。

4. 转变学科观念，调整课程设置，确保阅读时间，加强阅读指导

学校要更新教育理念，转变学科观念，充分认识阅读在学生各学科学习和人生成长方面的重要作用。学校要打破学科界限，让所有学科都关注学生阅读，让所有教师都重视学生阅读，让阅读渗透到所有课程中，形成“大阅读”格局，积极创建阅读特色学校。

学校要加强语文学科教学改革的力度，重点解决好课内阅读问题；要大力推广“语文主题阅读”“大语文教学”“综合文科”“中华诗文诵读”，以及各种学生文学社团等富有成效的教改成果；要调整课时，增加校内阅读课，为学生提供时间保障。

在严格执行国家课程方案和课程标准的前提下，学校要针对自身特点，结合校本课程开发，采取多种形式，设置阅读课程，保证学生的阅读时间。原则上，每周，每个班级，学生集中阅读的时间不少于两个课时。学校要采取不同形式，开设阅读指导课，指导学生认识阅读的重要意义、掌握基本的阅读方法。学校要将阅读指导教师的工作时间和工作业绩纳入工作量计算和绩效考核。

5. 广泛开展读书活动，激发和培养学生的阅读兴趣

学校要经常开展丰富多彩的读书活动，让学生在活动中感受阅读的快乐与幸福，如开展与作家对话、读书报告会、佳作欣赏会、读书心得交流会、诗文诵读会等活动；还可设置相对固定的“读书节”、创办读书杂志、成立不同类型的阅读俱乐部等；创造性地开展各种评比活动，如每学期评选一次“书香班级”“书香年级”，组织评选“读书之星”，组织读书笔记展评、作文大奖赛、诗文朗诵比赛、读书辩论赛等活动，以活动为载体，激发学生的阅读兴趣，丰富校园文化生活。

6. 积极倡导、鼓励教师读书，鼓励教师通过读书学习提高人生品位、职业修养与专业水平

教师要有计划地阅读“推荐书目”中的图书(见附件)。学校要做好相关图书资源配置工作，做好阅读书目推荐工作，并对教师阅读提供必要的经济支持；设计开展专题读书活动，如读书论坛、读书交流心得、“推荐一本好书”等活动；进行读书演讲比赛、“读书之星”“藏书之星”评比等，激发教师读书的积极性。

7. 阅读要求及目标

(1) 阅读优秀的文学、人文和科学作品，品味语言，感受其思想、艺术魅力，发展想象力和审美力；体味自然和人生的多姿多彩，激发热爱生活、珍爱自然的感情；感受艺术和科学中的美，提升审美的境界。

(2) 与文本展开对话，领悟其丰富内涵，探讨人生价值和时代精神，增强民族使命感和社会责任感；养成对语言、文学以及文化现象独立思考、质疑、探究的习惯，发展思维品质，增强思维的深刻性和批判性；通过阅读和思考，吸收古今中外优秀文化的营养。

(3) 在阅读中，注意观察语言，文学和中外文化、科技现象，增强探究意识和发现问题的敏感性；发展形象思维和逻辑思维。

三、保障措施

1. 加强领导，成立各级阅读能力提升工程领导小组

市(县)教育局成立以主要领导为组长，有关单位、科室负责人为成员的阅读能力提升工程领导小组。学校成立相应的阅读能力提升工程领导小组，以教研组、备课组为单位，成立阅读指导小组，根据本校实际制订切实可行的实施方案，加强对阅读能力提升工程的指导和管理，保障阅读资源配置，形成区域性整体推进的阅读工程实施工作机制。

2. 市(县)、校两级教研部门负责阅读能力提升工程的具体组织和实施工作

市(县)教科院成立阅读能力提升工程办公室和专家组，负责全市(县)阅读能力提升工程的计划制订、组织实施和考核评价。各校成立相应组织，引领与推进阅读能力提升工程的实施。

市(县)教研部门要把阅读能力提升工程纳入教学研究工作的范畴，加强对阅读能力提升工程落实情况的调研和指导，及时总结和推广学校好的经验和做法。

3. 建立健全阅读推进机制与评价机制，从制度和机制上确保阅读能力提升工程的实施

市(县)加强对学校推进阅读能力提升工程的督导评估和量化考评，将督导评估结果、读书活动成果作为学校考核和评优树先的条件之一，确保各项要求和措施落实到位。

学校开展阅读水平专项检测，并将考评、检测结果纳入学校的年度教学工作整体考评；将学生参加读书活动、读书社团情况纳入社会实践活动考核，作为学生综合素质评价的重要内容；将阅读内容，特别是基础书目(见附件)的内容按一定比例

纳入学业水平考试。

四、为学生和教师提供阅读书目

为深入落实阅读能力提升工程，进一步推进全市普通高中阅读提升工程深入发展，引领全市高中学生提升阅读兴趣、扩大阅读面、增加阅读量，让孩子们畅游书海，呼吸书香，与经典为友，为人生奠基，我们根据教育部的课程标准的要求，参考教育部新课标推荐高中学生必读书目及《中国人阅读书目》等材料，结合高中学段学生年龄特点，依据学生的兴趣爱好，广泛征求高中教师的意见，确定学生和教师阅读推荐书目，如表4-3和表4-4所示。

表4-3　高中阅读能力提升工程推荐书目（学生）

类别	序号	书名	作者/编者/译者	出版社
文学	1	红楼梦	曹雪芹/著	高等教育出版社
	2	呐喊 彷徨 故事新编	鲁迅/著 丁聪/插图	人民文学出版社
	3	家	巴金/著	人民文学出版社
	4	子夜	茅盾/著	人民文学出版社
	5	雷雨	曹禺/著	人民文学出版社
	6	围城	钱钟书/著	人民文学出版社
	7	四世同堂	老舍/著	人民文学出版社
	8	唐诗百话	施蛰存/著	华东师范大学出版社
	9	史记（文白对照）	司马迁/撰，韩兆琦/主译	中华书局
	10	巴黎圣母院	（法国）雨果/著 陈敬容/译	人民文学出版社
	11	高老头	（法国）巴尔扎克/著 张冠尧/译	人民文学出版社
	12	复活	（俄国）列夫·托尔斯泰/著 安东、南风/译	上海译文出版社
	13	诗经选	余冠英/选注	中华书局
	14	唐宋传奇选	张友鹤/选注	人民文学出版社
	15	元人杂剧选	顾学颉/选注	人民文学出版社
	16	西厢记	王实甫/著 张燕瑾/校注	人民文学出版社
	17	儒林外史	吴敬梓/著 张慧剑/校注 陈十髮/绘	人民文学出版社
	18	饮水词笺校	纳兰性德/撰 赵秀亭、冯统一/笺校	中华书局

续表

类别	序号	书名	作者/编者/译者	出版社
文学	19	人间词话译注(增订本)	王国维/著 施议对/译注	岳麓书社
	20	活着	余华/著	作家出版社
	21	边城	沈从文/著	中国青年出版社
	22	平凡的世界	路遥/著	人民文学出版社
	23	朱自清散文	朱自清/著	高等教育出版社
	24	欧.亨利短篇小说选(精装)	(美国)欧·亨利/著 王仲年/译	人民文学出版社
	25	泰戈尔诗选	(印)泰戈尔/著/冰心等/译	高等教育出版社
	26	麦田里的守望者	(美国)J.D.塞林格/著 施咸荣/译	译林出版社
	27	堂吉诃德	(西)塞万提斯/著 杨绛/译	人民文学出版社
	28	欧也妮·葛朗台	(法国)巴尔扎克/著 张冠尧/译	人民文学出版社
	29	悲惨世界	(法国)雨果/著 李丹、方于/译	人民文学出版社
	30	大卫·科波菲尔	(英国)狄更斯/著 庄绎传/译	人民文学出版社
	31	战争与和平	(俄)列夫·托尔斯泰/著 廖清秀/译	上海文艺出版社
	32	忏悔录	(法国)卢梭/著 范希衡等/译	人民文学出版社
	33	红与黑	(法国)司汤达/著 张冠尧/译	人民文学出版社
	34	约翰·克利斯朵夫	(法国)罗曼·罗兰/著 傅雷/译	人民文学出版社
	35	老人与海	(美国)海明威/著 李育超/译	人民文学出版社
	36	莫泊桑短篇小说精选	(法国)莫泊桑/著 赵少侯/译	人民文学出版社
	37	契诃夫短篇小说选	(俄)契诃夫/著 汝龙/译	人民文学出版社
	38	欧·亨利短篇小说精选	(美国)欧·亨利/著 王永年/译	人民文学出版社
	39	哈姆雷特	(英国)莎士比亚/著 朱生豪/译	人民文学出版社
	40	窦娥冤	关汉卿/著	中华书局
	41	牡丹亭	汤显祖/著	人民文学出版社
	42	屈原	郭沫若/著	上海人民出版社
	43	雷雨	曹禺/著	人民文学出版社
	44	茶馆	老舍/著	人民文学出版社
	45	叶圣陶散文	叶圣陶/著	内蒙古文化出版社

续表

类别	序号	书名	作者/编者/译者	出版社
人文	46	中国哲学简史	冯友兰/著 赵复三/译	生活·读书·新知三联书店
	47	谈美	朱光潜/著	广西师范大学出版社
	48	国学的天空	傅佩荣/著	岳麓书社
	49	理想国	(古希腊)柏拉图/著 郭斌、张竹明/译	商务印书馆
	50	老子今注今译	陈鼓应/注译	商务印书馆
	51	庄子	孙通海/译注	中华书局
	52	孟子译注	杨伯峻/译注	中华书局
	53	乡土中国	费孝通/著	人民出版社
	54	美的历程	李泽厚/著	生活·读书·新知三联书店
	55	杜甫传	冯至/著	人民文学出版社
	56	歌德谈话录	(德国)爱克曼/辑录 朱光潜/译	人民文学出版社
	57	语文常谈	吕叔湘/著	生活·读书·新知三联书店
科学	58	5G社会:从“见字如面”到“万物互联”	翟尤、谢呼/著	电子工业出版社
	59	从一到无穷大——科学中的事实与猜想	(美国)乔治·伽莫夫/著 刘小君、岳夏/译	文化发展出版社
	60	从一到无穷大——科学中的事实和臆测	(美国)G.伽莫夫/著 暴永宁/译 吴伯泽/校	科学出版社
	61	伽利略的手指	(英国)彼得·阿特金斯/著 许耀刚等/译	湖南科学技术出版社
	62	宇宙	(美国)卡尔·萨根/著 周秋麟等/译	吉林人民出版社
	63	物种起源(全新修订版)	(英国)查理·达尔文/著 钱逊/译	江苏人民出版社

续表

类别	序号	书名	作者/编者/译者	出版社
科学	64	量子世界——写给所有人的量子物理	(美国)肯尼斯·W.福特/著 王菲/译	外语教学与研究出版社
	65	科学大师的失误	杨建邺/著	湖北科学技术出版社
	66	自私的基因	(英国)里查德·道金斯/著 卢允中等/译	吉林人民出版社
	67	致命的盛宴	(美国)理查德·罗德斯/著 汪仲、张定绮/译	中国青年出版社
	68	隐藏的自我——大脑的秘密生活	(美国)大卫·伊格曼/著 唐璐/译	湖南科学技术出版社
	69	时间简史	(英国)史蒂芬·霍金/著 许明贤、吴忠超/译	湖南科学技术出版社

表 4-4　高中阅读能力提升工程推荐书目(教师)

类别	序号	书名	作者/编者/译者	出版社
理想信念与职业道德	1	给教师的建议	[苏联]B.A.苏霍姆林斯基/著 杜殿坤/译	教育科学出版社
	2	于漪文集	于漪/著	山东教育出版社
	3	教育魅力：青年教师成长钥匙	于漪/主编	华东师范大学出版社
	4	岁月如歌	于漪/著	上海教育出版社
	5	做一个学生喜欢的老师——我的为师之道	于永正/著	教育科学出版社
	6	爱心与教育	李镇西/著	文化艺术出版社
	7	为了自由呼吸的教育	李希贵/著	教育科学出版社
	8	做内心强大的教师——教师常见心理困惑解析	杨敏毅、王震/著	中国人民大学出版社
	9	给教师的 5 把钥匙	常生龙/著	教育科学出版社
	10	从优秀教师到卓越教师	(美国)安奈特·布鲁肖、托德·威特克尔/著 范杰/译	中国青年出版社

续表

类别	序号	书名	作者/编者/译者	出版社
课程建设与课堂教学	11	面向个体的教育	李希贵/著	教育科学出版社
	12	一个独立教师的语文之旅	郭初阳/著	广西师范大学出版社
	13	是什么带来力量——乡村儿童的教育	(德国)卢安克/著	中国致公出版社
	14	由内而外的教养：做好父母，从接纳自己开始	(美国)丹尼尔·西格尔、玛丽·哈策尔/著 李昂/译	浙江人民出版社
	15	最美的教育最简单	尹建莉/著	作家出版社
	16	情境教育的诗篇	李吉林/著	高等教育出版社
	17	为生活重塑教育：中国的教育创新	21世纪教育研究院/编	中国人民大学出版社
	18	核心素养导向的课堂教学	余文森/著	上海教育出版社
	19	给学生真正需要的教育——中国青年报冰点周刊教育特稿精选	中国青年报冰点周刊/主编	中国人民大学出版社
	20	教与学的秘密——解读佐藤学的课堂教学观	王晓春/著	教育科学出版社
	21	做有温度的教育	方华/著	中国人民大学出版社
	22	让学生看见你的爱	沈丽新/著	中国人民大学出版社
	23	让教师学会提问	(美国)麦克泰格、威金斯/著 俎媛媛/译	中国轻工业出版社
	24	学习目标形成性评估与高效课堂	(美国)罗伯特·J.玛扎诺、黛布拉·J.皮克林、塔米·赫夫尔/著 邵钦瑜、冯蕾/译	中国书籍出版社
	25	学生教我做老师：罗恩·克拉克学校的成功秘密	(美国)金·比尔登/著 王小庆/译	教育科学出版社
	26	让教育真实地发生——北京十一学校的教师智慧	沈祖芸/主编	中国人民大学出版社

续表

类别	序号	书名	作者/编者/译者	出版社
课程建设与课堂教学	27	情境教育理论探究与实践创新：一切为了儿童的学习	李吉林/著	北京师范大学出版社
	28	重新认识课堂	贲友林/著	教育科学出版社
	29	深度学习：走向核心素养（理论普及读本）	刘月霞、郭华/主编	教育科学出版社
	30	核心素养十讲	钟启泉/著	福建教育出版社
	31	静悄悄的革命——课堂改变，学校就会改变	佐藤学/著	教育科学出版社
	32	课堂观察	沈毅、崔允漷/著	华东师范大学出版社
	33	学校如何运转	李希贵/著	教育科学出版社
	34	以学习为中心的课堂观察	夏雪梅/著	教育科学出版社
	35	追求理解的教学设计	（美国）格兰特·威金斯、杰伊·麦克泰格/著 闫寒冰等/译	华东师范大学出版社
	36	读懂课堂	钟启泉/著	华东师范大学出版社
	37	活跃的课程图景	杨金芳、李春华/主编	华东师范大学出版社
	38	未来课程想象力	徐莉/著	华东师范大学出版社
	39	课程与教学的基本原理	（美国）拉尔夫·泰勒/著 施良方/译 瞿葆奎/校	人民教育出版社
	40	课程与教学论	钟启泉、张华/主编	辽宁大学出版社
人文素养与哲学社会	41	论语、孟子	杨伯峻点校本	中华书局
	42	老子、庄子	陈鼓应点校本	中华书局
	43	诗经	高亨（或程俊英、方雨润）点校本	上海古籍出版社
	44	中华传统文化经典百篇	袁行霈、王仲伟、陈进玉/主编	中华书局
	45	史记	司马迁/著	中华书局
	46	唐诗百话	施蛰存/著	华东师范大学出版社
	47	宋词三百首笺注	唐圭璋/笺注	人民文学出版社
	48	教育哲学通论	黄济/著	山西教育出版社

第五章　高考评价体系下的命题规律探寻与应对策略

第一节　高考评价体系下的命题取向总述

2019 年 6 月 11 日，国务院办公厅印发《关于新时代推进普通高中育人方式改革的指导意见》。该文件明确指出，“实施普通高中新课程的省份不再制定考试大纲”，这意味着原来指导考试命题和教学的考试大纲将在全国范围内逐步取消。2020 年 1 月 7 日，教育部考试中心正式发布《中国高考评价体系》，高考评价体系是深化新时代高考内容改革的基础工程、理论支撑和实践指南，集中回答了“为什么考、考什么、怎么考”的关键问题。高考评价的核心内容是“一核”“四层”“四翼”：“一核”为考查目的，即“立德树人、服务选才、引导教学”，是对素质教育中高考核心功能的概括，回答“为什么考”的问题；“四层”为考查内容，即“必备知识、关键能力、学科素养、核心价值”，是素质教育目标在高考内容中的提炼，回答“考什么”的问题；“四翼”为考查要求，即“基础性、综合性、应用性、创新性”，是素质教育的评价维度在高考中的体现，回答“怎么考”的问题。

高考评价体系的“一核”“四层”“四翼”有着丰富的内涵，构建了一个相对完整而富有逻辑的理论体系，这不仅是新时代高考命题实践的指南，也是新时代师生备考的指南。因此，洞悉高考评价体系下的高考命题取向，已成为广大一线教师实现有效教学与有效备考的先决条件。

高考评价体系下的命题取向概括起来说主要有以下几点。

一、核心价值贯穿高考命题始终

核心价值是指即将进入高等学校的学习者应当具备的良好政治素质、道德品质和科学思想方法的综合，是在各学科中起着价值引领作用的思想观念体系，是学习者在面对现实的问题情境时应当表现出的正确的情感态度和价值观的综合。核心价值旨在通过学校教育和社会实践等多种途径，将学生培养成拥护中国共产党领导和社会主义制度、立志为中国特色社会主义奋斗终身的建设者和接班人。

培养学生良好的政治素质、道德品质和科学思想方法，是解决“培养什么人、怎样培养人、为谁培养人"这个教育根本问题的关键。核心价值集中反映党的教育方针和立德树人根本任务，体现德、智、体、美、劳全面发展的育人目标，在高考评价体系的考查内容中居于首要位置，引领其他三项考查内容。

核心价值的考查主要是围绕立德树人来考查学生的政治立场和思维观念、世界观和方法论，以及道德品质。未来高考命题主旨将紧扣核心价值中的爱国主义、奋斗精神、四个自信、理想信念、新时代思想、中华优秀传统文化等展开。重大的现实问题和关键历史事件，也会是高考的重要素材。就 2021 年的高考而言，建党 100 周年、小康社会与脱贫攻坚、新冠抗疫伟大成就、国家治理能力现代化、公共卫生系统建设与国家应急体系、双循环与十四五规划、重大科技前沿、抗美援朝 70 周年、深圳特区成立 40 周年等都是重要的题材。因此，教师和学生平时要关注学习情境、生活情境、社会情境和学术情境，重视"四个自信"、爱国主义、奋斗精神、中华优秀传统文化、革命文化和社会主义先进文化，关注重大社会现实问题、关键历史事件以及科学研究前沿。

二、能力素养为首要考查目标

学科素养是指即将进入高等学校的学习者在面对生活实践或学习探索问题情境时，能够在正确的思想价值观念指导下，合理运用科学的思维方法，有效整合学科相关知识，运用学科相关能力，高质量地认识问题、分析问题、解决问题的综合品质。学科素养通过基础教育阶段的学科教学培养形成，既是基础教育培养目标的要求，也是高校人才选拔的要求。

学科素养主要考查学生的学习掌握、实践探索以及思维方法等方面的能力。能力和素养考核是未来高考的主要内容，主要包括着重考查学生识别、分析、运用关键信息的能力；考查学生逻辑推理的能力；考查学生论证与证据使用的能力；考查学生发现、分析、解决问题的能力；考查学生清楚表达、清晰思维的能力；考查学生独立思考和创新的能力等，特别是对思维品质的强调，包括学生的形象思维能力、抽象思维能力、归纳概括能力、演绎推理能力、批判性思维能力、辩证思维能力等。将这些核心素养、关键能力以及思维品质贯彻到高考命题中进行考查，是未来高考命题的主要特征。

高考命题将进一步突出关键能力考查，有效鉴别学生的思维品质和发展潜能：从材料信息的丰富性、试题要素的灵活性、解题路径的多样性等方面增强试题开放性，鼓励学生发散思维；通过拓宽试题材料的来源，注重联系社会生产、生活实际，增强情境的时代性，强化对关键能力的考查，提升考查学生核心素养的有效性。

高考命题将以批判性思维为代表的高阶思维作为考查重心。2014 年，国务院发布《关于深化考试招生制度改革的实施意见》，一系列重磅教育改革文件出台，其中一个核心的指导思想就是要加快高考命题改革，创新命题形式，加强情境设计，考查学生的思维能力与思维水平，尤其是对学生批判性思维能力的考查。《中国高考评价体系》的“一核”“四层”“四翼”突出了对批判性思维能力的考查要求。具体来讲，“四层”中的“关键能力”和“学科素养”以及“四翼”中的“综合性”“应用性”和“创新性”都集中体现了批判性思维的核心价值和基本主张：“关键能力”强调独立思考、逻辑推理、信息加工、科学探究与语言表达，“学科素养”强调运用学科知识处理复杂任务的综合品质，“综合性”强调通过推理得出观点与结论，“应用性”强调学生分析问题、解决问题的能力，“创新性”通过增强情境的探究性和设问的开放性，允许学生从多个角度思考，对同一个问题或现象得出不同的结论，着重考查学生批判性、创新性思维。

尤其需要强调的是，对学科素养和关键能力的重点考查是《中国高考评级体系》有别于传统高考的主要特征，学科素养对命题中的科学思维、创新思维、信息加工、研究探索、语言表达做出了明确的界定和要求，这些都是批判性思维能力的具体体现，需要引起充分的重视。

（1）“科学思维”指采用严谨求真的、实证性的逻辑思维方式应对各种问题，根据对问题情境的分析，运用实证数据分析事物的内部结构和问题的内在联系，以抽象的概念来反映客观事物的本质特征和内在联系，运用抽象与联想、归纳与概括、推演与计算、模型与建模等思维方法来组织、调动相关的知识与能力，解决生活实践情境或学习探索情境的各种问题。

（2）“创新思维”指运用开放性、创新性的思维方式应对问题情境，组织相关的知识与能力，注重独立性、批判性、发散性的思考，综合运用直觉的、顿悟的、灵感的、形象的、逻辑的方法，提出新视角、新观点、新方法、新设想，创新性地解决生活实践情境或学习探索情境的各种问题。

（3）“信息获取”是指适应社会信息化趋势，通过各种方式与渠道获取信息，根据应对问题情境的需要，合理地组织、调动各种相关知识与能力，完成信息获取活动。

（4）“研究探索”指根据应对新的问题情境的需要，合理地组织、调动各种相关知识与能力，实施调研、探究或实验活动，分析结果，提出新观点或发现新问题，寻求有效的问题解决方法。

（5）“语言表达”指根据应对问题情境的需要，合理地组织、调动各种相关知识与能力，准确传达信息并进行交流沟通；能够根据具体情境的不同，选用口语、书面语等不同语体并灵活转换；熟练运用图像、图表、图画表达思维、观点，借助口头语言、书写或绘图工具等表达抽象的概念;灵活运用各种文本形式准确表达个人的情感、思维和观点。

上述五方面都集中体现了批判性思维的核心理念,"科学思维"强调的是批判性思维中的逻辑推理与论证能力,"创新思维"强调的是批判性思维中的独立思考与怀疑精神,"信息获取""研究探索"强调的是批判性思维中的研究与论证能力,"语言表达"强调的是批判性思维中的清晰性、一致性和充分性原则。很大程度上来讲,"一核""四层""四翼"的高考评价体系集中体现了批判性思维的核心价值。准确把握了批判性思维的核心主张,也就准确把握了新高考综合改革的基本方向。

突出对学生创新与批判性思维等高阶思维能力的考查是此轮新高考综合改革的核心理念,它必将深刻影响中国的基础教育改革和高考命题与评价,学生的批判性思维能力成了重要的考试评价标准。对于广大一线教师而言,培养学生批判性思维是高考综合改革背景下教学改革的首要任务,这就要求我们确立批判性思维的教育理念和原则,掌握批判性思维教学的知识和方法,通过开发新的课程以及将批判性思维融入主干核心课程,提升教师批判性思维教学的能力。对于广大考生来讲,传统的非黑即白、寻求唯一确定解、以获取知识为目标的学习方法将无法适应新的高考,有针对性地学习和训练自身的逻辑推理、证据收集、信息加工、分析论证等批判性思维能力,才能有效地应对新时期的高考综合改革。

三、情境载体更加多元、灵活、开放

高考评价体系中的情境即问题情境,指的是真实的问题背景,是以问题或任务为中心的活动场域。情境活动是指人们在情境中所进行的解决问题或完成任务的活动。根据目前高考的考查方式,高考内容的问题情境是通过文字与符号描述的方式,即纸笔形式进行建构的,而情境活动也同样是通过文字与符号的形式进行的。

高考评价体系中的"四层"考查内容和"四翼"考查要求,是通过情境与情境活动两类载体来实现的,即通过选取适宜的素材,再现学科理论产生的场景或是呈现现实中的问题情境,让学生在真实的背景下发挥核心价值的引领作用,运用必备知识和关键能力去解决实际问题,全面综合展现学科素养水平。

命题者通过设计生活实践情境和学习探索情境作为任务创设和基本知识能力运用考查的载体,实现对学生学科基本概念、原理、技能和思维方法的考查和选拔,着重考查学生运用所学知识、原理和思维发现问题、解决问题的能力。从 2020 年的高考来看,命题与情境的结合相当突出,大大加强了情境的新颖性和开放度,呈现出复杂性、综合性和创新性的特点，很少见到“简单情境”或“无情境”的试题，也少了传统意义上的“静态知识”。未来高考命题一方面将进一步加大试题的情境创设和呈现方式，复杂性、综合性、新颖性的情境将会层出不穷。

在教学和命题实践中，越来越多的证据表明，情境已经是命题的必备要素，没有情境的试题会越来越少，通过情境设置考查学生的关键能力和核心素养，是当前和今后高考改革的基本方向。

第二节　信息类文本阅读命题路径与应对策略

近几年，全国卷信息类文本采用单文本，试题采用三道客观题形式；新高考地区，信息类文本一般由论述类文本和实用类文本组成，多为“自然科学类”（研究自然科学及技术方面）或“社会科学类”（研究哲学、经济、历史、语言、文化等方面）的文章，试题采用三道客观题和两道主观题形式，如表 5-1 所示。

表 5-1　信息类文本阅读命题

题号	题型	考查点	学科素养
1	下列对材料相关内容的理解和分析，（不）正确的一项是	理解文本内容的能力	语言建构与运用、思维发展与提升、审美鉴赏与创造
2	根据材料内容，下列说法不正确的一项是	整合文本信息分析推断的能力	
3	根据材料内容，下列各项中（不）属于（支持）×××观点的一项是；下列对原文论证的相关分析，不正确的一项是	分析论点、论据、论证的能力	
4	请结合材料内容，给×××下一个简要定义；请简要分析材料××的论证思路等	信息筛选、概括和对重要概念的理解能力；分析论点、论据、论证的能力	
5	请简要梳理材料×的行文脉络；有人评价说×××，请结合材料，谈谈你对此的理解		

可以看出，信息类文本阅读命题主要通过“核心概念和关键词语”“重点语句”和“语境”等路径，着重考查学生的理解、分析综合、探究等能力，体现学生的思维品质、审美鉴赏和语言表达水平。

一、核心概念和关键词语

信息类文本一般通过对文本材料中词语的转换、语序的调整和语句的压缩等方式来考查学生“理解文章概念以及文中重要句子的含义”的能力，要求考生能够对文本的核心概念、关键词语和重要句子进行整合并与四个选项相关的信息比对辨别。

1. 词语转换

词语转换是近几年高考试题信息类文本命题通常采用的形式，一般对语句进行删减关键词语的限定性词语或词语替换等手段设置选项阐述的内容，一般以“原文相关内容理解和分析，(不)正确的一项”形式设题。这是从甄别选择的角度考查学生对文章内容的理解和分析能力。这种题型要求学生既要对文章进行整体的把握，又要对文章词语基本意义和文中情境义，以及句子的语法结构、语句措辞等知识进行恰当的分析。

如2020年课标全国卷Ⅰ，第1题的选项C：根据儒家思想，“孝”不仅是家庭内的规范，而且在社会中有一个不断扩大的过程。原文：“‘孝’成为一种家庭伦理规范”“‘孝’在社会生活实践中有一个不断扩大的过程”。选项表述中“家庭内的规范”是对原文“家庭伦理规范”这个表述的转换，选项中的“社会中”是对原文“社会生活实践中”的转换。这一类命题方式，在选项转换表述中不仅考查了学生对文本材料中特定词语或语句的理解与分析，更是对语言的积累与建构学科素养的考查。

解读“词语转换”命题方式，实质上是既要理解所转换的字词和语句的直接含义，即把原文中相关语句的主要内容表述出来；也要把握转换“词语”的引申含义，包括它的内涵和外延，即把握对原文语句的本质层面的揭示及其外显层面所涉及的具体对象。

2. 限定语

限定语是在数量、范围等方面加以规定的语言，指限制在一定范围之内的话。增删限定语也是信息类文本常见的考查方法，往往通过对关键词语和核心概念的限定语进行偷换、增删等方式考查对文本重要概念的理解和关键信息的提取能力，如2018年全国卷Ⅱ第3题的选项B“遗忘是个人和社会的一种修复和更新机制，是我们面对现实和想象未来的基础”。对比原文“不论是个人的遗忘还是社会的遗忘，在某种程度上都是一种个人及社会修复和更新的机制，让我们能够从过去经验中吸取教训，面对现实，想象未来，而不仅仅被过去的记忆所束缚。”可以看出“在某种程度上”限定了遗忘的作用，选项摘除了这个限定语，夸大了遗忘的作用，与原文表述不符。

3. 提关键词

提取关键词是获取信息的重要渠道之一，通过对原句中关键词语的提取与重新组合的方式对原文进行转述和分析。论述类文本命题选项内容多半通过提取关键词的方式来考查学生“筛选并整合文中信息”的能力，这种命题指向学生在阅读文本时对关键信息的提取与理解，如 2019 年课标全国卷Ⅱ第 1 题的选项 A “杜甫有一种难得的健全才性，能兼容感性与理性，对事物进行综合全面的把握”。其中“能兼容感性与理性”是对原文“而其所以能有集大成之容量，最重要的因素，乃在于他生而禀有一种极为难得的健全才性——那就是他的博大、均衡与正常”的关键词语的提取与重新组合；“能兼容感性与理性，对事物进行综合全面的把握”是从原文“杜甫是一位感性与理性兼长并美的诗人，他一方面具有极大极强的感性，可以深入他接触的任何事物，把握住他所欲攫取的事物之精华；另一方面又有着极清明周至的理性，足以脱出于一切事物的蒙蔽与局限，做到博观兼美而无所偏失”句提取的关键词。此类命题围绕学生语言梳理与学科融合能力进行考查难度有所提升，体现了新课程标准对学业“质量水平”的要求，集中体现了两种思路：一是分类，将相关的语句信息分为一类进行分析；二是概括，将归类信息的关键点进行归纳。

对于信息类文本“提关键词”类考查题型，我们答题的角度有两种：第一，分类比对，对选项语句进行分类，整合原文关键信息，进行筛选式比对；第二，定位比对，即抓住关键部分，定位原文，进行归纳式比对。

当然，“词语”类命题也会有意对以上三种方式进行糅合，作答时我们要遵循忠于原文原则，首先要把考查的词语或语句在原文中定位，厘清“词语”前后限制性词语的含义和范围以及上下文层次关系，一方面要做到细致地分析选项，从替换词语、抓限定语、提关键词等角度对选项命题设置方式进行细致的分析，尤其是对于与原文内容差异不大的选项，要理解题干表述内容细微的差别，避免在理解词句时主观臆造，导致曲解文意、以偏概全、混淆是非、无中生有等错误。

二、重点语句

信息类文本“内容”命题往往是对文本重点语句的筛选并整合文中信息能力的考查，涉及作者在文中阐述的知识、理论或观点等，命题形式一般是对选项表述与文本内容进行辨别，立足文本材料表现出来的句内逻辑、句间关系和语段中心等语文知识。

1. 句内逻辑

从逻辑意义上来看，一个复杂的句子的内部逻辑关系一般可分为转折、并列、承接、递进、因果、让步、假设、条件等。命题选项一般通过改变或强加句间关系的方式对原文进行概括和分析，来考查学生“筛选并整合文中信息”的能力，这种命题指向学生在阅读文本时对关键信息的提取与整合。

（1）改变句内关系，即在命制选项时，将原文材料句间逻辑关系进行了改变或混淆，如2019年全国卷Ⅰ第1题的A选项“作家树立了与时代积极互动的理念，在创作实践中就能做到以人民为中心”。选项前半句相关信息在文章第二段，原文为“文艺界普遍认识到，只有与身处的时代积极互动，深刻回应时代重大命题，才会获得艺术创作的蓬勃生机”。选项后半句相关信息是对第一段中心话题的提炼：创作要以人民为中心。根据上下文关系分析，选项句内“作家树立了与时代积极互动的理念”与“在创作实践中就能做到以人民为中心”之间没有条件关系。

（2）强加句内关系，即命题人在原文分句之间逻辑关系进行了强拉或硬套，如2020年全国卷Ⅰ第1题的C选项“根据儒家思想，‘孝’不仅是家庭内的规范，而且在社会中有一个不断扩大的过程”，选项设置了递进关系。如2019年全国卷Ⅰ第1题的C选项“人民是认识现实、理解时代的依据，因为普通劳动者才是文艺最理想的读者”，选项相关信息在文章第四段，原文为：“一个普普通通的劳动者，或许并不是我们的读者，但并不妨碍我们将他以及他所代表的广大人民作为我们认识现实，理解时代的依据”。“人民是认识现实、理解时代的依据”与“普通劳动者才是不是文艺最理想的读者”之间没有因果关系。

2. 句间关系

一般而言，句子是文段组成的基本结构，句群组成文段，通过句间严密的逻辑关系，准确地阐述内容和具有说服力地表达观点。常见的句间关系主要有以下几种：概括（后句是对前句的总结说明）、延续（后句和前句论述的是同一个事物，后句是顺着前句进行的深入阐述）、转化（后句和前句论述的话题不相同）、举例（后句用举例的方式来支持前句观点）、解释（后句对前句进行了具体的解释和说明）、转述（后句是对前句维持原意变换句式或对象视角的表述）、并列（后句和前句是同一个陈述对象的不同方面或者是不同陈述对象之间的列举）、顺承（对前句按时间先后或逻辑顺序进行表述）。如2019年课标全国卷Ⅱ第1题的C选项“杜甫的诗歌涵括范围非常广泛，善于以变化的笔触，表现社会生活和人物情态”，选项表述是关于杜甫诗歌的内容的把握，相关信息在原文第二段：①就诗歌内容方面而言，杜甫更是无论妍媸巨细，悲欢忧喜，宇宙的一切人物情态，都能随物赋形，淋漓尽致地收罗笔下而无所不包。②如写青莲居士之“飘然思不群”，写空谷佳人之“日暮倚修竹”，写丑拙则“袖露两肘”，写工丽则“燕子风斜”，写玉华宫之荒寂，予人以一片沉哀悲响，写洗兵马之欢忭，写出一份祝愿之情。③其涵蕴之博与变化之多，都足以为其禀赋之博大、均衡与正常的证明。文段句群由三个句子组成：首句总述杜甫诗歌内容的广泛，第二句举例说明内容与笔触变化，第三句总结概括杜甫诗歌“涵蕴之博与变化之多”。据此可知，它们之间的句间关系：第一、二句是举例，第二、三句是概括。值得注意的是，第一句内部存在递进关系；第二句内部存在并列关系。由此可以判断，C选项是对前后三句话内容的提炼，故本选项正确。

另外，为了命题需要，句子一般通过确定阐述对象（文本概念或论述主题），进行语序的调整，着意突出对象，句法重视形式吻合，有完整的主语、谓语和宾语等成分。

解答“语序调整”命题，首先要选定选项对应的有效区间，在理解选项和原文语句内涵的基础上，再将选项中关键性词语与原文进行比对：一是与原文内容是否一致，二是与原文阐述角度是否一致，三是与原文判断是否一致。

3. 句群综合

一般来说，一个意义完整的段落由中心句和扩展句群构成。中心句即概括段落中心思想的句子。扩展句群则是围绕着中心句核心内容的或某种逻辑关系进行具体阐述的句子，其中的内容要素和逻辑关系正是命题点，如2017年全国卷Ⅰ第1题的C选项“气候正义中的义务问题，是指我们对后代负有义务，而且要为后代设定义务”。相关信息在原文第三段：①从时间维度来看，气候正义涉及当代人与后代之间公平享有气候容量的问题，因而存在代际权利义务关系问题；②这一权利义务关系，从消极方面看，体现为当代人如何约束自己的行为来保护地球气候系统，以将同等质量的气候系统交给后代，从积极方面看，体现为当代人为自己及后代设定义务；③就代际公平而言，地球上的自然资源在代际分配问题上应实现代际共享，避免“生态赤字”；④因为，地球这个行星上的自然资源包括气候资源，是人类所有成员，包括上一代、这一代和下一代，共同享有和掌管的；⑤我们这一代既是受益人，有权使用并受益于地球，又是受托人，为下一代掌管地球；⑥我们作为地球的受托管理人，对子孙后代负有道德义务；⑦实际上，气候变化公约或协定把长期目标设定为保护气候系统免受人为原因引起的温室气体排放导致的干扰，其目的正是保护地球气候系统，这是符合后代利益的；⑧至少从我们当代人已有的科学认识来看，气候正义的本质是为了保护后代的利益，而非为其设定义务。

从行文思路角度分析，该文段是按照“提出问题—分析问题—得出结论”的思路来阐述的，第①、②句是提出问题部分，第③～⑥句是分析问题部分，第⑦、⑧句是得出结论部分：第①、②句提出论证问题，指出“气候正义存在代际权利义务关系”这个论断并辩证分析“代际权利义务”内涵；第③句提出观点“代际分配应实现代际共享”，第④句进行原因分析，第⑤、⑥句承接前文联系实际深化认识；第⑦、⑧得出关于气候正义的本质结论。我们先将选项与原文进行比对分析可知，选项表述是关于气候正义的内涵的理解，命题信息集中在该段，是对原文概括和综合：“气候正义中的义务问题”对应原文①、②句，“我们对后代负有义务”对应原文③～⑥

句，“而且要为后代设定义务”对应原文⑦、⑧句。“而且要为后代设定义务”不合文意，由原文第三段中“气候正义的本质是为了保护后代的利益，而非为其设定义务”可知，并无权利“为后代设定义务”。

在解答这类选项对一个或几个段落的概括综合命题时，我们应该对原文段落内部行文结构或思路进行分析，把握段落论述对象以及中心主旨，抓住作者的核心观点。通过概括每句话的句义，分析句与句之间的关系，我们可以对选项做出判断。

三、论证分析

2017 年，高考语文全国卷论述类文本阅读客观题首次出现“论证分析题”。2020 年，新高考语文山东卷信息类文本阅读主观题首次出现“请简要梳理材料一的行文脉络”，2021 年，山东卷信息类文本阅读主观题出现“请简要分析材料一和材料二的论证思路”。这说明论证分析已成为信息类文本阅读命题的重要关注点。这种类型的试题不同于以往的信息分析题，它更注重把握文章的整体结构与分析思路。近几年高考对论证分析的考查呈现出如下特点。

1. 论证知识：静态向动态的转变

在高中语文教学中，“论证”一般指论证方法、论证结构、论点、论据等内容。论述类文本阅读常用的论证方法有举例论证、引用论证、对比论证、比喻论证、因果论证与类比论证等六大类；论证结构主要包括“横向展开议论”（并列结构）与“纵向展开议论”（递进结构）两种。

将 2017 年全国卷三套试卷的第 2 题 12 个选择项进行重组可以发现，共有 6 个选择项与论证结构有关。其中，全国卷Ⅰ的“逐层分析”“两个维度”，全国卷Ⅱ的“从民窑崛起、商业化等方面”，全国卷Ⅲ的“将乡村记忆分为两个方面”，都提示考生文章的整体或部分运用的是并列结构；全国卷Ⅲ的“逐层递进地论证”、全国卷Ⅱ对青花瓷崛起的原因与影响的分析，则暗示文章运用的是递进结构。

我们需要注意的是，题干并没有出现递进结构或横向展开议论等相关术语，同样的情况也出现在对论证方法的考查中。

全国卷Ⅱ的“通过瓷器的比较”、全国卷Ⅲ的“举例说明了甄选的标准”分别是对对比论证与举例论证的考查，但考查方式有异同之处：相同点是都对论证方法进行了隐性考查，即没有直接提出，而是通过关键词语如“举例”“比较”等提醒考生（与前面“论证结构类”相同，都是通过相关词语提示考生）；不同点是，全国卷Ⅲ的选择只考查是否运用了某论证方法，全国卷Ⅱ则考查某论证方法与结论的匹配度，即该论证方法能否为得出相关结论提供积极作用。

相比于2017年的静态考查，2018年全国卷的“论证分析题”则更多地表现为动态的、显性的考查。全国卷Ⅰ“文章采用了对比的论证手法，以突出‘新子学与历史上诸子之学的差异”“从逻辑到现实的顺序”及全国卷Ⅲ“文章区分了文明弹性的层面，也区分了城市体发展的阶段，论证结构清晰”，明确考查对比论证、论证顺序及论证结构等术语本身。

这种转变提示考生既要掌握论证知识本身，又要学会将其运用到实际的解题中去。因此，在复习备考时，学生要明确六类论证方法本身的特点与表述，理解并掌握两类论证结构的基本特征，通过分析一般论述类文本，把握论证的时间顺序、空间顺序与逻辑顺序。

2. 逻辑思维：论证分析的拓展

2018年，“论证分析题”的一个亮点是引进了逻辑学的基本术语，这在某种程度上拓宽了“论证分析”的外延，使考查内容并不局限于论证的基础知识。全国卷Ⅲ的“论证分析题”的C选项“文章注重分析具体概念的正反两面及相应的动态发展过程，具有辩证意味”及D选项“文章借助‘文明弹性的概念，论证了建构城市命运共同体的重要路径”，都提到了“概念”这个术语。“概念”本是逻辑学知识，是反映思维对象及其特有属性的思维形态。概念构成命题及判断，后者构成推理，可以说它是逻辑学的最小单位。

考查“概念”的学理依据何在？

《普通高中语文课程标准（2017年版）》提出的语文核心素养之一是“思维发展与提升”，要求学生“通过语言运用，获得直觉思维、形象思维、逻辑思维和创造思维能力的发展”。新的“课程目标”也明确要达到“运用基本的语言规律和逻辑规则，判别语言运用的正误，准确、生动、有逻辑地表达自己的认识”的“发展逻辑思维”的目标。在《2018年普通高等学校招生全国统一考试大纲（语文）》中，语文科的“论述类文本阅读”，亦有“注重文本的说理性和逻辑性”等相关表述。它们都要求“逻辑”，可见“概念”这个专业术语的提出是符合课程标准与考纲要求的。

2018年论述类文本阅读是如何考查“概念”的？我们以全国卷Ⅲ为例进行具体分析。

全国卷Ⅲ的文本摘编自陈忠的《城市社会：文明多样性与命运共同体》，文章论述的一个重要概念是“文明弹性”，它包含“空间弹性”“制度弹性”“意义弹性”三个子概念，整篇文章就是围绕这四个概念展开的，这是理解文本的基础。C选项“具体概念的正反两面”即暗示四个具体概念的正反面特征。例如“文明弹性”，文本既论述了其具有的各个方面的综合状态所表现的“动态和谐”特征，也说明了“松散、密集”等弹性不足的表现，因而具有一定的“辩证意味”，从这一点来说是可信的。但文章并没有论述这个概念的“动态发展过程”(随着时间而发生变化),因而是不可信的。这是从分析概念本身的特征来考查的。D 选项“通过……概念,论证了……”这个句式提醒考生,题干结合文本具体考查了概念的外延和作用。根据文本,“构建城市命运共同体”的重要路径就是理解并把握好上述三个子概念,这实际上也是需要注意的地方。

2020 年新高考山东卷第 4 题题干:请结合材料内容,给历史地理学下一个简要定义。此题采用“下定义”形式考查信息筛选概括和对重要概念的理解。

因此,在逻辑学领域,教师除了要让学生把握概念的内涵与外延,还要掌握下定义、划分等区分概念的一些重要方法,并根据文本帮助学生建构具体而完备的知识体系。

3. 立论前提:多元表达的演化

“论证分析题”除了对相关论证知识进行考查之外,也会考查全文的立论逻辑,包括立论的前提、基础与动机等,如 2017 年全国卷Ⅰ的“以气候容量有限为立论前提”。前提,在逻辑学领域,指在推理上可以推出另一个判断的判断,如三段论中的大前提与小前提。而我们说的“前提”一般指事物发生或发展的先决条件或因素。上述题干中的“前提”应指逻辑前提。根据文本,正因为气候容量是有限的,才需要气候正义,这与 2017 年全国卷Ⅲ“认为乡村与人的情感、记忆密切相关,这是文章论述的前提”旨归相同。

2018 年全国卷明确提出“前提”的是卷Ⅰ的 C 选项:“文章以中西思想交融互动为前提,论证‘新子学’接着讲的必要和可能”。文章说的“接着讲”以近代以来中西思想的互动为背景,它无法回避中西思想之间的关系。这说明“接着讲”的必要性的前提是中西思想的交融互动,其与前一年的考查方式是一致的。

在 2018 年的高考试题中,“前提”更多地演化为“基础”“动机”,如全国卷Ⅱ的 A 选项“文章以数字化记忆带来的威胁为立论的事实基础,论证了人被数据控制的危险”。虽然题干的表述由“前提”变成了“事实基础”,但两者的指向性是一样的。文章认为,大数据加速了人主体身份的“被数据化”,人成为数据的表征,这样会导致“‘我是与我喜欢’变成‘你是与你喜欢’”的危险。这里的“被数据化”实际上就是威胁的一种,也是文章的逻辑前提。只不过此种前提是一种基于事实的判断。

此外,全国卷Ⅱ的 C 选项将文章论证大数据对个人权利影响的可能因素归结为“重视个人隐私的写作动机”,这里的“动机”,我们看作事理前提,即先决条件或因素。文章第一段与第二段说,“被遗忘权”的出现会赋予数据主体自觉控制数据的权利,相对于“隐私权”,它表现得更为主动。因此,“写作动机”自然成为文章论述的前提，即如果没有对隐私权的注意与重视，那么所谓着重论证大数据对个人权利的影响似乎是没有必要的。

题干对文章“立论前提”的表达有多种，我们引导考生分析时不一定要进行如此细致的区分。领会题干的问题指向是复习、备考的第一要务。

掌握论证结构、论证手法等必备基础知识，明晰相近考点的多样化表达，理解逻辑学基本知识的渗透似乎只能为我们解决当前题型的有关问题提供参考。充分分析命题动向，把握命题规律才有可能真正理解“论证分析题”的奥义。除了上述考点的变化，2017 年全国卷Ⅱ的 C 选项还考查了论据的作用：文章论述青花瓷崛起，为中外交往推动明代社会转型的观点提供了例证。2018 年全国卷Ⅲ的 A 选项的“现实指向”及卷Ⅱ的 D 选项“数字化记忆可能带来的问题”，都跳脱了论证本身，转而关注文章的“现实”基础，这可能和这两年论述类文本的类型有关——与时事相关的学术论文愈发受到青睐。

当然，文本阅读还有可能从是否运用某种论证结构、论点与论证前提是否正确、结论是否合理（包括局部与整体）、论证方法与结论的匹配度、论据与结论的匹配度等角度进行更加细致的考查。在复习备考中，教师需要给考生讲清论证的基础知识，并通过文本具体理解、实践，如此才可能提高阅读与解题效率。

第三节　文学类文本阅读命题路径与应对策略

一、2017 年至 2021 年的高考文学类题设题情况

1. 选择题

选择题设题情况如表 5-2 所示。

表 5-2　选择题设题情况

题序	题目	考查点	语文素养
1	下列关于原文内容的理解，（不）正确的一项是	理解、分析综合能力	语言建构与运用、思维发展与提升、审美鉴赏与创造
2	下列对本文艺术特色的分析鉴赏，（不）正确的一项是		

2. 简答题

简答题设题情况如表 5-3 所示。

表 5-3　简答题设题情况

<table>
<tr><th>年份</th><th>卷别</th><th>题目</th><th>考查点</th><th>语文素养</th></tr>
<tr><td>2021</td><td>新高考Ⅰ卷</td><td>1. 王木匠讲石门阵时，多处使用反复手法，这种讲述方法有什么效果？
2. 小说中多次出现的“门”，在不同层面有不同含义，请结合文本加以分析。</td><td>分析叙事方式的作用、理解重要词语的含义</td><td rowspan="7">语言建构与运用、思维发展与提升、审美鉴赏与创造</td></tr>
<tr><td rowspan="4">2020</td><td>新高考Ⅰ卷</td><td>1. 本文记建水城时，在饮食描写上花费了大量笔墨，对此你如何理解？
2. 本文采用空间和时间两条线索行文，请分别加以简析。</td><td>考查学生理解重要语段在文中的作用、散文谋篇布局的能力</td></tr>
<tr><td>全国卷Ⅰ</td><td>1. 两人在喝完酒离开客栈前有一段一再相约的对话。请结合上下文分析对话者的心理。
2. 简要说明本小说的情节安排及其效果。</td><td>分析人物形象、鉴赏小说情节安排的能力</td></tr>
<tr><td>全国卷Ⅱ</td><td>1. 本文画线部分表达了老董怎样的心情？请结合本文简要分析。
2. 老董的匠人精神主要体现在哪些方面？请结合本文简要分析。</td><td>分析人物形象、发掘作品的人文精神</td></tr>
<tr><td>全国卷Ⅲ</td><td>1. 作者对儿时看火车经历的叙述很有层次感，请结合作品具体分析。
2. 从文章谋篇布局的角度，分析题目“记忆里的光”是如何统摄全文的。</td><td>分析散文结构层次、散文谋篇布局的能力</td></tr>
<tr><td rowspan="2">2019</td><td>全国卷Ⅰ</td><td>1. 本文是如何具体塑造“中国的脊梁”的？
2. 请从“故事”与“新编”的角度简析本文的基本特征。</td><td>分析人物形象、探究文章的基本特征的能力</td></tr>
<tr><td>全国卷Ⅱ</td><td>1. 请以老舞蹈师形象为例，谈谈小说塑造人物形象时运用了哪些表现手法。
2. 卢森堡公园苗圃在情节发展中有重要作用，这种作用体现在哪些方面？结合作品简要分析。</td><td>分析人物形象、探究情节作用</td></tr>
</table>

续表

年份	卷别	题目	考查点	语文素养
2019	全国卷Ⅲ	1. 小说中有多处景物描写，分析其功能。 2. 两个乘客为什么沉默？为什么小说首尾均有这一情节？	鉴赏小说环境作用、探究小说情节作用	语言建构与运用、思维发展与提升、审美鉴赏与创造
2018	全国卷Ⅰ	1. 小说写到赵一曼“拔俗的文人气质和职业军人的冷峻”，结合文章简要分析。 2. 小说中历史与现实交织穿插，这种叙述方式有何好处？结合作品简要分析。	鉴赏人物形象、小说叙述方式	
	全国卷Ⅱ	1. 结合二姐等人看有声电影的经过，简要分析小说所揭示的市民面对新事物的具体心态。 2. 小说运用多种手法取得幽默效果，举3处手法不同的例子，简要分析。	鉴赏人物形象、个性化阅读与创意解读	
	全国卷Ⅲ	简要分析先行者心理变化过程，结合本文，谈谈小说中“科学”与“科幻”之间的关系。	鉴赏人物形象、个性化阅读与创意解读	
2017	全国卷Ⅰ	1. 以“渴”为中心谋篇布局，有何好处？ 2. 小说以一个没有谜底的“美好的谜”结尾，有何艺术效果？	鉴赏小说情节、个性化阅读与创意解读	
	全国卷Ⅱ	1. 理解“窗子”的含义。 2. 作者交替使用“你”“我”，蕴含怎样的态度？结合文章分析。	理解重要词语的含义、个性化阅读与创意解读	
	全国卷Ⅲ	1. 分析划线句子的含义。 2. 本文语言充满生活气息，结合全文加以分析。	理解句子的含义、赏析作品的语言	

二、文学类文本阅读命题路径分析

全国高考三套试卷文学类文本阅读所选的文本主要为中外现当代小说和散文，以中国作品为主，直接选用原作或对原作删改，对分析综合、鉴赏评价、探究等层级不同的考点有不同程度的考查，通过“内容＋特色”“形象”“环境”“情节”“文本”等路径，主要命题点在故事情节、鉴赏人物形象、把握小说的表达技巧和语言风格等方面，同时注重考查考生对作品表现出来的价值判断和审美取向做出评价，鼓励考生从不同角度和层面发掘作品的丰富意蕴，探讨作品中蕴含的民族心理和人文精神，对作品进行个性化阅读和有创意的解读。

（一）命题路径之一："内容＋特色"

近几年，文学类第一小题设题形式以选择题为主，即要求考生根据文章和给定的4个选项，加以选择。全国卷Ⅰ、Ⅱ、Ⅲ均如此设题：下列对小说相关内容和艺术特色的分析鉴赏，不正确的一项是(选项略)。这是从选择的角度考查学生的鉴赏评析能力，要求学生做到在理解文章内容情节的基础上，或分析作品的体裁特征，或分析作品的表现手法等。

这种题型体现了综合考查的特点，要求学生从品味语言、梳理情节、辨析技巧以及作品主旨等多角度把握文本。高考小说选择题选项共性特点一般是“内容＋特色”。每个选项往往采用“写了什么”＋“怎样写的”“为什么这样写”方式命制，即显性表述(写了什么)＋隐性表达(怎样写的、为什么这样写)的选项命制方式。显性表述大多是文章内容的概括和转述，有利于解题时定位信息区间；而隐性表达则大多是关于艺术特色与主旨的理解分析，命题人常在隐性表达方面设置错误。命题人正是采用这种显性表述＋隐性表达的命题方式，让试题考查更具全面性(每一层次均可设题)、深刻性(考生能否真正理解文意)和可控性(既有解题指向又有深刻思维)。如2018年全国卷Ⅱ的C选项，“较为完整地描写了普通市民令人啼笑皆非的思想意识转变过程”错，二姐等人开始对有声电影无知，后来对有声电影进行不懂装懂的赞叹，从本质上看他们对有声电影这一新奇事物的认识并没有发生“转变”，因此并未描写其“思想意识转变过程”。

（二）命题路径之二："形象"

小说的核心任务就是塑造人物形象，通过人物形象来揭示社会生活，表现作品的主题。理解人物形象的文本意义，对把握小说的主旨尤为重要。为此，对人物形象的理解与分析一直以来都是高考小说文本考查的重点与热点。

1.“形象＋特征”

2020年全国卷Ⅱ第9题：“老董的匠人精神主要体现在哪些方面？请结合本文简要分析”。本题考查筛选并概括文中信息的能力。筛选答案时，要仔细审题，确定筛选标准、范围。一般来讲，人物在事件中的言行表现，往往就是筛选的重点；在筛选的基础上，对主旨或共性的东西加以提炼概括。2018年全国卷Ⅰ第5题：小说中赵一曼“身上弥漫着拔俗的文人气质和职业军人的冷峻”，请结合作品简要分析。本题先把赵一曼女士的性格特点进行总结，因此作答时要从文人气质和职业军人两个方面去提取其在文本中的细节描写或情节展现等相关信息。如文中关于人物喜欢丁香花的概述，表明情趣不俗；用大义与真情感化青年这一情节，也是赵一曼女士文人的气质的体现；而表现军人的冷峻的信息有遭严刑拷打而不屈服、笑对即将到来的死亡、充满母爱又不忘大义等情节。

2. “形象＋心理”

2020年全国卷Ⅰ第8题：“两人在喝完酒离开客栈前有一段一再相约的对话。请结合上下文分析对话者的心理”。本题考查分析人物心理的能力，需要学生紧密结合上下文和主人公的形象、动作、语言等进行分析。

2020年全国卷Ⅱ第8题：“本文画线部分表达了老董怎样的心情？请结合本文简要分析”。本题考查学生分析小说中人物心理情感及变化的能力。这种题型属于对人物形象的一种局部考查，作答时，首先通读文本，掌握小说情节变化，然后仔细揣摩文中对人物语言、肖像、心理等的刻画，从而把握小说中人物心理情感的变化。

2018年全国卷Ⅱ第5题：“结合二姐等人看有声电影的经过，简要分析小说所揭示的市民面对新奇事物的具体心态”。本题需要注意的是“新奇事物”指代有声电影，那么文章集中于有声电影的对话等便是体现人物具体心态的句子。如二姐，“不知为知之”“开开眼”表现了二姐等人由傲慢无知到从众、趋新的心态的变化；到了电影院后也不真的看电影，对有声电影胡乱做出“共识”评价，隐含的是二姐等人面对新奇事物时无所适从的焦虑不安。

2018年全国卷Ⅲ第5题：“简要分析先行者的心理变化过程”。本题明确问题着落点在“心理变化过程”，这就指向我们在情节发展的过程（开端、发展、高潮和结局）中人物心理描写的句段。先行者着陆之前，已经知道地球灾难的发生，心情复杂纠结；着陆后亲身感受到地球的荒凉，巨大的孤独感和绝望使他濒临崩溃；意识到画面有可能并非虚拟，重新燃起了希望。

3. “形象＋方法/手法”

2019年全国卷Ⅰ第8题：“鲁迅说：‘我们从古以来，就有埋头苦干的人，有拼命硬干的人，有为民请命的人，有舍身求法的人，……这就是中国的脊梁。’请谈谈本文是如何具体塑造这样的‘中国的脊梁’的”。解答此类题，我们首先要明确“中国的脊梁”的形象意义，即大禹形象的塑造，弘扬民族优秀文化精神。同时，我们要掌握常见的刻画人物的方法：正面描写包括肖像描写、心理描写、行动描写、语言描写、细节描写；侧面描写包括环境和次要人物的衬托等。

2019年全国卷Ⅱ第8题："请以老舞蹈师形象为例，谈谈小说塑造人物形象时运用了哪些表现手法"。题干的核心词有两个："以老舞蹈师形象为例""塑造人物形象时的手法"。解答此题时，我们应先明确人物描写手法——直接描写和侧面烘托，然后结合文中叙述性的语句，分析概括小说人物形象特点。

（三）命题路径之三："环境"

小说的环境作为小说三要素之一，是人物活动的场所，包括社会环境和自然环境。社会环境描写主要交代作品的时代背景，自然环境描写主要交代人物活动和事件发生的时间、地点、时令、地域风貌和气候等，也可以暗示社会环境。这也是我们高考常考的内容，考查考生筛选并整合文中信息的能力。

1. "环境＋概括"

2018年江苏卷第13题："小哥儿俩是在什么样的家庭环境中成长的？请简要分析"。本题要求分析人物所处的家庭环境，可以从客观情况（家有厨子和花园等）、家庭生活氛围（家有书房、经常看戏、注重教育等）和家庭成员的人际关系（尊重孩子、兄弟友爱、主仆融洽等）等角度概括并分析。

2. "环境＋作用"

2019年全国卷Ⅱ第9题："卢森堡公园苗圃在情节发展中有重要作用，这种作用体现在哪些方面？结合作品简要分析"。分析环境描写的作用一般从环境的渲染、情节的发展、人物形象的刻画、主题的暗示等角度考虑，但题干中要求分析卢森堡公园苗圃"在情节发展中的作用"，指向性特别明显，解答此题，重点分析环境与情节的作用即可。

2019年全国卷Ⅱ第8题："小说中有多处景物描写，分析其功能"。此题考查学生分析小说环境描写作用的能力。题设考查两点。第一点是社会环境描写的主要作用：交代作品的时代背景。分析社会环境描写必须结合时代背景，指出文段中环境描写的相关语句揭示了什么样的社会现实。第二点是自然环境描写（景物描写）句的主要作用：交代故事发生的时间、地点、天气，表现地域风光，提示时间、季节和环境特点；渲染气氛，烘托人物形象（或人物心情、感情），奠定感情基调；推动故事情节的发展，为下文作铺垫；暗示社会环境，揭示社会本质特征，也就是交代背景；揭示人物心境，表现人物性格；象征暗示作用；揭示或者深化作品主题；给读者带来一定的审美愉悦等。

（四）命题路径之四："情节＋结构"

高考小说阅读中的情节类题是比较常考的题型，这类题型的小说用以表现主题或人物性格的一系列有组织的生活事件，考查主要是从分析作品结构入手的。

2019年全国卷Ⅲ第9题："两个乘客为什么沉默？为什么小说首尾均有这一情节？"。此题前一小问考查学生筛选整合文中信息、把握文章内容、分析小说重要语段的作用的能力。后一小问是理解情节的作用，一般从内容和结构两方面分析。开头段的作用：交代事情发生的地点或背景，增加事情的真实性；总领全文；点题；奠定感情基调；推动情节发展；反映人物的性格或品质；制造悬念，引起阅读的兴趣。中间段的作用：承上启下，照应铺垫。结尾段在结构方面的作用：总结上文；首尾呼应，使文章结构完整；照应题目或照应开头等。结尾段在内容方面的作用：画龙点睛、点明中心或深化中心；抒发作者的情感；表现人物的品质、精神或性格；言有尽而意无穷，留下想象的空间；引起读者注意、思考等。

（五）命题路径之五："文本"

高考命题的"文本"这个路径主要有以下几类。

1．"文本＋语言"

小说语言考查有两个方面：一是"理解文中重要句子的含意"；二是"体会重要语句的丰富含意，品味精彩的语言表达艺术"。这两个方面从小说命题实际来看，可作为两大题型：一是体会重要句子的含意，二是品味语言艺术。前者侧重理解，后者侧重赏析。

鉴赏小说语言往往立足于遣词造句、修辞手法和语言风格三个方面。遣词造句着眼于小说文本中的词句，选取文中富有内涵的语句，加以引导，可以帮助学生体会其背后的丰富含意。修辞手法着眼于小说文本中的句段，是小说阅读中表现手法的重要内容，是我们在语段赏析时应着重掌握的知识点。语言风格是指小说整体的语言特色，具体又可以分为小说中的人物语言特色和叙述语言特色。常见的语言风格有自然、华丽、幽默、辛辣、简洁、口语化、有地方色彩等。

如2018年全国卷Ⅱ第6题："小说运用多种手法取得幽默效果，举3处手法不同的例子，简要分析"。本题主要考查考生品味语言和表达艺术的能力，解答时，可以先在文本找出具有幽默特色的语句，分析其所用的手法。如第1段的"知之为知之，不知为知之"，改换自经典语句"知之为知之，不知为不知"，幽默风趣。第4段，写人们找东西，写找寻的次数和时间，滑稽可笑；第8段，"既来之则安之"是书面语，"打了票""而又愿坐在一块儿"是口语，书面语和口语混合，颇有趣味。另外，文本还运用了排比、反语、夸张等修辞手法，也产生了幽默风趣的效果。

2.“文本＋表达技巧”

对表达技巧的评价鉴赏，就是分析文章运用了哪些表达技巧，表达了什么内容，达到了什么艺术效果等。小说的表达技巧，具体来说，一是表达方式(主要是叙述与描写)，二是修辞手法，三是表现手法，四是布局谋篇。其中，叙述主要对叙述人称、叙述方式、叙述角度进行考查。

2018 年全国卷Ⅰ第 6 题：“小说中历史与现实交织穿插，这种叙述方式有何好处？结合作品简要分析”。本题要求“好处”落在“历史与现实”，思考历史和现实之间的联系去分析这种叙述方式对人物形象塑造、表达效果以及主题的表现等方面。从人物形象上看，这种叙述方式将史料与现实中的赵一曼交相呼应，丰富人物形象；表达效果上，这种叙述方式使艺术描写更真实；主题上，这种叙述方式既能表现当代人对赵一曼女士的尊敬之情，又能表现“赵一曼精神”的当下意义，使主题内蕴更深刻。当然，小说的表达技巧是多方面的，回答此类问题，首先要明确用了什么表达技巧，其次要回答这种表达技巧有何作用、好处或效果，并结合文本加以分析。

3.“文本＋整本书”

2019 年全国卷Ⅰ：《理水》是鲁迅小说集《故事新编》中的一篇，请从“故事”与“新编”的角度简析本文的基本特征。设题着眼于“文本＋整本书”阅读，要求从“故事”与“新编”的角度简析文本的特征，不仅交代了“故事”的叙述方式，而且指出其“新编”的特点。在《理水》中，鲁迅一方面依据史有所载的神话传说，塑造了上古时代治水英雄大禹的形象，同时又大胆突破传统历史小说的形式规范，将 30 年代中国社会形形色色的丑陋乖讹现象披上历史的外衣，讽刺性地嵌入上古时代的神话氛围里，刻画了文化山上的学者教授、视察大员、水利局官吏等众多喜剧角色，组成了一个古今杂糅的怪诞世界。此外，文本的“新”还体现在语言的运用上，在讲历史故事的同时揉进了诸如“水利局”“时装表演”“摩登”等现代新词，尧舜的天下不仅有满嘴外语，以做学问谋生的学者，还有幼稚园、飞车等古代根本不存在的事物。鲁迅有意将现代话语和事物植入古代的时空环境，使时间错综交叉，呈现出非古非今、亦古亦今的特征，使文本的结构呈现出反讽的艺术形态。

4.“文本＋文学理论”

2020 年全国卷Ⅰ第 9 题：“海明威的‘冰山’理论将文学作品同冰山类比，他说：‘冰山在海面移动很庄严宏伟，这是因为它只有八分之一露在水面上。’本小说正是只描写了这露出水面的八分之一。请据此简要说明本小说的情节安排及其效果”。本题从文学“冰山”理论角度考查分析小说情节手法和作用的能力，需要学生紧密结合文本，从小说的情节构成、情节手法、人物形象、读者效果等角度进行分析。

2018年全国卷Ⅲ:结合本文,谈谈小说中“科学”与“科幻”的关系。题目直接将“科学”“科幻”概念性词语设题。考核点是文学体裁,是科幻小说的本质特点,即概念定义:用幻想的形式,表现人类在未来世界的物质精神文化生活和科学技术远景,其内容交织着科学事实和预见、想象;通常将“科学”“幻想”和“小说”视为其三要素。归结到底,这样的题干,非常明确地指向“文本+文学理论”阅读,需要考生具有宽泛的文学视野和扎实的文学修养,估计考生的答题难度较大。但是,科幻小说要讲科学,科幻小说又要突破现有科学成就的限制,科幻小说要将科学与幻想有机结合,这样基本可以完成答题。

总之,综合近几年新高考命题来看,文学类文本的考查有变难的趋势,在文学鉴赏能力水平上有更加高的鉴赏要求。这就要求我们在备考过程中,要加强对不同类型的作者、不同题材的文学类文本的阅读积累,培养基于文本形成“路径”的理解分析能力。

三、文学类文本阅读应对策略

教学实践中,不少学生作答高考文学类文本阅读主观题时,常常答不准、答不全,甚至不会答。为了提高学生的答题能力,不少教师在指导学生理解文本和丰富答题模板方面下足了功夫,但在学生读题能力提升方面却没有足够重视或缺少有效措施。事实上,答题能力与读题能力密切相关,提升读题能力,对高考备考具有十分重要的意义。

(一)以审读题干“三语”信息为途径

敏锐的审读能力,表现为既有良好的文本语感,又能敏锐地捕捉命题意图,不仅要能读准试题中的核心信息语言,也要能读懂试题考查目标指向。就效能方面来看,试题核心信息语言多表现为“三语”:指令语、限制语和导引语。抓住试题中的“三语”,很容易快而准地把握住试题中的学科素养考查目标指向。“读准”和“读懂”的联系如图5-1所示。

指令语,是试题中要求答题者对文本内容进行某种操作的任务性语言,包括操作行为和操作对象等内容。操作行为一般表现为梳理、概括、说明、理解、分析、鉴赏和评价等,操作对象则包括形象、意蕴、作用、缘由、主旨、手法和文本特征等方面的内容。读题首先是要能读懂指令语,读懂试题任务方向。何兆熊教授指出,指令性语言行为的要旨是说话人试图在不同程度上使听话人去做某事或不做某事,适从方向是使听话人的行为适从话语,例如下面几个问题:

1. 两个乘客为什么沉默?为什么小说首尾均有这一情节?请结合全文分析。

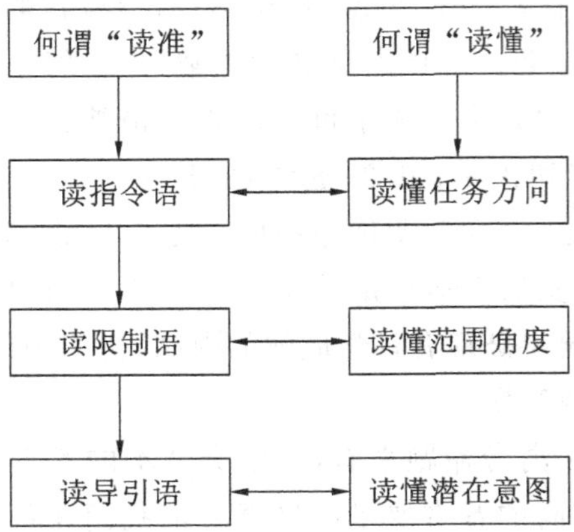

图 5-1 “读准”和“读懂”的联系

（2019 年全国卷Ⅲ第 9 题）

2. 作者为什么说“你在没有走进这些胡同人家之前，关于北京文化的理解，是不便言深的”？请结合上下文具体说明。（2019 年北京卷第 20 题）

3. 结合故事情节，概括“我”的形象。（2019 年浙江卷第 11 题）

这三道试题分别从不同方面下达了明确的作答指令，如表 5-4 所示。

表 5-4 指令语

试卷试题	指令语	
	操作行为	操作对象
2019 年全国卷Ⅲ第 9 题	分析	为什么沉默（缘由）、为什么有这一细节（作用）
2019 年北京卷第 20 题	具体说明	作者为什么说（缘由）
2019 年浙江卷第 11 题	概括	“我”的形象（形象）

我们从上表可以看出，全国卷Ⅲ、北京卷、浙江卷的试题分别对作用、缘由、形象三种不同对象下达对应的操作指令：分析、说明、概括。学生读题时如果能把握住这类指令语，也就准确把握了作答任务和方向。

限制语，是试题下达指令时对操作行为或操作对象做某些特定限制的语言，一般包括文本区域范围和操作行为执行角度等。限制语的使用，不仅为作答规划了路径，也为试题测量与评价提供了依据。例如上文列举的全国卷Ⅲ第 9 题和北京卷第 20 题，两道试题就分别使用“结合全文”“结合上下文”的限制性语言规定了操作行为的文本区域。又如，下表中，两道试题在下达作答指令之前，也都使用了限制语对相关操作做出明确限制，如表 5-5 所示。

表 5-5　限制语

试卷试题	限制语		试题指令
	文本区域范围	操作行为执行角度	
卢森堡公园苗圃在情节发展中有重要作用，这种作用体现在哪些方面？请结合作品简要分析。（2019 年全国卷Ⅱ第 9 题）	结合作品	在情节发展中	简要分析（作用）
《理水》是鲁迅小说集《故事新编》中的一篇，请从“故事”与“新编”的角度简析本文的基本特征。（2019 年全国卷Ⅰ第 9 题）		从“故事”与“新编”的角度	简析（本文基本特征）

本文区域限制比较容易把握；操作行为执行角度限制相对难一些，它往往需要通过与其他潜在角度进行比较来理解和把握。如 2019 年全国卷Ⅰ第 9 题对“简析”这个操作行为进行的角度限制，需从“故事”与“新编”的角度而不是从语言风格、情节设置等其他角度来作答。读题训练引导学生读懂这类限制语，不仅可以极大地提高作答的精准度，也可以极大地提升深刻性、敏捷性、灵活性、批判性和独创性等思维品质。

导引语，是试题在下达指令前设置的引导思维的情境化语言，导引语中常以某个或某几个关键词来传递命题意图、暗示作答范畴等。如 2019 年全国卷Ⅰ第 8 题就采用了“导引句＋指令句”的命题方式，在下达指令“请谈谈本文是如何具体塑造这样的‘中国的脊梁’”之前，先用“鲁迅说：‘我们从古以来，就有埋头苦干的人，有拼命硬干的人，有为民请命的人，有舍身求法的人，……这就是中国的脊梁。’”进行导引。删除导引句本题似乎也能成立，但实际上导引句中的“埋头苦干”“拼命硬干”“为民请命”“舍身求法”等关键词正暗示作答方向，即需要从文本内容中找出相关证据材料支撑这个观点，从而完成试题思维层面的考查目标。

（二）以专题整合与试题编创方式为催化

1. 构建专题，对比异同

为了牢固掌握读题要领，更高效地引导学生读懂试题考查目标，教师可以把近年来各套高考试题按考点予以梳理整合，对比异同，强化训练，从而催化学生读题能力的提升。根据新课标，文学类文本阅读大致可梳理为“形象、意蕴、作用、缘由、主旨、手法和文本特征”7 大常规专题。例如形象类专题，我们可以梳理出下面三道试题：

(1) 请以老舞蹈师形象为例，谈谈小说塑造人物形象时运用了哪些表现手法。(2019 年全国卷Ⅱ第 8 题)

(2) 文中的老祖母是一个怎样的形象？你认为这一形象对萨丽娃有什么影响？(2019 年天津卷第 18 题)

(3) 请简要分析表姐这一人物形象。(2019 年江苏卷第 13 题)

上面三道试题，虽然都是围绕人物形象命题，但通过对比其指令语、限制语、导引语，很容易就能读出各题在人物形象方面考查目标的差异。全国卷Ⅱ侧重考查理解塑造人物形象的表现手法，以及“以老舞蹈师形象为例”的文本梳理能力；天津卷侧重考查对人物形象的概括能力和对形象价值的理解能力；江苏卷侧重考查对形象的理解和分析能力。通过设置专题进行对比，读题可以获得更直观的感受。

2. 编创试题，体验异同

读题训练除构建专题同类对比外，也可以通过增删词句的方式对某一道试题进行改编，或者就试题考点重新创制试题，然后对比体验其考查目标的异同。例如 2019 年北京卷第 21

题，试题核心部分由三句话构成：第一句为“作者久居北京，北京文化既有亲切的感性体验，又有学者自觉的理性思考”；第二句为“作者从提笼架鸟的老人、窗外的西山、浏亮的鸽哨声等生活细节感知这座城市的文化精神”；第三句为“试借助这种由表及里的感知方式，来谈谈你对自己所生活的周边世界(如城镇、社区、学校、家庭等)的认识与思考”。这道试题题干很长，信息量也非常大，考查目标和作答要求不易把握。但如果对试题进行改编，逐一删去三句话并与原题比较，就很容易发现命题潜在的信息点，第一句要求写出“感性体验”和“理性思考”，第二句要求从“生活细节”感知，第三句要求借助“由表及里的感知方式”；再综合本题核心信息“北京文化”，全面精准作答就不难了。

总之，鉴于高考评价体系下的测评题目以具体的情境为载体，设计典型任务来考查考生语文素养水平，那么通过品读试题中的指令语、限制语、导引语来培养读题能力，把握命题意图就显得十分必要。同时，新高考命题指向阅读与鉴赏、表达与交流、梳理与探究三大方向，按考点方向整合专题与编创试题，也可大大提高读题的针对性，促进读题能力的提升。

第四节　诗歌鉴赏命题规律与应对策略

一、题材、考点、考向

近五年高考诗歌鉴赏命题的题材、考点、考向如表 5-6 所示。

表 5-6　近五年高考诗歌鉴赏命题的题材、考点、考向

年份	卷别	篇目/体裁/题材	考点	考向
2021	新高考Ⅰ	《寄江州白司马》	评价作者的观点态度	情感态度
	全国甲卷	《和南丰先生出山之作》	评价作者的观点态度	情感态度
	全国乙卷	《鹊桥仙·赠鹭鸶》	鉴赏诗歌的语言	艺术风格
2020	新高考Ⅰ	《赠别郑炼赴襄阳》/唐诗五律/赠别诗	鉴赏诗歌的语言、形象意蕴、艺术风格、构思	综合考查
			评价作者的观点态度	思想情感
	课标全国Ⅰ	《奉和袭美抱疾杜门见寄次韵》/唐诗七律/即事抒怀	鉴赏诗歌的语言、形象意蕴、艺术风格、构思	综合考查
			评价作者的观点态度	思想情感
	课标全国Ⅱ	《读史》/宋诗七律/说理诗	鉴赏诗歌的语言、形象意蕴、艺术风格、构思	综合考查
			评价作者的观点态度	情感态度
	课标全国Ⅲ	《苦笋》/宋诗七律/咏物诗	鉴赏诗歌的语言、形象意蕴、艺术风格、构思	综合考查
			评价作者的观点态度	思想情感
2019	课标全国Ⅰ	《题许道宁画》/宋诗五律/题画诗	鉴赏诗歌的语言、形象	意蕴、艺术风格、构思
			评价作者的观点态度	尾联含义、观点
	课标全国Ⅱ	《投长沙裴侍郎》/唐诗七律/干谒诗	鉴赏诗歌的语言、表达技巧	句意理解
			鉴赏诗歌的表达技巧	抒情方式
	课标全国Ⅲ	《插田歌（节选）》/唐诗五言/田园诗	鉴赏诗歌的语言、表达技巧	诗句含义
			鉴赏诗歌的语言	语言风格

续表

年份	卷别	篇目/体裁/题材	考点	考向
2018	课标全国Ⅰ	《野歌》/唐诗七律/即事抒怀	鉴赏诗歌的语言、表达技巧	诗句含义、表达技巧、思想情感
			鉴赏诗歌的语言	尾联含义
	课标全国Ⅱ	《题醉中所作草书卷后（节选）》/宋诗七言/即事抒怀	鉴赏诗歌的思想内容	诗句含义、思想情感
			鉴赏诗歌的形象	意象作用
	课标全国Ⅲ	《精卫词》/唐诗七言/咏物诗	鉴赏诗歌的语言、表达技巧	诗句含义、语言风格、构思
			评价作者的观点态度	构思
2017	课标全国Ⅰ	《礼部贡院阅进士就试》/宋诗七律/即事抒怀	鉴赏诗歌的语言、表达技巧	诗句含义、表达技巧、思想情感
			鉴赏诗歌的语言	语言风格
	课标全国Ⅱ	《送子由使契丹》/宋诗七律/送别诗	鉴赏诗歌的表达技巧	典故理解
			鉴赏诗歌的形象	诗人性格特点
	课标全国Ⅲ	《编集拙诗，成一十五卷，因题卷末，戏赠元九、李二十①》/唐诗七律/即事抒怀	鉴赏诗歌的语言、表达技巧	诗句含义、语言风格、构思
			评价作者的观点态度	情感态度

二、古典诗歌试题特征分析

（一）朝代特征

近几年来全国卷中时代命题率最高的就是唐、宋两个朝代，诗歌以唐宋诗词为主，尤其是宋朝诗词。经过调查，自从运用新课程，宋朝诗词就占了所有朝代诗词的56.34%，而唐朝诗词则占了26.76%，这说明，这两个朝代是受到高考诗歌鉴赏题型的极度青睐的。为何高考诗歌鉴赏如此重视这两个朝代呢？原因主要是这两个朝代是我国诗歌发展的巅峰时期，同时，这两个朝代的诗词无论是在整体的表现手法上还是思想内容的展示上，都具有较高的欣赏价值。尤其是宋代诗词，继唐朝的诗歌发展后，宋人在其基础上进行拓展，并将自己的独特见解融入其中，另辟蹊径，进行多方面的尝试。

（二）作者特征

通过将近几年高考语文卷中所出现的诗歌进行统计，我们有这样的发现——作者的重复率极高，其中不乏学生在高中课堂了解的著名诗人，当然，也有高中课本中未出现过、未涉及的诗人。综合统计近五年的高考语文考题发现，全国卷不会避开名家名作，其中出现的诗人有杜甫、李白、岑参、李贺、欧阳修、苏轼、陆游等。这些诗人均是学生较为了解的、课本中经常出现的诗人，所以高中阶段教师应帮助学生深入了解这些作者。当然也有学生不熟悉的诗人，但是近 5 年，学生不熟悉的诗人很少出现，即便出现，也会在题干或注释中做相应的暗示。这也就说明了教师在日常教学中，虽不能一味地对名家、名篇进行关注，但不得不说的是，名家、名篇必须重点关注，不然会导致常规思维陷入窘境。因此，为了避免在高考中陷入进退两难的地步，学生应该拓展自己的阅读视野，重视日积月累的功用，提前为高考做好准备。

（三）选材特征

在近五年的全国卷中，诗歌鉴赏的选材范围几乎将古代诗歌的所有类别都涵盖了，而这其中，又以写景抒情居多。2017 年全国卷Ⅰ欧阳修的《礼部贡院阅进士就试》流露出一种惜才爱才的真挚感情，也表达了要为国家选出真才的责任感和使命感。2018 年全国卷Ⅰ李贺的《野歌》流露出一种虽感叹不遇于时，但不甘沉沦的乐观、自勉之情。2019 年全国卷Ⅱ杜荀鹤的《投长沙裴侍郎》这首自荐既表达了对裴侍郎的仰慕之情，以期获得识拔，又树立了自己“男子受恩须有地，平生不受等闲恩”的高洁的品质、志向高远的形象。2020 年新高考山东卷杜甫的《赠别郑炼赴襄阳》情感复杂而多变，由自伤到不舍，再到宽解与希望，几番转折，表达婉曲。2021 年新高考山东卷杨巨源的《寄江州白司马》这首寄赠诗委婉地表达了对白居易出入佛寺的关切以及劝告，含蓄地劝诫友人不要轻易产生逃避、厌弃官场的情绪，表达前途无量的勉励之意。

由此可见，这些诗歌既有对“小我”的情感表达，又有对“大我”的关照，把个人置于家国之中，抒发文人踌躇满志、报效朝廷的爱国之情，或是歌颂国家政治清明，或是抒发戍守边关之苦，是高考试题在情感方向的鲜明特征。可以预见，今后所选内容仍会紧跟时代脉搏，“旧”中体现“新”意，体现新时代的社会价值取向。

（四）体裁特征

通过对高考语文卷中的诗歌进行梳理，我们不难发现：律诗（包括五言、七言）

考得较多,占总数的45.07%;其次是词,占总数的26.76%;绝句近五年仅出现过一次(2014年全国卷出现两首绝句的对比阅读)。全国卷主要以诗为主,未来的高考或许会延续这几年的风格。

(五)题型特征和考查内容

2017年以前诗歌鉴赏为两道主观题,从2017年开始,题型发生变化,变成一道客观题,一道主观题,2018年以后的试题继续沿用这种题型。考查范围变广,形象、语言、表达技巧、思想内容在选择题中都有涉及,但因为是客观选择题,所以难度有所降低。鉴赏诗歌的思想内容和情感是必考内容,表达技巧也是重点。由此可以预见,今后命题仍会延续这样的题型,同时也不排除比较阅读题型,让学生拿已学过的诗歌与题中诗歌进行比较,多方面考查学生的鉴赏能力。

三、应对策略

读懂诗歌是鉴赏诗歌的前提。对于命题者来说,如何引导考生先读懂后鉴赏,命题的导向至关重要。对于考生来说,能否全面理解、深刻领悟作品的内容和技巧,读懂诗歌极为关键。因此,教师必须帮助学生克服轻读诗、重做题的倾向,让他们沉下心来,反复咀嚼诗歌文字,仔细揣摩作者表达的思想情感。

在考场上,究竟怎样才算读懂了一首诗歌呢?一是明白表层意思:能翻译出大意,把握时间、地点、人物、事件、景物等基本内容。二是领会深层意思:能看出写了什么意境(形象、氛围)、表达了什么情感(情绪、心境)、反映了什么思想(态度、观点)等。

(一)标题切入

标题是解读诗歌内容和形式的关键。标题是诗歌的眼睛,是诗歌内容形式等丰富信息的载体,有的标题概括了作品的重要内容,有的标题揭示了作品的线索,有的标题奠定了作品的感情基调,有的标题揭示了写作的时间、地点、对象、事件、主旨等,有的标题交代了诗歌的题材、体裁。从标题切入,就是要把握住这些丰富信息。

(二)细读正文

诗的正文是阅读的核心,也是读懂诗歌的关键所在。这个环节是以平时的积累和素养为基础的,不过,在方法上还是有以下两个关键点。

一是懂得古诗的基本特点和章法结构。

1. 基本特点：情景结合

古人云：作诗无他端，只“情”“景”二字。我们读诗、赏诗也一样，只要抓住了“情”

“景”，就等于抓住了“牛鼻子”。在正常情况下，旧体诗、词的基本章法是先写景、后抒情。对于近体诗来说，绝句的一、二两句，律诗的一、二两联，词的上片是写景部分；绝句的三、四两句（尤其是末句），律诗的三、四两联（尤其是尾联），词的下片是抒情部分。而词，又特别强调上下片之间的过渡（过片）。当然，也有少数诗作是先抒情后写景的。

情景结合不仅要注意其顺序，更要注意情与景之间的关系：

① 前后内容（即写景与抒情）是对应一致的，如乐景乐情、哀景哀情；

② 前后内容（即写景与抒情）是相关、相反、相衬的，形成虚实相衬的关系，如乐景衬哀情、明景衬暗情等。

2. 章法结构（近体诗）：“起承转合”

近体诗的写作思路一般为“起承转合”。理解了这个特点，我们可以读懂诗的层次脉络、大体内容，甚至可以轻松地做一些试题。

“起承转合”是古人写诗填词所遵循的章法结构。“起”即开篇，“承”是对“起”句的承接、拓展，“转”是诗意的跳宕转折，“合”是收束全诗。

1)“起”

在古诗词中，“起”句就是开头，或写景，或叙事，或抒情，或议论，方式多样。其作用主要有两种：①点明题旨、统领全诗、奠定感情基调；②托物起兴、烘托铺垫、渲染映衬。

2)“承”

在古诗词中，“承”句或写景，或叙事，或抒情，或议论，与“起”句自然衔接，是“起”的延伸、拓展。“承”的形式有总接、分承、明顺、暗接、欲扬先抑、欲抑先扬等。其主要作用有承上启下、铺垫下文等。

3)“转”

在古诗词中，“转”句在绝句里是第三句，在律诗中指颈联，在词中多指过片。“转”句十分关键，往往由物及人、由景及情、由事及理、由浅入深、从正到反，思路的转换体现诗意的跳宕转折。抓住“转”句特点对解读诗意也很关键。

4)“合”

在古诗词中，“合”是结句，全诗不论写景、抒情、叙事、阐理，“合”句水到渠成，往往是诗歌主旨或诗人感情的凝聚之处。“合”句的作用一般有三种：①呼应开篇或诗题，圆合首尾；②对比前文或总结全诗，卒章显志；③以景结情，含蓄蕴藉，余味无穷。古诗词“合”的方式有很多,但基本上分为两类:一是直笔明接,即直接抒情、言志、阐理;二是曲笔收束,用折射、暗示、象征等手法曲折表达作者的感情、寄托诗歌的主旨。

3. 利用律诗中间两联的对仗特点理解诗意和艺术手法

对仗,就是对偶,只在律诗中称“对仗”。对仗从内容角度可分为正对、反对、串对三种。正对是指上下句从两个不同角度来说明同一个道理,如李白《登金陵凤凰台》中的“吴宫花草埋幽径,晋代衣冠成古丘”,从两个时代的角度抒发人事代谢、怀古伤今之情。反对是指上下两句意义上对立,如高适《燕歌行》中的“战士军前半死生,美人帐下犹歌舞”,就是把军中战士和将帅的两种生活放在一起,构成反差,从而抒发忧愤之情。串对是指构成对偶的上下两句在语意上有承接、因果、假设等各种语法关系的一种对偶形式,亦称“流水对”或“走马对”,如杜甫《闻官军收河南河北》中的“即从巴峡穿巫峡,便下襄阳向洛阳”,说的是从四川出三峡而北上的行程,前后一贯,又有次序。分清对仗种类,可以更好地理解诗的内容。另外,律诗上下句词性相对、结构相同的形式特点还可以帮助我们理解诗句的意思。

二是细读细品,读懂字里行间的思想感情。

中国古典诗歌大都篇幅短小,语言高度凝练、概括、含蓄而有跳跃性。因此,读诗时千万不能匆匆一扫而过,而应一个字一个字地品读,边读边想其意,力求还原诗歌画面。学生要在坚持从整体到局部,再从局部到整体,反复读、读反复的阅读原则的基础上,抓住以下两个重点。

(1) 品读意象。意象是意中之象,是客观物象经过诗人的感情活动而创造出来的独特形象。意象就是诗歌看得见的灵魂,抓住一首诗的意象就等于获得解读该诗的一把“金钥匙”。

(2) 品读主观色彩较浓的词句。从传达诗歌情感、主旨的程度上看,关键词有显性与隐性之分。显性关键词是可以明显看出诗歌情感类型的词语,如包含“愁”“怨”“愤”“恨”“忧”“凄”“喜”“乐”“思”“怜”“泪”“闲”“怆”“怅”等字眼的词语,这些词语多为动词或形容词,表意功能明显,大多数情况下决定了诗歌抒情的方向和基调,这种语言叫“情语”,是需要在第一时间予以关注的。值得注意的是这些“情语”有时藏在“景语”等其他语言之中:“细草微风岸,危樯独夜舟”中的“独”就是情感语言,揭示诗人的孤独感;“独行穿落叶,闲坐数流萤”中的“独”“闲”就是情感语言,揭示诗人的孤独、无聊之感。隐性关键词在传达情感、意图时较为含蓄、间接,但也至关重要。描摹景、物、事、人等要素的词语一般是隐性关键词,它们虽然不是诗眼,但能暗示作者的思想感情,这种语言叫景物语。另有一些典故语,需要通过挖掘典故的本义来探寻作者的用意;含有表达技巧的语言(如拟人、比喻、双关、反语、借代等),需要还原基本义。还有一些表情态、语气的虚词,如“但”“惟”“空”“又”等,也是应该引起注意的隐性关键词。每一首诗都有关键句,这些句子往往透露出作者的感情、感悟、观点态度等,读懂了这些句子也就较容易理解诗词的主旨。如《梦游天姥吟留别》中的“安能摧眉折腰事权贵,使我不得开心颜”就揭示了本诗的主旨。又如《琵琶行》中的“同是天涯沦落人,相逢何必曾相识”就表达了诗人的沦落天涯之恨。再如《兵车行》中的“边庭流血成海水,武皇开边意未已”既揭露了战争给人民带来的巨大苦难,又指出了苦难的根源,概括了本诗的主旨。需要特别说明的是,卒章显志是古诗词常见的写法,古诗词常在末尾两句点明主旨,阅读时应该重点关注。

(三)挖掘暗示信息

诗歌中有许多提示性、暗示性信息,如注释和题干等,这些信息很重要,有的还可能是解题的关键。

1. 作者信息的暗示

要真正读懂一首诗,必须知人论世。“知人论世”就是说要了解诗人的思想性格、生活经历、风格流派及诗歌创作的时代背景、目的等。读诗时,学生必须注意诗人的遭遇、境况,注意诗人所处朝代的国势、朝政等方面的问题。知道了“人”与“世”,才能准确把握诗歌的思想感情。

这方面的信息,有的古代诗歌考题会提供相关的注释。有的诗歌属于名家名篇,不再加注,需要从平时积累的知识中回忆提取,如陶渊明淡泊名利、诗风恬淡,杜甫忧国忧民、诗风沉郁,李白傲岸不群、诗风潇洒,辛弃疾、陆游、文天祥面对国难,忧心如焚、慷慨悲壮。王维的多才多艺、能诗、精通书画和音乐,决定了他的诗的风格为“诗中有画,画中有诗”;信奉佛教,决定了他后期对现实的漠不关心。苏轼思想复杂,儒、释、道三种思想既矛盾、又统一地渗透到他世界观的各个方面,决定了他多次被贬仍能表现出豁达、乐观的精神境界。

2. 注释的暗示

高考所选诗歌的题材多种多样,大多附有注释。注释有时介绍疑难词语、地名,帮助考生读懂诗句;有时介绍写作背景,暗示考生诗歌的思想主旨;有时介绍相关诗句,暗示考生诗歌的用典或意境;有时介绍作者,暗示考生诗歌的思想情感或写作风格。

3. 题干的暗示

题干,即命题的语言文字,包括三大要素:指向要素(回答什么问题)、解说要素(解释题目要求)、限制要素(哪一联、哪一句等)。抓住题干的暗示信息可以帮助学生进一步读懂诗歌,这也叫"借题解文法"。如2015年高考安徽卷第8题:这首诗前六句描写了月圆之夜的哪几幅画面?请用简洁的语言进行概括。题干中"前六句描写了月圆之夜"已经把该诗前六句所写的内容告诉学生了。

第五节　语言文字运用命题路径分析与应对策略

教育部考试中心张开在《基于评价体系的语文科高考内容改革实施路径》一文中,阐释了高考对语用的关键能力要求:熟悉国家通用语言文字中常用规范字的字音、字义和字形;掌握基本的语法规范和标点符号用法、语篇衔接的常用手段,以及常用的语用规则、修辞手段;能根据具体的交际对象、交际目的和交际情景,正确地遣词造句,准确地表情达意,有效完成交际任务。

下面我们以近几年全国卷语言文字运用命题形式为参照,梳理高考命题的考查路径,如表5-7所示。

表5-7　语言文字运用命题考查路径

<table>
<tr><th rowspan="2">题型</th><th rowspan="2">考查点</th><th colspan="2">考查路径</th><th rowspan="2">学科素养</th></tr>
<tr><th>一级路径</th><th>子路径</th></tr>
<tr><td rowspan="4">语言综合运用</td><td>词语辨析</td><td rowspan="10">汉语语法体系</td><td>语义场域</td><td rowspan="10">语言建构与运用、思维提升与发展</td></tr>
<tr><td>语病辨析</td><td>语义关系</td></tr>
<tr><td>语句衔接</td><td>语义逻辑</td></tr>
<tr><td>标点符号</td><td>语义指向</td></tr>
<tr><td>补写语句</td><td>语言连贯</td><td>语义逻辑</td></tr>
<tr><td>语段压缩</td><td>信息提取</td><td>语义层次</td></tr>
<tr><td>文体用语</td><td>语言得体</td><td>语用规则</td></tr>
<tr><td>图文转换</td><td rowspan="2">语言连贯、语言简明</td><td rowspan="2">语义指向</td></tr>
<tr><td>句式仿写</td></tr>
<tr><td>语段推断</td><td>语言准确</td><td>语义逻辑</td></tr>
</table>

经过分析,我们可以得出这样的结论:语言文字运用命题通过语义场域、语义关系、语义逻辑、语义层次、语用规则、语义指向等路径,基于具体的语言情境,根据不同的对象和目的,着重考查学生语言策略与技能,体现学生的思维品质和语言表达水平。当然,它们不是以独立的形式存在的,而是融合于汉语语法体系之中的。

为了表述方便，我们将它们分别阐述。

（一）语义场域

为了更好探析高考词语辨析命题途径，我们将两个不同的词语词义之间存在共同特点、关系与不同的语义部分称为语义场域。这些词语形式上包括两种：共同语素和共同义素。高考词语辨析的命题本质就是基于学习、生活、社会语境来设置语义场域，把不同的两个词语的意义进行比较，理解既定词词义之间共同的特点（相互关系）以及相互的区别，实现对考生语言建构与运用能力的考查，其主要形式是从设置语境辨析近义词的角度混合考查成语、实词、短语等，高考命题的出发点就在于要求学生在具体的语用环境中，准确地把握词义。

（1）通过文本内容分析：理解词语不仅要理解该词语的基本含义，还要理解作者在文本语言环境下赋予该词的含义，以及作者的意图、情感等“词”外之意，强调近义辨析。

（2）结合文化背景分析：借助文本折射出的特定文化传统来分析，不强调近义词辨析。

（3）结合时代特征分析：结合经济、政治、观念、潮流等社会现象等分析，不强调近义词辨析。

如2020年全国卷Ⅰ第17题：

阅读下面的文字，完成题目。

在中国各种艺术形式中，篆刻是一个________的门类。篆刻是从实用印章的应用中发展而来的，中国的印章最初用在制陶工艺方面，上面镌刻的是图案、花纹或族徽，到春秋战国时期，刻有官职名或人名的文字印章得到普遍使用，唐宋以后，<u>由于文人士大夫参与到印章的创作中，使这门从前主要由工匠承揽的技艺，增加了人文意味</u>。印章不再局限于用来昭示身份与权力，而是通过镌刻人名字号、斋馆名称、成语警句等来表达情趣志向。印章也就超越实用功能，成为文人表达自己审美追求的独特方式。中国印章艺术由此实现了一次完美的升华——演变为中国文化特有的篆刻艺术。明清时期，众多________的艺术家在篆刻上融入了对汉字形体的研究和理解，再加上他们对印面布局的精心设计，对各种刀法的熟练掌握，篆刻艺术迅速走向成熟并孕育出________的流派风格。篆刻艺术的发展及成就，使印章成为与中国画、中国书法紧密结合的艺术形式，同时也是中国画和书法作品中________的组成部分。

17.依次填入文中横线上的词语，全部恰当的一项是（3分）

A.别具匠心　　才思敏捷　　异彩纷呈　　弥足珍贵

B.别具匠心　　才华横溢　　奇光异彩　　不可或缺

C.十分独特　　才华横溢　　异彩纷呈　　不可或缺
D.十分独特　　才思敏捷　　奇光异彩　　弥足珍贵

命题结合文本语境选取四组词语从语义场域方面进行辨析。首先，我们要对4组词语的语义场域进行解构与分析，如表5-8所示。

表5-8　语义场域的解构与分析

词组	词语	语义场域			辨析角度
		共同语素	共同义素	区别义素	
1	别具匠心		独特的	在技巧和艺术方面具有与众不同的巧妙构思	文本内容分析
	十分独特			特有的，特别的，独一无二、与众不同的	
2	才思敏捷	才	才华	一般指人能出口成章，主要用在文学方面	文化背景分析
	才华横溢			多指文学艺术方面，才华充分显露出来	
3	异彩纷呈	异彩	奇特	奇特的光彩纷纷呈现，常用来比喻突出的成就或表现，也比喻新奇的事物纷纷出现	文化背景分析
	奇光异彩			奇特瑰丽的光亮和色彩	
4	弥足珍贵			形容十分珍贵、非常珍贵	文化背景分析、时代特征分析
	不可或缺			表示非常重要，不能有一点点的缺失，不能少一点	

一组词语具有相同的语素或义素，表明两个词语之间的关系，而区别义素表示两者词义的区别。高考命题的出发点就在于要求学生在具体的语用环境中，准确地把握词义。

(1) 通过文本内容分析：第一空语境说"篆刻作为艺术形式是一个门类"，语段主要内容讲述"篆刻"的发展过程，强调的是其"独特"，所以空处应用"十分独特"。

(2) 结合文化背景分析：第二空，单从与"艺术家"的搭配讲，此处用"才华横溢"和"才思敏捷"皆可，但是语境中并未涉及艺术家的才思敏捷。第二空是讲"篆刻"

的艺术性，此处用“才华横溢”更合适。第三空修饰的“流派风格”，根据语境，其强调的应该是丰富多样性，故用“异彩纷呈”更合适。

(3) 结合时代特征分析：第四空，根据篆刻与中国画、中国书法作品“紧密结合的艺术形式”语境可知，篆刻艺术对于中国画和中国书法而言是一个不能缺失的部分，故应用“不可或缺”。

（二）语义关系

一般而言，教学范畴上的语义关系分为词语和句子两个部分。词语的范围包括词类特征及词性语法功能等。名词表示人、事物、地点的名称，在句法成分中一般作主语或宾语；动词表示动作、心理变化等过程，一般作谓语或谓语中心；形容词表示人或事物的状态、性质等，一般作谓语或定语；数词一般和量词联合，构成数量短语，通常作定语或补语；副词常用来限制动词和形容词，表示程度、范围、方式和时间等，一般作状语。句子的范围包括句内成分结构关系（主谓、述宾、偏正、联合、述补等）及句间关系（小句单句、关系复句）等。

高考语病类题就是通过语义关系“不应该怎样组织”这个逆向思维来命制的，表现出搭配不当、成分残缺或赘余、语序不当、句式杂糅和不合逻辑等语病类型。如 2020 年全国卷Ⅰ：由于文人士大夫参与到印章的创作中，使这门从前主要由工匠承揽的技艺，增加了人文意味。通读画线句可知，句子有两处语病。从词性的语法功能上讲，“由于”作为介词，其后面接名词或名词性成分构成介宾短语，与后面“使……”分句构成主语缺失。从句法结构（成分）上讲，“承揽”和“技艺”搭配不当。

（三）语义逻辑

高考语句衔接类题的命制意图，往往是通过句子内部分句（小句）关系或上下文句子表达形式及其逻辑意义之间的关系设置考点，前后分句或是在语义上进行的扩充详述与延伸说明，或是在语境上进行的判断推理与逻辑关联，题型兼顾选择题与主观题。命题的形式是有两个分句，命题要求选出或补写起始分句，位置的选择取决于对材料表达关键信息综合分析能力考查的需要。

补写题主要是通过语段上下文句之间的语义逻辑关系来命制的，具体表现为根据前后文中关键词语或句子之间存在的内容上的提示和语义逻辑关系，来推断横线处应该补写的内容，如 2020 年全国卷Ⅰ的补写题。

研究发现，有氧运动能增加流向与记忆有关的大脑区域的血流量，从而改善记忆力。任何时候开始锻炼都不会太晚，即使进入老年阶段，___①___，你仍然可以通过适当增加有氧运动来加以改善。有30名被试人员(平均年龄66岁)参与了研究,__②__,这两组人都没有定期锻炼的习惯,也没有记忆障碍的迹象。其中一组每周完成数次有氧运动的任务,而另一组只进行拉伸和平衡训练,同时保持较低的心率。12个月后,与拉伸平衡组相比,有氧运动组流向与记忆有关的大脑区域的血流量增加了。研究开始和结束时进行的记忆力测试显示,__③__,而拉伸平衡组的成绩提高不明显。

命题设置"有氧运动能改善记忆力"这个具体语境,①处把握"即使""仍然"等词语连接语句前后语义逻辑关系,补写"改善"的"内容"应该与"记忆力已经开始衰退"之类一致。②处前说"有30名被试人员参与了研究",横线后说"这两组人都没有定期锻炼的习惯",据此语义逻辑分析,我们可以做出判断,即这里表述的内容是对被试人员分组情况的介绍,所以,我们可以推断出此处可填写"他们被随机分成两组"之类的内容。③处,结合横线后对拉伸平衡组的成绩的介绍,可知此处应为对有氧运动组的成绩的表述,而文段的观点就是"有氧运动能改善记忆力",据此可知横线处应填写"有氧运动组的成绩有显著提高"之类的内容。

(四)语义层次

"层次性是句法结构的基本属性,也是语段结构的隐性特征。"(汉语言研究学者马芝兰)高考压缩语段类题要求对指定文本材料进行关键信息的提取与整合,也就是对句法和语义结构层次性进行理解与把握,既要梳理语段材料词语组合意义,也要分析句间关系以及语段结构层次。前者重在从句子内部词语之间的结构关系(包括主谓结构、定中结构、状中结构、述宾结构、述补结构、联合结构、同位结构和连谓结构)出发,按照"成分+语序+层次"的句法结构,切分直接主干成分,提取每层信息的要点;后者重在梳理上下文层次关系(包括总分、并列、递进等)与句间关系,包括概括(后句是对前句的总结说明)、延续(后句和前句论述的是同一个事物,后句顺着前句进行深入阐述)、转化(后句和前句论述的话题不相同)、举例(后句用举例的方式来支持前句观点)、解释(后句对前句进行了具体的解释和说明)、转述(后句是对前句维持原意变换句式或对象视角的表述)、并列(后句和前句是同一个陈述对象的不同方面或者不同陈述对象之间的列举)、顺承(前句和后句按时间先后或逻辑顺序进行表述)等。

如2020年全国卷Ⅰ第21题:请对下面这段新闻报道的文字进行压缩。要求保留关键信息,句子简洁流畅,不超过70个字。

2020年"中国航天日"启动仪式于4月24日在国家航天局网站举行。备受关注的中国首次火星探测任务名称、任务标识在启动仪式上公布。中国行星探测任务被命名为“天问系列”，首次火星探测任务被命名为“天问一号”，后续行星任务将依次编号。据介绍，该名称源于屈原长诗《天问》，体现了探索自然和宇宙空间的文化传承，寓意追求科技创新永无止境。而象征“揽星九天”的任务标识，展现出中国航天开放合作的理念与态度。

语段材料是一则新闻报道，命题设置的“压缩”与保留关键信息的要求，就是在语段中通过词语之间的结构关系进行切分，通过句间关系进行综合分析并提取新闻要素(时间、地点、事件等)：第一句为总领句，交代主要事件“2020 年‘中国航天日’启动仪式”、时间“4 月 24 日”及地点“国家航天局网站”；第二句是前句的延续，交代仪式内容；第三句是第二句的延续，交代首次火星探测任务名称“天问一号”以及后续命名；第四句是对前句的解释，交代命名的来由及其寓意；第五句和前句的并列，交代任务标识的象征意义。

(五) 语义指向

在汉语语法体系中，一个具有完整语法意义的句子，其句子成分(句法结构)之间存在着按线性方向组合(主＋谓＋宾)、表达特定目标(话题对象与中心)的联系，这种联系就是语义指向。语义指向的起点是句子各成分的词性及其语法功能；目的是“语义联系”，即句子成分组合指向的意义。语义的指向意义，既有显性所指，在词语与标点符号组合层面表达出词语本位的意义；也有隐性所指，借助具体的社会生活情境，包括历史、文化、经济、政治等诸多领域，表现出语文学科的“人文”与“工具”的语用功能。正因为这样，从语法角度上看，标点符号、图文转换和句式仿写等形式的高考语用命题考查路径正是语义指向的内容范畴。

标点符号类题示例：2020 年全国卷Ⅰ第 19 题。

下列各句中的破折号，和文中破折号作用相同的一项是(　　)

原文：中国印章艺术由此实现了一次完美的升华——演变为中国文化特有的篆刻艺术。

A.你现在没有资格和我说话——矿上已经把你开除了。

B.醉心阅读使我得到了回报——我的作文常常得到老师的表扬。

C.我看你的性情好像没有大变——鲁贵像是个很不老实的人。

D.你永远那么青翠挺拔，风吹雨打，从不改色，刀砍火烧，永不低头——这正是英雄的井冈山人的革命精神。

本题通过标点符号在不同语境的作用，来表达引号内句子的语义指向。文中破折号的作用是对前文的“升华”进行解释，语义指向解释的内容，属于显性所指。A 项中的破折号的作用是引出事情原因，语义指向引出的对象，属于显性所指;B项中的破折号是对“回报”进行解释,语义指向心理或行为的状态,属于显性所指。C项中的破折号表示语意的转折,语义指向说话的内容转换,有逃避意,属于隐性所指;D项中的破折号表示对前文的总结,语义指向对“英雄”的赞美,属于隐性所指。

图文转换类题示例:2018年全国卷Ⅲ第21题。

某同学拟了一个被拒绝后常见的四种反应及应对方式的构思框架,请把这个构思框架写成一段话,要求内容完整,表述准确,语言连贯,不超过100个字。

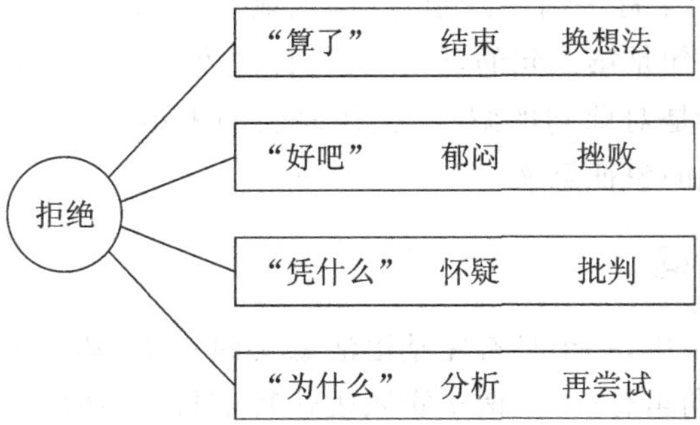

本题题干中说构思框架表现的是“被拒绝后常见的四种反应及应对方式”,细读构思框架可以发现,四种反应代表了四种情绪,每种反应都有相对的应对方式,学生将每种反应以及相对的应对方式准确清楚地描述出来即可,属于显性所指。

句式仿写类题示例:2018年全国卷Ⅱ第21题。

仿照下面的示例,利用所给材料续写三句话,要求内容贴切,句式与所给示例相同。(6分)

诸子争鸣、造纸印刷、筑长城开运河,中国人民具有伟大的创造精神。

材料:

奋斗　团结　梦想

建强国谋复兴　御外侮卫家国　脱贫困奔小康

垦田拓海　开天辟地　守望相助　抗灾治水　逐日奔月　同舟共济

本题考查仿用句式的能力。解答此题的步骤有两个。①分析示例特点:示例是由两个四字短语、一个六字短语和一个表达特定主题的短句组成的。②巧分材料词句:将材料中“垦田拓海”“抗灾治水”“同舟共济”等六个四字短语按照意义两两分组,分别照应“奋斗”“团结”“梦想”这三个中心主题;辨析“建强国谋复兴”“御外侮卫家国”“脱贫困奔小康”这三个六字短语的表意差异,寻找其与“奋斗”“团结”“梦想”这三个中心主题的关联和照应。

（六）语用规则

“语言得体”是衡量语用语言交际水平的重要方面，也是近几年高考命题的重要关注点。命题多设置具体的社会情境，交际双方（考生）既要充当社会角色（命题设计的社会身份、职业地位等），又要担任交际角色（亲人之间、朋友之间等），通过“以点带面”的方式，如与“我”相关的人和物，在不同的场合下，以汉语中独有的“愚”“鄙”“犬子”“寒舍”等来表示自谦，展现汉语言交际源于深厚历史文化背景的多样化语用特点，即汉语“文化－语用”范畴。这类命题具有具体的交际对象、交际目的和交际情景等综合语用特征，自然遵循着语用规则，即如何“用词”。下面，我们从用语的谦敬、语体色彩、感情色彩等方面分析高考试题在语言得体方面的考查情况。

1. 谦称与敬辞

（1）人称词。人称词即语言交际中对交际对象使用的称呼词语。如 2017 年新课标全国卷Ⅰ第 19 题：

(A)真是事出意外！舍弟太过顽皮，碰碎了您家这么贵重的花瓶，敬请原谅，我们一定照价赔偿。(D)我妻子和郭教授的内人是多年的闺密，她俩经常一起逛街、一起旅游，话多得似乎永远都说不完。

A 项中，“舍弟”属谦称，用来称呼自己的弟弟，运用正确。D 项中，“内人”属谦称，用来称呼自己的妻子，用来称郭教授的妻子不当。

（2）动词（动宾短语）。动词的作用是在语言交际中对交际一方的行为、语言和情感等进行叙述。如 2017 年新课标全国卷Ⅱ第 19 题：

(A)我刚在姑姑家坐下来，她就有事失陪了，我只好无聊地翻翻闲书，看看电视。(B)这么珍贵的书您都毫不犹豫地借给我，太感谢了，我会尽快璧还，请您放心。

A 项中，“失陪”是动词，是客套话，表示不能陪伴对方，此处的陪伴对象是“我”，运用不当。B 项中，“璧还”是动词，是敬辞，用于归还原物或辞谢赠品，运用正确。

2. 语体色彩

词汇按照语体风格可分为口语和书面语两大类。常用于书面语写作，用于学术性、政治性的演讲文的词具有书面语色彩；常用于日常生活的谈话的词，带有口语色彩。书面语体用词庄重典雅，讲究分寸；口语体用词通俗易懂、生动活泼、平易朴素。有些专用词语只适用于某一类文体。如果不注意词语的语体色彩，用得不合适，就会使人感到很不协调。高考试题常从词语的语体色彩与使用对象之间的关系考查学生用语是否得体。

如2018年全国卷Ⅱ第20题：本栏目长期公开征询有价值的新闻线索，等着您的支持。作为一则征稿启事，“等着”为口语化词语，应改为“期待”或者“等待”。再如2018年全国卷Ⅲ第20题：盛夏快来了，请先生保重身体。作为信的内容，“快来了”就显得过于口语化了，不得体，应改为“将至”。

3. 感情色彩

感情色彩是指词义反映的主体对客观对象的情感倾向、态度、评价等内容。词语的感情色彩有褒义、贬义和中性。在语言交际中，能否正确选用与表达对象或内容相契合的感情色彩在一定程度上体现表达者的语言素养，也是高考命题者时常关注的命题点。如2018年天津卷：中学生刘星写给天津滨海新区文化中心图书馆馆长的电子邮件中“今天我到贵馆读书，被其别出心裁的外部设计和炫酷的内部场景震慑”。这个邮件中的“震慑”一词意为“震动使害怕”，用于形容对图书馆的感受，情感色彩不准确。

语用题被称为高考的试验田，最能体现高考命题者的创新意识，每年都会呈现出一些新变化。但是万变不离其宗，变化的是考查点和情境，而命题所依托的汉语语法体系是永远不变的。因此，放弃对某一年份高考试题具体考查点的追逐，转向立足平日教学，帮助学生从语义场域、语义关系、语义逻辑、语义层次、语义指向、语用规则等方面全面构建语言语法体系，以不变应万变才是明智之举。

第六节　高考作文题命题新取向及应对策略

一、高考评价体系下的高考作文题命题新取向

高考作文题命题的价值取向有着时代性、导向性特点，是时代变迁的风向标。新时代的高考作文题命题在价值取向上更注重贴近学生实际生活和思辨性、时代性，注意引导学生进行个体价值观的定位，鼓励学生从多个角度展开思考；在题目形式上更注重情境任务设计并不断创新，引导学生基于情境任务，独立思考、独立表达。具体来说，近几年高考命题呈现出以下五个方面的鲜明特征。

（一）贴近现实，紧扣时代主题，厚植家国情怀

2019年高考作文题命题贯彻党的新时代教育方针和全国教育大会精神，积极呼应中华人民共和国成立70周年、五四运动100周年的重大时代主题，凸显立德树人的根本目标。如全国卷Ⅱ的作文试题向考生展示了从民主主义革命的开端

(1919年)到中华民族实现伟大复兴(2049年)的特定历史时空，并且精心选择了中国青年参与中华民族从民族独立到复兴的标志性历史节点，即五四运动、中华人民共和国成立、改革开放、五四运动100周年、中华人民共和国成立100周年，提炼出能够凸显时代主题的生动句子来标示它们。这个作文试题启示考生从中深刻领悟中华民族站起来、富起来、强起来，实现伟大复兴的历史进程；中国青年在民族独立、国家建设、民族复兴进程中的积极投入与历史贡献；中国青年与祖国、民族同呼吸、共命运，在创造青春中国，实现民族复兴的伟业中实现自身价值的历史，从而坚定理想信念，增强四个自信，厚植家国情怀。写作任务包含的四种文体、五个时期中的五种身份，意在引导考生以参与者的身份设身处地地体验和思考不同时期的青年怎样与国家、民族同呼吸、共命运，培养他们自觉领悟时代精神、思考青年历史使命的责任意识，将自己的理想追求与国家、民族的发展融为一体，在创造青春中国、实现民族复兴的伟业中实现自身价值。

2020年高考语文命题将重大的社会生活事件有机融入试题，考查学生的家国情怀。如新高考Ⅰ卷的作文题"疫情中的距离与联系"，选取我国抗疫行动中最具代表性的场景和特定的视角提出写作任务，引导学生结合自身参与抗疫的切身体验，分析和发现中国抗疫行动所显示出来的制度优势、综合国力、文化底色，意在引发学生深入思考中国青年的历史使命、责任担当、价值选择。

2021年是中国共产党建党百年，是"两个一百年"奋斗目标的历史交汇点。党在一百年的奋斗历程中，形成了一系列伟大精神，构筑了中国共产党人的精神谱系，这些都已经深深融入中华民族的血脉和灵魂，自然也为当代青年的成长提供了极其宝贵的精神滋养。语文命题紧扣时代主题，将立德树人有机融入语文素养与能力的考查，引导考生懂得初心使命，传承红色基因，坚定理想信念，在实现中华民族伟大复兴的新征程中实现人生价值、升华人生境界，续写新的时代篇章，如全国甲卷的作文题。

中国共产党走过百年历程。在党团结带领人民进行的伟大斗争中孕育的革命文化和社会主义先进文化，已经深深融入我们的血脉和灵魂。我们过的节日如"五四""七一""八一""十一"，我们唱的歌曲如《义勇军进行曲》《没有共产党就没有新中国》，我们读的作品如《为人民服务》《沁园春·雪》《荷花淀》《红岩》，我们景仰的革命烈士如李大钊、夏明翰、方志敏、杨靖宇，我们学习的榜样如雷锋、焦裕禄、钱学森、黄大年等，都给予我们精神的滋养和激励。我们心中有阳光，我们脚下有力量。

我们的未来将融汇于中华民族伟大复兴的新征程，我们处在一个大有可为的时代……

请结合材料，以"可为与有为"为主题，写一篇文章。

试题材料将青年的成长与未来发展置于当代中国特定的环境中，展现出当代青年的成长受到革命文化与社会主义先进文化的浸润和滋养，青年的未来也必将融汇于中华民族伟大复兴的新征程的事实，凸显了中国共产党、革命文化和社会主义先进文化与“我们”的密切联系，引导考生深刻领会每个人的前途命运都与国家和民族的前途命运紧密相连的历史规律，自觉将个人的前途命运与国家民族的前途命运融汇在一起，进而思考自己在实现中华民族伟大复兴的历史进程中能够做什么、怎样才能有所作为，完成新一代青年传承红色文化、赓续精神血脉、肩负时代重任、续写时代新篇的历史使命。材料以第一人称复数的“我们”，将考生带入共同参与、共同记忆的同情共感的情境中，有效地将红色文化传承的重大问题，极其自然地转化为考生必然要思考的成长与发展问题，使其能够有切身体验，有感可发、有感而发，从而实现“立德树人”在写作能力考查中的有机融入。

另外，北京卷的作文题“论生逢其时”以中国共产党成立100周年为背景，引导考生将个人发展与国家发展结合在一起，响应时代召唤、肩负时代使命。天津卷的作文题“纪念日”以富有意义的时间点为切口，让考生体味岁月的厚重、初心的可贵，激扬奋斗精神。这些作文命题都贴近现实、紧扣时代，突出了对考生家国情怀的考查。

（二）文化浸润，古今贯通，增强文化自信

独具特色、博大精深的中华文化，为中华民族克服困难、生生不息提供了强大精神支撑。习近平总书记反复强调：“文化自信，是更基础、更广泛、更深厚的自信，是更基本、更深沉、更持久的力量。坚定文化自信，是事关国运兴衰、事关文化安全、事关民族精神独立性的大问题。”优秀文化作用于个人成长和社会发展不是立竿见影、一蹴而就的，必须坚持长期宣传与推广、培养与浸润。

2020年高考语文命题充分利用我国优秀传统文化资源，引导学生增强文化自信。如全国卷Ⅰ的作文题给出的背景材料有齐桓公、管仲、鲍叔君臣合作、共成霸业的历史性陈述，有后人对历史人物的不同评定，从“历史人物评说”中，学生可以体会到中华优秀传统文化的丰富内涵，同时通过观照现实，坚定文化自信。再如天津卷的作文题，以“中国面孔”引出背景材料，既有家国情怀、中国科技的世界贡献，也有普通民众的奉献精神，以此引导学生思考中华民族发愤图强、众志成城、守望相助的文化底色。

2021年语文试题凭借高考这个高聚焦平台，通过试题取材和设计，在引导考生坚定文化自信、提升道德品质、厚植家国情怀方面，进行了有益的尝试，实现了“以文化人”的目标。如全国乙卷的作文题“‘弓矢’的智慧启示”通过材料的选取以及试题的设计，很好地践行了这种精神。试题材料指出，古人追求理想会涉及基础、

方法等，再以扬雄的观点进行举证，任务驱动自然延伸到考生对理想的追求、自身发展的思考上。任务中的“当代青年”，要求文章的思考和立意必须站在特定的时代节点，从青年的角度升华自己的思想认识；任务中的“自身发展”，引导考生将自己的理想追求与自身实际、时代精神结合起来，对实现理想过程中的基础、目标、实践等进行有目的、有层次的思考。命题取材与设计既体现了优秀传统文化与现代文化的相融相通，也体现了国家和社会对新时代人才发展的要求。又如新高考Ⅱ卷的作文题“写人与做人”的漫画材料，文字内容语带双关，借“学写字”喻“学做人”，蕴含着古代的“为人之道”，包括儒家的“中庸”观念。任务要求“反映你的认识与评价、鉴别与取舍，体现新时代青年的思考”，意在引导考生对材料所蕴含的传统文化精神进行“有鉴别的对待、有扬弃的继承”，站在当代青年的角度去认识和分析材料，体现古为今用、推陈出新的正确态度，使传统文化与当代文化相适应、与现代社会相协调。

（三）全面发展，五育并举，注重整体渗透

近几年，高考作文命题着力落实培养德、智、体、美、劳全面发展的社会主义建设者和接班人的时代要求，通过精心设计试题，将美育、体育、劳动教育以浸润的方式融入其中，富有匠心。如 2019 年全国卷Ⅰ的作文材料既着眼于劳动思想的历史溯源，也关注问题的现实呈现，以中国传统文化中关于劳动的箴言、警句和习近平总书记对新时代劳动精神的深刻阐释作为总领，将中华民族热爱劳动的优秀传统与当下社会一些对劳动的偏差认识、错误态度进行对比，引导青少年学生对这个现象及劳动本身进行深入思考，自觉弘扬劳动精神，以期在全国青少年乃至全社会中形成热爱劳动、崇尚劳动、尊重劳动、参与劳动的良好风气，充分发挥高考作文在推动劳动教育方面的导向功能。再如 2021 年新高考Ⅰ卷的作文材料立足“体育之效”，说明体育与身体强弱的关系，赞扬体育精神，认识体育对人生的意义，引导社会重视体育，关注青少年身体健康，引导学生增强体质、健全人格、锤炼意志。

（四）侧重实用，突出能力，注重融会贯通

一是注重应用写作能力的考查。2019 年全国卷Ⅰ要求考生结合材料，面向本校（统称“复兴中学”）同学写一篇演讲稿，倡议大家“热爱劳动，从我做起”；2019 年全国卷Ⅱ要求考生以青年学生的身份，从“1919 年 5 月 4 日，在学生集会上的演讲稿”“1949 年 10 月 1 日，参加开国大典庆祝游行后写给家人的信”“1979 年 9 月 15 日，参加新生开学典礼后写给同学的信”“2019 年 4 月 30 日，收看‘纪念五四运动 100 周年大会’后的观后感”“2049 年 9 月 30 日，写给某位‘百年中国功勋人物’的国

庆节慰问信"5个任务中任选一个完成写作;2020年全国卷Ⅰ要求考生写一篇参加"历史人物评说"主题班会的发言稿;2020年全国卷Ⅱ要求考生写一篇"携手世界,共创未来"的演讲稿;2020年全国卷Ⅲ要求考生给高一新生写一封"如何为自己画好像"的信;2020年新高考Ⅱ卷要求学生以《中华地名》节目主持人身份,写一篇"带你走近××(填地名)"的主持词……这些作文命题都明确规定了文体,而且这些文体都是学生日常生活中经常遇到的实用性文体,显示出强烈的文体导向:对写作能力的考查,要植根于学生的实际生活需求,侧重于实用文体写作,避免言之无物、大而无当的所谓"高考体"。

二是强化了对学生批判性思维和辩证思维能力的考查。2020年高考全国卷Ⅲ的作文题"如何为自己画好像",通过设置充分的思辨空间,引导学生首先理解材料所述内容的逻辑关系,然后运用辩证思维提炼其中的辩证关系,最后促使学生批判性地探究"画好像"中"好"的标准何在,试题使学生体会到理论思辨与现实实践的辩证统一;2020年上海卷的作文题以"转折"作为论题,引导学生关注转折,思考人在转折中发挥的重要作用,以此考查学生的思维品质;2021年新高考Ⅰ卷的作文题"体育之效,强弱之变",考查学生对强与弱可以相互转化的辩证思考,引导考生对人生、社会做哲学思考;2020年浙江卷的作文题"得与失:终点·起点·过程",提供看待"得与失"的多维视角,引导考生在多重、多种关系中确立观点进行思辨,形成正确的人生观,为精彩人生赋能;2021年新高考Ⅱ卷的作文题"写人与做人",用材料情境和写作任务引导考生在读图的基础上体悟含义,从部分到整体,从形式到内涵,感知材料、提取关键信息、进行推断探究,进而鉴别取舍,以文章形式呈现个人思考,实现对考生阅读理解、信息整理、应用写作、辩证思维和批判性思维等关键能力的综合考查。辩证思维和批判性思维是学科素养的重要内容,也是衡量高中学生思维品质的重要方面,必将在今后的高考作文题命题中持续考查并逐步强化。

(五)注重创设情境,凸显任务驱动,强化主体意识

从近年作文材料的设置和命题形式看,高考作文题命题有以下三个突出特点。

(1)注重创设情境。突出作文试题的情境化设计,将写作要求与人生体验相结合,创设真实的任务情境,让学生在特定的情境之中以特定的身份、特定的文体展开想象与思考,完成写作是近几年高考作文命题的显著特点,彰显了"无情境不命题"的规律。

(2)凸显任务驱动。任务驱动型作文,是指作文命题在展示材料、激发写作欲望的基础上,通过增加任务型指令,着力发挥试题引导写作的功能,增强写作的针对性,全面考查审题、表达、分析等综合能力。在近几年的高考作文试题中,任务驱

动型作文频频出现，频率居高不下。2020 年高考的 11 道作文试题，有 7 道是任务驱动型作文，任务驱动型作文处于绝对主导地位。

（3）强化主体意识。近年来，高考作文试题越来越重视“我手写我心”“我手写我感”“我手抒我情”。作文题命题不再单纯、客观地表情达意，还要求凸显“我”在文中的主体地位，表达自己的主观感受和认识。综观 2020 年、2021 年的高考作文试题，我们发现有这样的明确要求：“请结合你的感受和思考写一篇发言稿”“邀请你作为中国青年代表参会，发表以‘携手同一世界，青年共创未来’为主题的中文演讲”“请你给即将入学的高一新生写一封信”“材料中‘每一颗都有自己的功用’，引发了你怎样的联想和思考”“谈谈你对这个问题的认识和思考”“你对‘中国面孔’又有什么新的思考和感悟”“对此，你有怎样的体验与思考”等。这里的“你”当然就是指文中的“我”，写作时无论是叙事、议论、演讲，都必须从“我”的视角，以“我”的语气，或叙写“我”的见闻，或交流“我”的感受，或发表“我”的看法，或提出“我”的主张，或发出“我”的呼声。从任务驱动型作文的角度分析，“我”也是写作指令之一。强化主体意识，便于诉衷情、表实意、显真我，使文章更接地气、更有亲和力。同时，强化主体意识可以有效避免无病呻吟的“假大空”现象，也可以在一定程度上遏制宿构、抄袭等不良风气。毫无疑问，“文中有我”的命题思路，必将成为高考作文题命题的主流趋势之一。

二、写作应对策略

（一）合理构建写作训练序列，提升学生写作综合素养

传统的写作训练，往往从文体特点、篇章结构、写作技法、思维方法、写作内容等方面的一个方面的某一点出发进行分解训练，试图逐个击破、步步为营。这种训练方式固然可以让学生在某个写作要素上有所提升或突破，但写作能力与水平的提升不是单项写作技能的简单叠加，而是各写作要素协同训练的结果，因此，这种写作训练方式的效益并不理想。

高考评价体系下的写作考查，更加注重对核心价值的考查，更加注重在特定情境中运用语言文字构建语篇进行表达和交流活动的能力的考查，更加注重各种实用性文体的考查。因此，基于高考评价体系，构建以思想内容（核心价值指标体系）为经，以文体（文体特征）为纬，将思维方法和写作技法贯穿训练始终的立体训练序列是提高写作训练综合效益的前提。

1. 以思想内容为经

立体训练序列以《中国高考评价体系》中的核心价值指标体系为重要参考，将

理想信念、爱国主义情怀、以人民为中心的思想、法治意识、正确的世界观和方法论、品德修养、奋斗精神、责任担当、健康情感、劳动精神等思想内容合理排布，并依托文体训练序列，形成思想内容与文体相互交织的训练体系。

2. 以文体为纬

立体训练序列按照书信(一般书信、慰问信、祝贺信、推荐信、自荐信)、演讲稿、倡议书 、一般议论文、辩论稿、观后感(读后感)、主持词、文学评论等各种文体排布训练序列，并与核心价值指标体系中的思想内容相结合，形成文体与特定思想内容相结合的训练序列，既要让学生通过训练熟悉各种文体的特征及写作常识，掌握写作的基本规律，还要在训练中深化学生对核心价值指标体系的某个指标的认识，提升学生写作的思想境界。

3. 将思维方法与写作技法贯穿训练始终

写作技法的运用不单纯是技法的问题，还与思维活动密切相关，二者不能割裂；思维方法与写作技法的训练总是需要借助于适合的文体和内容，脱离了特定的文体和内容，思维方法和技法就失去了依存的母体。鉴于此，我们可以将具体思维方法(包括分析、综合、概括、演绎、归类、类比等逻辑思维方法和想象、联想等形象思维方法)和写作技法(包括篇章结构技法、表现技法、语言技法等)合理分布到以文体和内容双线构建的训练序列中并贯穿训练始终。

如下面这个写作训练序列，以“内容＋文体＋技法＋思维”为专题组织形式，将写作的思想内容、文体、写作技法、思维方法等方面进行合理组织，形成了四者匹配、协同推进的训练序列，增强了训练的针对性和计划性，体现了对高考评价体系下写作训练的新思考，如表 5-9 所示。

表 5-9　写作训练序列

专题	内容＋文体＋技法＋思维
1	理想信念、爱国主义情怀、责任担当＋日记＋叙真事、抒真情＋直觉思维
2	理想信念＋辩论稿＋针对性、递进或正反对比＋辩证思维
3	劳动精神＋感谢信＋写明事由、事迹及意义＋逻辑思维
4	健康情感＋发言稿＋表明看法、条理清晰＋逻辑思维
5	品德修养＋表扬信＋突出事迹、精神品质＋直觉思维、逻辑思维
6	责任担当＋书信＋对象交流＋直觉思维、逻辑思维
7	爱国主义情怀＋演讲稿＋鼓动号召＋逻辑思维、创造思维

续表

专题	内容＋文体＋技法＋思维
8	法制观念＋观后感＋抓住一点深入分析、见解独到＋直觉思维、逻辑思维
9	奋斗精神＋慰问信＋慰问对方、表达决心＋逻辑思维
10	正确的世界观和方法论＋议论性文体＋论点鲜明、结构清晰、论证充分＋逻辑思维、创造思维
11	以人民为中心＋文学类文体(微写作、诗歌等)＋紧扣文体特征＋直觉思维、形象思维

（山东省诸城第一中学语文备课组提供）

（二）坚持“问题导向”，强化四种意识，提升学生写作境界

1. 学生存在的典型写作问题

1）写作目的不明

学生不知道为什么要写这篇文章，不知道针对什么现象或问题来写这篇文章，不知道写这篇文章要让读者收获什么。具体表现：写议论文为说理而说理，观点、论据、论证样样齐全，道理也能讲得周全，但是全篇充斥着正确的废话，毫无意义和价值可言；写记叙文为叙事而叙事，事情的起因、过程、结果一样不少，但是味同嚼蜡，难以让人产生共鸣，更不能给人以思想的启迪或心灵的撞击。

2）写作主体不明

学生注重引用名言、事例，却没有自己的分析与见解，缺乏“我”的感受与思考，“我”成为别人的代言人或传声筒；置情境任务中限定的角色于不顾，单纯基于经验写作，行文套版，缺乏必要的变通；将自己置身局外，缺乏“我”作为新时代、新青年的责任意识与担当意识。

3）写作对象不明

学生不能根据写作对象的需求或特点来确定表达的内容，表达的观点、见解，想象情感与写作对象之间缺乏必要的关联或关联度不高；无视特定情境中的写作对象，行文没有对话交流意识，只顾自说自话。

4）文体特征不明

学生写慰问信、祝贺信、讨论稿、演讲稿、倡议书等实用性文体时，不能根据特定文体和具体情境灵活选用记叙、议论、描写、说明、抒情等表达方式；习惯用议论文“包打天下”，不管针对什么文体，行文总是脱不了议论文的窠臼。

2. 基于问题解决的策略

1）强化写作目的意识

不同的文章有不同的写作目的，不同的写作目的决定了写作思路的不同和文章样貌的不同。在学生写作之前，教师应当引导学生叩问写作的价值和意义，思考为何写这篇文章，即要让读者有何收获或获得什么启迪。只有在学生解决了“为什么写”的问题时，才能让学生思考“写什么”“如何写”的问题。学生一旦解决“为什么写”的问题，“写什么”“如何写”的问题也往往变得容易解决。如劝服类议论文写作，应当以“劝服”为写作的终极目的。学生明确这个目的后，自然会针对特定情境任务思考从哪些角度或方面劝说，用什么样的方式、技巧和语气来劝说，才能让对方变得服气、佩服、心悦诚服。学生心中有“目的”，行文才会有方向，文思才会灵动；心中无“目的”，必然会思路混乱，生拉硬扯，勉强成文。因此，在学生普遍不知为何写作的当下，强化学生写作目的意识无疑是写作教学的第一要义。

2）强化写作主体意识

清朝名臣曾国藩多次说：“天下事，在局外呐喊议论，总是无益，必须躬身入局，挺膺负责，方有成事之可冀。”这句话的意思是，无论干什么事情，光是站在局外讨论，注定是没有用的，必须积极投身其中，挺起胸膛担负该担的责任，才有可能实现目标、收获成功。做事如此，写作亦如此。因此，教师在指导学生写作时，应让学生明确自己写作时的角色，并不断激发其角色意识，将角色意识融入行文。特别是在宏大主题盛行的新高考时代，“我”的角色不仅仅是一名中学生，也是新时代的新青年，还是祖国未来的接班人和建设者，更是实现中华民族伟大复兴的责任担当者。面对这样的宏大主题，学生如果缺乏主体意识，仅写几句言不由衷的口号是难以打动阅卷者的。主体意识的有无或强弱既决定了写出的文章能否有真情实感，也决定了文章的境界高低。在写作技巧训练泛滥的当下，从根本上思考学生的写作问题，激发学生的写作主体意识显得尤为重要。

3）强化写作对象意识

写作就是用书面形式传递信息，要想使信息传递产生预期效果，心中一定要有对象意识。写作不只是写作者主体的需求，还要考虑读者的阅读期待，也就是说，既要考虑“我”要写什么，还要考虑读者想看什么，这就是对象意识。广义的对象，包括显性对象和隐性对象。前者指试题规定的对象，也就是特定场域中的受众；后者指阅卷教师。显性对象决定内容的取舍和详略，决定措辞和语气。动笔之前要想清楚，“我”要表达的内容，哪些是对方已经知道的，哪些是对方不知道、需要交代清楚的；对方已经知道的内容要少说或者不说，对方应该知道而不知道的内容一定要说透、说明白。学生在表达的过程中，还要注意语言的得体。如 2019 年全国卷

Ⅱ,演讲是面向同学的,书信是写给家人的,慰问信是写给“百年中国功勋人物”的,对象不同,内容的取舍和表达方式自然有所区别,语言使用也应该不同。总之,不能“自说自话”,把对象晾在一边。

学生在确定对象时,还要辨析对象的范围,厘清对象概念的内涵和外延。如2017 年全国卷Ⅰ的写作要求中作为写作预设对象的“外国青年”属于泛指,考生可以想象自己面向全体外国青年侃侃而谈,也可预设某一个或某一类外国青年并与之对话。而针对隐性对象——阅卷老师,考生在情感、态度、价值观方面要特别注意,无论什么题材的作文,一定要表现出正确的“三观”。

4）强化写作文体意识

不管文体限与不限,考生都要具有文体意识,按照文体写作。新课标之下的高考,试题要求强化应用性,这是素质教育的必然之举。教育部考试中心张开对此曾在《中学语文教学》2020 年第 1 期上发表文章,强调开发具有文体倾向的高考作文评分标准的必要性。2019 年全国卷Ⅱ的作文试题提出的写作任务中包含演讲稿、书信、观后感、慰问信四种文体,都是生活中常用的应用性文体,目的在于利用文体特点的制约,引导考生写出联系实际、言之有物的文章,清晰地指示了语文素养提升的具体方向。

因此,我应当们帮助学生掌握每一类实用性文体的特点、格式要求、语体要求等必备知识,通过文本阅读感受文体,通过文体知识与文本分析相结合形成文体感,通过写作训练提升对文体的敏锐判断,不断增强学生内容表达与文体的匹配、技巧选择与文体的匹配。对于常用的记叙、议论等文体,学生也要根据相应的文体要素写作,杜绝“四不像”。

（三）充分利用教材，将写作融入单元学习任务

领会教材意图,挖掘教材资源,把写作真正融入单元学习任务,实施读写结合,以读促写,是写作教学最直接、可靠、有效的路径。

统编语文教材中的写作不再是和阅读并列的独立学习单元,而是单元学习任务的有机组成部分,和以往有着很大不同。首先,写作和阅读更为紧密地结合,写作任务从单元阅读中生发,并融入单元学习任务,写作任务消解了听、说、读、写之间的壁垒,使它们高度融合。如高中必修上册第一单元的两个写作任务分别是“写一则札记”和“写一首诗”,“札记”的写作内容即阅读之后的“自己的思考”,“诗”则要求“结合本单元诗作和能够引发你思考的其他作品,发挥想象”写成。其次,写作门类和样式更为多元。仍以高中必修上册为例,高中必修上册除了我们熟悉的写一个人,写议论文、散文之外,还出现了文学短评、人物(风物)志、调查报告、语言札记、学习笔记等多种写作样式。最后,写作任务并不是孤零零存在的,而总是和其

他一些活动、任务结合在一起的：写散文，需要编辑成册，定书名，写序言；写调查报告，需要事先调查走访，观察记录；写语言札记，需要组织“领略成语魅力”的主题活动等。这给教学提出了全新的挑战，需要我们转变教学观念，重构写作教学的课程内容，创新写作教学的组织方式。

（四）重视观念类素材积累与运用，让文章透出理性的光芒

今天，高中生写议论文，能够展现较为丰富的素材积累。但是，论证方法集中于举例论证，缺少分析论证，知其然而不知其所以然。这种重举例轻分析的现象可能与学生观念类素材的缺失有关。

写作素材分为两类：事实类素材和观念类素材。事实类素材指由客观发生过的事实构成的素材。观念类素材一般存在于人的意识中，用来表达对社会、自然现象规律概括性的认识，以及对人生的看法，比如人们普遍接受的公理，尚待证明的假说，某种人生观、世界观、价值观等。我们在阅读中积累，既要重视事实类素材，也不应忽视观念类素材。

在议论文写作中，观念类素材可以作为文章观点的理由，也可以用来解释现象、阐释内涵、揭示本质、罗列特征、指出方法或者表达对人生的思考。

1. 作为文章观点的理由

有些观念类素材可以作为理由，推出文章的论点，例如：

> “没有人是座荒岛，任何人的死亡都是我的损失。如果有一块泥土被海水冲击，陆地就会失去一角。”联系隐藏在每一个不经意的举动中，缀连成链，钩结成网，将我们与世界密密地包裹起来，再没有孤立一说。你必须今天就行动起来，伸出援手。（学生习作《每个努力都决定着你生存的世界》）

作者选取了约翰·多恩诗歌《没有人是一座孤岛》中的句子，作为论证的理由，推出我们要拒绝孤立，伸出援手帮助他人。这是一种从前提到结论的推理方式。如果前提为真，并且推理正确，结论就为真。如果我们相信约翰·多恩的观念，那么，我们的中心论点就有了保证。

在“理由—论点”推进模式的基础上，我们可以拓展出“论敌—理由—论点”模式，此时，理由成为驳斥论敌和推出论点的桥梁，例如：

> 清明期间，不少商家窥准商机，在网上开设“代客扫墓祭祖”服务，甚至可以在祭拜过程中给客户直播，而收费则从百元至万元不等。青睐者认为，此做法不拘泥于传统，是走向未来的进步表现。实则不然。熊培云曾说：“不要忘记自己的故乡，不要忘记自己的传统所在，无论它是否美丽、是否富饶，它永远是安顿你灵魂的处

所。”的确如此，我们不能够忘记，甚至抛弃传统，它是我们高尚灵魂的源头。（学生习作《传统乃灵魂》）

作者选取了熊培云的观点，一方面驳斥了清明节代祭现象，另一方面推出了自己的论点，虽然在思辨性上还比较稚嫩，但在行文脉络上，基本能够组成完整的逻辑链了。

约翰·多恩与熊培云的观点都属于观念类素材。可以看出，无论是证明观点还是驳斥论敌，观念类素材都可以构成一个论证的理由，进而推出作者的论点。这个理由实际上就是一个标准化论证的前提，论点就是结论。

2. 解释现象、阐释内涵、揭示本质、罗列特征、指出方法或者表达对人生的思考

观念类素材的功能除了作为理由，推出作者的论点外，还有解释现象、阐释内涵、揭示本质、罗列特征、指出方法或者表达对人生的思考等。

针对事实类素材进行分析，分析的过程本身就是思维活动的过程，而思维活动常常需要借助各种观念。例如，针对“平等”话题，有如下观念类素材：

① 天地不仁，以万物为刍狗。（老子）

② 平等不是指千人一面、人人相同。平等指的是承认个别性，人人平等是因为任何人都不能由他者所代替。（徐贲）

③ 一切生活上的不平等，来源于观念上的不平等。（福柯）

④ 在人之上，要视别人为人。在人之下，要视自己为人。（孟德斯鸠）

以上是古今中外思想家关于平等的一组观念类素材。其中，①是需要平等的理由，②是平等的内涵、原因，③论述平等的来源，④是实现平等的方法。《普通高中语文课程标准（2017 年版）》指出，“在已经积累的语言材料间建立起有机的联系”。就某个话题，我们可以从多角度积累，并将这些素材联系起来。通过长期努力，我们脑海中的相关理念将变得更有秩序，我们的价值观念也会逐步清晰。

相对于事实类素材，观念类素材有更特殊的现实意义。分析能力是一种思维能力，需要一定的知识背景。这个知识背景常体现为对某些概念和哲学观念的理解掌握。某些已经凝结为概念的人文观念，对现实世界常常具有较强的阐释力，如集体无意识、有限理性、不知情权等；某些哲学观念常常可以帮助我们分析事物的本质、前提、思想基础等。如果没有这些观念类素材作为分析的思维依据，我们就很难对客观世界进行深入的观察、综合、抽象、概括，更谈不上展开思辨、深化认识、发展理性。例如《“车让人”折射的信仰》的作者，面对江苏省 2017 年高考作文题“车”，回忆她的考场构思思路：

A：……车来车往，折射出观念的变迁……（题目）

B：比如，过马路时，从曾经的“人让车”到如今的“车让人”，这样的变化折射出观念的变迁。（立意）

A：为什么？

B：因为曾经的观念是不同经济地位的人拥有不同的行道权利，而现在的观念则是不同经济地位的人行道权利平等。

A：为什么？

B：因为曾经的观念植根于启蒙运动后僵化的理性主义和一种日渐兴起的功利主义，认为人能够被他的经济社会地位所衡量和定义；而后起的浪漫主义运动彻底否定了这一点。

A：为什么（如何否定的）？

B：因为浪漫主义者主张人的完全的自我实现，否定社会强加的对成功和地位的衡量标准。而且浪漫主义的终点是自由主义，这就佐证了这个观点。

作者在与自己的对话中，运用了行道权利、理性主义、功利主义、浪漫主义等概念和哲学观，展开自我追问，逐层深入，揭示本质，让文章有了不同寻常的深度。这就是观念类素材在解释现象、阐释内涵、揭示本质等方面的作用。在素材积累上，只有对人文领域概念和哲学观念的理解、体认、运用，才会引导我们走向新知、形成智慧。如果没有这样的知识储备与运用的过程，对现象展开分析将是空中楼阁。

3. 建立素材联系

没有联系的素材是一个个孤立的点，建立起联系的素材群才能构成一个有机的网络。这种联系包括三种形态：观念与事实之间的纵向联系，观念与观念之间、事实与事实间的横向联系。提升思维水平，主要依托观念与事实之间、观念与观念之间的联系。

1）建立观念与事实的联系

事实是基于观念统领的事实，观念是基于事实提炼的观念。在积累的过程中，我们建立两类素材之间的对应关系，归类整理，组合运用。例如关于“传统”的一组素材：

观念类素材

没有传统，就不可能有民族的气质，也不可能有文明的存在。因此，自从人类存在以来，他们所关心的两件事：一、建立传统；二、当它所带来的好处用尽时，就努力摧毁之。没有传统，就没有文明；没有对传统的缓慢淘汰，就没有进步。困难在

于，如何在稳定和变动之间找到一个恰当的平衡；而这个困难是巨大的。（古斯塔夫·勒庞《乌合之众》）

人类之所以有独特的力量和尊严，是由于人类能以明智的传统方式行动，而不只是出于本能冲动或者条件反射。（赫伯特·芬格莱特《孔子：即凡而圣》）

人生而现代，却无往不在传统之中。（熊培云《重新发现社会》）

事实类素材

郎静山集锦摄影、文创产业对传统的继承与发展、青春版《牡丹亭》等。

2）建立观念与观念之间的联系

观念与观念之间的联系本身就能构成一个相对完整的知识网络。以中国美学思想中的“大巧若拙”原则为例，有如下相关观念：

绘画：笔枯则秀，笔湿则俗。（石涛）

园林：①虽由人作，宛自天开；②虽叨人力，全由天工。（计成）

这些观念都是“大巧若拙”美学观念，在不同艺术领域的具体阐述，是普遍与具体的关系。我们在积累素材时要积极建立起它们之间的联系。孤立的素材是很难有生命力的，有着纵横交错的广泛联系的素材网络才是有生命力的。

综上所述，对不同类的素材特别是观念类素材的分类积累，建立起素材之间的联系，才能在头脑中建立认识世界、解释世界的思维背景。这就要求学生可以读一点哲学、美学、心理学等方面的作品。在议论文写作中，能恰当使用归纳和演绎，准确地、综合地运用事实类和观念类素材，文章才更能趋向理性，更有说服力。

附：实用性文体特征与写作要领例析

（一）书信

红旗飘扬，中华阗阗

——写给母亲的一封信

亲爱的母亲：

女儿想了许久也不知该如何落笔，也许是今日见到的景象太过震撼，令我的心情久久不能平复。女儿知道，您虽然没能身处天安门广场，但同样挂念着开国大典。但没关系，女儿会用手中的笔为您描绘今日的盛况。

声势浩大、节奏统一的脚步声由远而近传来,但我的视线被前面的人挡住了,望不到军人的英姿。国歌响起来了,节奏铿锵有力,瞬间激荡起我内心的热情。望不见国旗仪仗队,却能望见冉冉升起的五星红旗,女儿心中的激动、豪迈之情随着庄严的五星红旗的升起而高涨,一浪高过一浪。天安门广场礼炮轰鸣、彩旗飞扬、群情热烈,女儿激动得流下了眼泪!母亲,北京国庆观礼上的28响礼炮,千里之外的您也听到了吧?我想,您一定也热泪盈眶!所有的中华儿女终于抬起了头、挺直了腰,昂首面向世界!我们终于可以骄傲地宣布:中国人民,从此站起来了!

1949年10月1日,这是永载史册的日子!今天,中华人民共和国成立了!

闭上双眼,开国大典的情景仍如幻灯片般在我眼前一一闪过:我看到伟大领袖毛主席、敬爱的周总理、英勇的彭将军,整齐威武的方队、热情洋溢的群众……这庄严的一幕我将永生铭记!母亲,几年前我们不敢想象的情景,竟然真的成了现实!中国共产党领导我们取得了胜利,我们再也不用担惊受怕,再也没有战火纷飞,再也不用流离失所!一切的灾难、屈辱都会随着新中国的成立变成过去式!我们的国家在中国共产党的领导下一定会越来越强大!

母亲,我想您也同我一样,在激动、骄傲的同时,更感谢那些为了如今的一切"抛头颅、洒热血"的革命先烈们,没有他们就没有我们如今的生活!女儿会始终记得您的教导,不忘初心不忘本,努力学习,为祖国的发展添砖加瓦!

最后,愿您身体健康,愿伟大的祖国繁荣昌盛!

您的女儿
1949年10月1日

【范本特征】

一是符合书信文体的规范格式,首部有称谓"亲爱的母亲",尾部有问候语"愿您身体健康,愿伟大的祖国繁荣昌盛"、署名、日期等。作为考场作文,考生给作文拟了主标题、副标题,增强了抒情性、文体感。

二是依照试题设定的对象、情境写作,体现了2019年高考全国课标卷"1949年10月1日,参加开国大典庆祝游行后写给家人的信"的要求,切合题意。

三是描述具体、情感真切。信中,作者用"礼炮轰鸣、彩旗飞扬、群情热烈"等将1949年国庆观礼的场景具体化,在具体情境中表现自己激荡的情怀、激动的泪水和中国从此昂首面向世界的自豪感。

【写作要领】

(1) 笔下有情境。

(2) 行文有温度。

(3) 认知有高度。

宏大主题类书信作文，体现作者的社会参与度和认知的高度，融入家国情怀、责任担当、奋斗进取的时代精神。如2019年高考辽宁考生写的《弘爱国情，立报国志——参加开国大典游行后写给父母的信》："而今国家初立，大局方定，百废待兴，国家建设尚需有志青年前仆后继，民族复兴仍待赤主儿女厉兵秣马。如今，儿已长大成人，建设祖国之责，当由我辈扛起，定不负父母抚养、先辈浴血奋斗之恩。"生活事件类书信作文，最好在说服对方的基础上，向对方提出自己的合理化建议。

（二）演讲稿

自强磨锋芒，终得嗅梅香

亲爱的同学们：

大家好！

今天我演讲的题目是"自强磨锋芒，终得嗅梅香"。

有一种光华，照耀着中华民族的精神家园；有一种火焰，跃动在民族灵魂的崇山峻岭；有一种信仰，沉潜于华夏儿女的心灵汪洋。它使我们在风暴来袭时岿然不动；让我们在穷困潦倒时淡然沉静；助我们在被众人耻笑时襟怀磊落；促我们磨砺自己那一柄寒光灼灼的宝剑，嗅得苦寒后那沁人心脾的芬芳……同学们，它就是自强。

自强，是对命运不公的抗争，是敢于向命运挑战的勇气，是大喊一声"我命由我不由天"的自信。

撒贝宁说："如果命运是最差的编剧，你就要做自己人生最好的演员。"一场可怕事故夺去了他的双臂，他却对命运报以不屑的微笑，游泳、打字、弹钢琴——维也纳金色大厅里，刘伟用最优美的旋律诠释了他惊人的勇敢；一场疾病剥夺了他行走的能力，他却张开了心灵的双翅，飞翔在清华大学的各个角落，《朗读者》舞台上，矣晓沅用激昂的声音展示了他的超强自信！同学们，苦难中浴火重生，磨砺中凤凰涅槃。纵使上天给我们一个千疮百孔的命运，我们也要看到灵魂的厚度与光泽；纵使我们出身平凡、家境普通，我们也要刺破重重黑暗，用自强点亮心灯，做那最炫丽的焰火。

自强，是对苦难的轻蔑，是对懦弱的不屑，是慨然长叹"千磨万击还坚劲，任尔东西南北风"的顽强。

蛹挣脱茧的束缚，只为蜕变后能获得新生，在羽化而飞的瞬间书写美丽；雄鹰搏击长空，无所畏惧，悬崖边的奋力一跃，只为脱去软弱，成就翱翔天际的王者风采。贝多芬双耳失聪，却不曾消泯对音乐的执着；韩信受胯下之辱，却成就灭秦的千古伟业；王心仪家境贫寒，却从未放弃求学的热情；余秀华自幼脑瘫，却拥抱美好灿烂的人生……同学们，卢梭曾言："磨难，对于弱者是走向死亡的坟墓，而对于强者则是生发壮志的沃土。"生逢中华崛起的盛世，我们是做那海鸥，在暴风雨来临之前，恐惧地呻吟，还是做那海燕，在暴风雨中高傲地飞翔？我们是做那忍气吞声、逆来顺受的绵羊，还是做那横扫劲敌、威风八面的猛虎？

三千里江山，不畏风狂，不惧雨骤，不怕潮涌，不惊栗于一切寒霜雷电，全无畏惧，是因为，这江山内里，是血性，是刚强，是坚硬的骨，是不屈的魂，是自强不息之精神！同学们，为了家园的美丽，为了祖国的强盛，让我们传承这中华之精神，在心中燃起自强的火炬，去战胜一切艰难困苦，去追逐自己的精彩人生！

我的演讲完毕，谢谢大家！

【范本特征】

一是文体特征鲜明。全文由标题、称谓、问候语、主体、致谢语构成，符合演讲稿形式规范；采用呼告、反问、祈使句式，增强演讲的鼓动性。

二是材料丰富。贝多芬、韩信、王心仪、余秀华等人物材料，涉及古今中外；直接引用撒贝宁、卢梭等的名句，化用高尔基《海燕》的名句，都能与文意浑然一体。

三是语言有气势。四字短语句、对称句、排比句层见叠出，语言整齐而富有气势。

【写作要领】

(1) 心中有听众。

(2) 行文讲层次。

(3) 说理融情感。

演讲稿要观点鲜明，赞成什么、反对什么，在演讲稿里要有清晰的表达。这显示演讲者对问题的理性认知和透辟程度，能给人可信性和可靠感。演讲稿要能激发听众的情感，使听众的思想为之震动，精神为之感奋，情绪为之激昂，热血为之沸腾，从而增强鼓动性。

（三）观后感

九万里风鹏正举

——2019 年国庆阅兵观后感

雾起，远处的山、树、楼房像是被均匀刷上一层淡淡的白颜料，楼的侧边又被橘黄色包裹。近处的鸽子一惊，冲向天空，在蓝与白与红中，盘旋、歌唱。等太阳碎碎地透过雾气后，风一吹，光像是要溢出来似的，沾染到各处，让人感到有股光亮了心，而我等待着，庄严的阅兵。

十点整，阅兵开始，五星红旗如一只飞鸟在空中肆意飞舞，闪着金光。一句句亲切温和的“同志们辛苦了”，一声声铿锵有力的“听党指挥，能打胜仗，作风优良”直直地插入人心。中国人民站起来了，那旗帜引领着方向，旗帜引领着力量。十五个徒步方队整齐划一，仪仗方队举着鲜红的旗帜，一面面红旗美如画，是英雄的鲜血染红了它。三十二个装备方队一丝不苟，大显中国色彩。十二个空中梯队，飞机喷拉彩烟，成为靓丽的风景。新型武器装备，开启了新纪元。群众游行，各行各业，各族人民，彰显国泰民安。从新中国成立，到改革开放，再到伟大复兴。中国人民站起来了！这种种怎能不让中国人激动，怎能不让中国人自豪？

一路走来，七十载风华，中国，犹如薰芷，“既滋兰之九畹兮，又树蕙之百亩。畦留夷与揭车兮，杂杜衡与芳芷”；好似凤凰，春潮涨，一刹风烟，浴火重生。如今，中国元素在世界各个地方出现。经济方面，中国作为世界第二大经济体，移动支付，普及各地，随处可见，方便了人们的生活，展示了中国特色；网络购物，使人们坐在家里就可以看到各个地方的产品、看到更广阔的世界。高铁，如今祖国引以为傲的技术，是走向世界最亮眼的名片之一；共享单车，解决最后一公里问题，把城市连接成一个有机的整体，和越来越蓝的天相互融合，变成一道独特的风景线。科技方面，量子通信技术世界范围首屈一指，人工智能快速发展，使中国成为科技一流的大国。

短短七十年，祖国创造出一个让世界惊叹的奇迹。黄河惊涛，长江久不息，雄风屹立。秦汉丽，唐宋显风骚，容光焕发。镣刀呼，铁锤砸黎明，新生崛起。晓鸡鸣，雄狮舞亚洲，耀我东方！

七十载惊涛拍岸，九万里风鹏正举。崛起的新中国，正昂首走向复兴！

【范本特征】

文章以“观”为基础，以“感”为重点。“观”写得真切，“洪亮的声音，威武的雄姿、凛然的气概”的特写镜头，个性鲜明；“感”写得深刻，既有对新中国七十年奋斗历程、巨大成就的赞叹，也有对祖国美好前程的深情祝福，更有对时代青年强国责任的使命担当的呼唤。

【写作要领】

(1) 观——描述简明，融入情感。

(2) 感——突出重点，感悟深刻。

“感”是观后感写作的关键，考生必须在“感”字上下功夫：学会对人物、事件、场面等进行深入的发掘，从中提取深刻的思想情感。

（四）倡议书

向共和国勋章获得者学习的倡议书

广大青年朋友们：

2019 年 9 月 29 日，国家在北京隆重表彰共和国勋章获得者，在全国青年学生中产生巨大反响，极大地激发了广大青年学习英雄、报效祖国的热情。为了进一步推动广大青年敬仰英雄、学习英雄，弘扬共和国勋章获得者忠诚、执着、朴实的精神，让英雄精神更深刻地融入新时代，更深入地融入青年灵魂，转化为广大青年为祖国建设奋斗、为人民幸福拼搏的实际行动，我们谨向全国广大青年朋友发出如下倡议：

一、忠诚敦厚，爱国爱民。

学习共和国勋章获得者对党和人民事业矢志不渝、百折不挠、一心为民的理想信念，为中国人民谋幸福、为中华民族谋复兴，谱写可歌可泣的生命乐章。忠诚敦厚，爱国爱民，就要乐于奉献。共和国勋章获得者一腔赤诚、一生奉献，将自己的生命与祖国、人民紧密地联系起来。我们新时代青年，更要以忠诚奉献的实际行动，继承英雄的崇高精神。祖国是我们永远的港湾，中华是我们不变的牵挂，英雄先行，我辈接力，将爱国内化于心，将奉献外化为行，让生命之火为祖国的强盛热情地燃烧！

二、执着追求，拼搏奋斗。

学习共和国勋章获得者在党和人民最需要的地方冲锋陷阵、顽强拼搏、埋头苦干，为国为民热诚奉献，抱定事业无怨无悔。广大青年朋友，请根据祖国、人民的需要，结合自己的兴趣、特长，选择一项有意义的事业，或杏坛耘植，或悬壶济世，或翱翔蓝天，或深潜海底……，矢志不渝地践行，勤勤恳恳、兀兀穷年，用辛劳的汗水浇灌成功的花朵，用热情的拼搏，描绘新时代美丽的画卷。

三、忘我工作，淡泊名利。

学习共和国勋章获得者在自己的岗位上忘我工作、无私奉献，不计个人得失，舍小家顾大家，功成不必在我、功成必定有我的崇高精神。我们新时代青年，要脚踏实地，忘我劳动。身处平凡岗位，要竭尽全力，精益求精；身为青年学生，要发愤读书，增长学识，提升能力，为投身祖国建设积材储宝。

学习英雄才会成为英雄，争做英雄才能英雄辈出！我们只有坚定信念、不懈奋斗，脚踏实地把每件平凡的事做好，才能在平凡的岗位上做出惊人的成绩！伟大祖国的建设，需要青年接力；中华民族的复兴，需要青年的助力。青年朋友们，让我们共同努力，创造更好的未来！

自强中学学生会
2020 年 9 月 8 日

【范本特征】

一是格式正确，标题格式、行文安排、落款等，均符合倡议书的要求。

二是写法规范，主体内容分为两个部分：第一部分交代倡议的背景和目的；第二部分从“忠诚敦厚，爱国爱民”“执着追求，拼搏奋斗”“忘我工作，淡泊名利”三个方面发出倡议，先指出学习英雄的精神，再提出具体的落实要求，倡议内容具体，可落实性强。

三是富有激情、感召力和鼓舞性，能够唤起青年学生向英雄人物学习的热情。

【写作要领】

（1）写人物事迹、精神，把握好分寸。

倡议书写人物事迹、精神时要简明扼要、高度概括，要明白写英雄事迹的目的，即表明倡议的缘由，不是如议论文那样证明某个观点。如“关于向林俊德院士学习的倡议书”一文这样引入林俊德院士的事迹：平沙莽莽黄入天，英雄埋名五十年。林俊德院士埋名一生，在罗布泊坚守 52 年，为国防科技和武器装备发展倾尽心血。在被称为“死亡之海”的罗布泊，他的坚守，彰显了爱国的情怀、坚强的毅力、无畏的担当。为此，特向青年朋友发出向林院士学习的倡议。这种写法既有对林俊德院士事迹的简要概括，也有对其精神境界的充分肯定，作为倡议的缘由可谓简明扼要。

（2）语言明白、准确，富有启发性、感召力。

与一般议论文不同，倡议书不要引入过多故事性内容，以免影响倡议书的文体感。如“关于‘远离视频，提升自我’的倡议书”一文，这样结束全文：“保尔·柯察金希望自己在回望一生时，不因虚度年华而悔恨，也不因碌碌无为而羞愧。在此，我们也希望同学们，不要再沉醉于抖音视频、虚度年华，青春没有返程票，请果断放下手机，静心读书，提升能力，为承担未来使命，积蓄足够的能量！”这样的结尾，语言明白畅达，富有激励作用。

（五）驳论文

尊师，何错之有？

近日，我看到个别网友关于学生给老师撑伞一事的留言，对撑伞学生的动机提出质疑，甚至将学生替老师撑伞这个纯洁的举动，理解为“用撑伞的方式迎合老师”。对此，我实在不敢苟同。

岂不知，在夜阑人静、星斗西斜、幸福的人们安然入梦之时，辛勤的老师，窗前还亮着灯光，还在一字字评改学生的作业，还在一行行书写明天的教案……可记得，老师教会我们的第一首唐诗，“鹅，鹅，鹅，曲项向天歌……”；可记得，老师那双温暖的手抚过你流泪的双颊;可记得,老师那甜蜜的微笑,抚慰你受伤的心灵……老师是蜡烛,燃烧了自己,照亮了我们。老师为我们付出了辛劳和汗水,老师给我们阳光和雨露,老师给我们信念和希望。如今,烈日下,学生为老师撑起一把遮阳伞,这种尊敬老师的行为,又有什么错?

这把伞,撑起的是感恩的情怀;这把伞,撑起的是师生情义;这把伞,撑起的是尊师传统;这把伞,撑起了一个纯净温暖的育人环境。因此,我倒是觉得,这把伞撑出了情,撑出了爱,撑出了和谐与美丽。

撑伞尊师,无关人格意义上的平等,更与奴仆意识、等级观念风马牛不相及。学生出于内心的感恩,为老师撑起一把伞,若这算是不平等,那岂不是世间所有的付出都成了奴仆意识,所有的受助都成了等级思想?一个孩子的纯真善意缘何被曲解至此?"猿吟鹤唳本无意,不知下有行人行。"行者无意,观者有心。这不正是当下社会尊师思想淡薄的铁证?难道那一个个顶撞老师、恐吓老师,甚至对老师拳脚相加的人就是人格平等的恪行者?

君不闻"兴国之道,在于兴教;兴教之途,在于尊师",在当下中华民族迈向伟大复兴的新时代,我们不正应该提倡包括给老师撑伞的尊师行为吗?

辛勤的老师,教书育人,他们如吐丝的春蚕,引领青年健康成长,薪火相传,永不熄灭!辛勤的老师,像采蜜的蜜蜂,传道、授业、解惑,助力中华腾飞,功高千古,永不磨灭!我们有什么理由不尊师,我们有什么理由对尊师的孩子说三道四!

【范本特征】

文章在首段摆出"用撑伞的方式迎合老师"的错误观点,并随即予以驳斥。

文章在第二、三自然段,论述对方论点"违情"。

文章在第四、五自然段,论述对方论点"背理"。

文章在最后两段,从教师的社会价值的角度,奉劝对方收起自己的观点。

文章引入大量反问句,使反驳显得理直气壮。

【写作要领】

(1) 反驳有力度。

反驳对方观点,就是说服对方的过程,因此,反驳也要看对象,如果是同学、朋友的不当言行,就应该用语平和,使对方认识错误,改正错误。如果是恶意造谣、破坏社会和谐,甚至敌对势力危害社会安全的言行,就应该义正词严,火力全开,使对方原形大白天下。

(2) 自己有观点。

从某种意义上说,反驳的过程也是表达自己观点的过程。当然,在反驳的过程中明确地提出自己的看法,也十分必要。表达观点常见的方法有两种。一是在摆出错误观点的同时，直接表达自己的看法。如《光荣的荆棘路》一文，开头这样写："女作家刘继荣的女儿说：'我不想成为英雄，我只想成为坐在路边鼓掌的人。'然而，为别人喝彩固然重要，亲自参与人生，努力奔跑才是一种圆满"。然后，文章转入对"不想成为英雄，我只想成为坐在路边鼓掌的人"的反驳。"先入为主"，让读者更加明白自己的思想认识。二是先破后立，先否定对方观点，再确立自己的观点。如鲁迅先生写的《拿来主义》，就是先否定了闭关主义、送去主义，然后确立了拿来主义。

（六）读后感

胸怀凌云志，激昂家国情

——读"关羽""孙少安"有感

"读一本好书，就是和许多高尚的人交谈"，摩挲书页，捧卷而读，书中一个个有血有肉、鲜活丰满的人物形象，总会叩击我跃动的心灵，震撼着我，鼓舞着我。那些哲学思辨、情谊深浓、满纸沧桑，读来口齿噙香，胸怀万顷。在众多个性鲜明的人物中，有两位在我的脑海中刻下了深深的印记，他们，便是孙少安、关羽。

"平凡的世界，演绎着不平凡的故事"，感谢你告诉我：青年立世，当胸怀凌云志。

孙少安，一个坚信奋斗改变命运的热血青年，用满腔的激情和不懈的开拓，将自己的名字镌刻在了陕北那片曾经贫瘠不堪却涌动着不屈的鲜血的黄土地上。他，影响和带领着一群不甘贫穷的赤子书写了壮丽而充满激情的青春诗篇。黄土高原上的嘹亮号子，是永远的青春的赞歌！是啊，奋斗的青春最美丽。倘若胸无大志，甘于平庸，这样的青春又有什么意义？

奥斯特洛夫斯基曾说："人的一生应当这样度过：当他回首往事的时候，不因虚度年华而悔恨，也不因碌碌无为而用羞愧。"无论是"海上霸王花"韦慧晓，还是乘着轮椅飞翔在知识殿堂的矣晓沅，都在用实际行动诠释胸怀梦想，并为之竭力奋斗，才是青春最美的姿态！

"滚滚长江东逝水，浪花淘尽英雄"，感谢你告诉我：青年立世，当激昂家国情。

"赤面秉赤心，骑赤兔追风，驱驰时无忘赤帝；青灯观青史，仗青龙偃月，隐微处不愧青天。"这便是关羽一生的写照。一个顶天立地、重情重义的盖世英雄，饱蘸血泪书写了令世人传咏至今的忠义传奇。他有着感人至深的侠骨柔肠，但我更从他身上看到了什么是"大我"。无忘赤帝，不愧青天，肝胆相照，日月可鉴。家国情怀、责任担当，这种精神在中华儿女的血脉中汩汩流淌了几千年：它流淌在为国家独立和民族解放而斗争的先烈的灵魂里，流淌在为了国家发展放弃国外优厚待遇的科学家的身躯中。他们的名字，叫作秋瑾、李大钊、方志敏，也叫作钱学森、邓稼先、程开甲……

那么，又何尝不可是我们的名字？我们是新时代、新青年，是朝霞，是红日，是利刃之新发于硎，又怎能端坐于流年之中做“精致的利己主义者”？

我想，对于书中的人物，不应当止于欣赏玩味，而应汲取力量，践行于自身。胸怀凌云志，激昂家国情，文学人物的情怀将激励我在时代舞台书写无悔篇章！

【范本特征】

文章从树立远大理想、担当责任报效国家的角度立意，开头引出孙少安、关羽两个文学人物，为全篇评述、感悟张本。

主体部分分两层构建：

① 第一层，针对孙少安，引述《平凡的世界》里的语句，提出段旨，联系奥斯特洛夫斯基、韦慧晓、矣晓沅等，阐述“胸怀梦想，并为之竭力奋斗，才是青春最美的姿态”的道理。

② 第二层，引述《三国演义》中的诗句，提出段旨，联系秋瑾、李大钊、方志敏，钱学森、邓稼先、程开甲等，阐述“青年立世，当激昂家国情”的道理。

结尾二者合一，收束简明，绾结有力。

【写作要领】

(1) “读”是基础。

“读”，必须忠实于原著，作文必须有试题提供的人物形象、思想、情感、性格等方面的概述，以其作为行文基础。

(2) “感”是重点。

“感”，必须以“读”为基础，有自己对人物的看法、评价，也可以由“人物”及“现实”谈及对生活的认识、评价、建议等。

（七）文学评论

山水的画卷与人生的感怀

——王维《山居秋暝》细读

这是一首山水诗歌的名篇，充分体现了王维诗歌“诗中有画”的特点，于诗情画意之中寄托着诗人高洁的情怀和对理想境界的追求。

首联“空山新雨后，天气晚来秋”，属于全景式的描写，交代了时间（晚）、时令（秋）和地点（山），似一幅水墨山水的画卷，营造出清新淡远、恬静舒畅的世外桃源景象。其中，“空”字不仅是对山的实写，也在一定意义上渲染了山的空灵之美，为全诗表现诗人的空旷寂静的心境做好了铺垫。“新”字用得尤其出色，点出了山雨初霁，万物为之一新的山间气象，同样为诗人表现自己返璞归真的纯净理想进行了铺垫。

颔联“明月松间照，清泉石上流”，由首联的全景转入山中的近景，同样是一幅动人的山水画卷：皓月当空，青松如盖。山泉清冽，淙淙流泻于山石之上。诗人通过描写如此清幽明净的自然之美，表现了自己理想的人生境界。

颈联“竹喧归浣女，莲动下渔舟”，则由山间自然景色转入人世之景。竹林里传来了一阵阵欢歌笑语，那是天真无邪的姑娘们洗罢衣服笑逐着归来了；亭亭玉立的荷叶纷纷向两旁披分，那是顺流而下的渔舟划破了荷塘月色的宁静。在这青松明月之下，翠竹青莲之中，生活着这样一群无忧无虑的人们。这幅图画生动地传达了诗人向往纯朴本真的生活愿望。正因如此，作者在尾联自然而然地转入了感情的直接抒发：“随意春芳歇，王孙自可留”。虽然春天已去，芳华不再，但山间的秋色也格外动人，面对如此清新的山水，面对如此朴素单纯的生活，有什么理由不留下来呢？至此，诗人通过对山间景色和田园生活的描绘，表达了自己渴望归隐田园的理想与志趣，抒发了自己对淡泊宁静生活的向往。

这首诗在艺术上也非常成功。首先，诗歌一如既往地继承了王维诗歌“诗中有画，画中有诗”的特点，可以说，首联、颔联和尾联，就分别是三幅关于山水田园的精致的画卷，诗人的理想和志趣则寄托在这样的画卷之中。其次，意境清新淡远，诗人以“空山”“新雨”“明月”“清泉”“竹”“莲”等意象，营造出清新淡雅的诗歌意境。第三，陌生化的语言也是本诗的一个亮点，“竹喧归浣女，莲动下渔舟”两句，采用了倒装的手法，将耳所听，眼所见放在前面，将“喧”和“动”的原因放在后面，不仅造成了阅读的陌生化效果，而且也非常符合当时的情景，因为浣女隐在竹林之中，渔舟被莲叶遮蔽，诗人先是听到竹林里的喧声，看到荷叶的动静，才发现（或许是推测）浣女归、莲舟下的。

最后，需要特别指出的是，魏晋时期，陶、谢将自然山水作为一种独立的审美对象，表达自己的人生理想与人生感怀，为山水田园诗开宗立派。到唐代，王、孟继承陶、谢的诗歌传统，山水田园诗派蔚为大观。在这个过程中，诗人的创作日臻完美，手法也趋于圆熟，尤其是王维的山水诗作，如《鹿砦》《鸟鸣涧》等，能够通过一种淡远幽深的意境，表现诗人归隐林下的志趣，以境写心，了无痕迹，象外有象，韵外有致，在看似简略的描写中隐含无限丰富的意蕴，在我看来，这首《山居秋暝》正是如此。

【文学评论要求】

(1) 要注意评论的科学性。不要以个人的直觉和偏见任意地拔高或贬低作品。

(2) 要注意见解的独创性。要深入了解、准确把握评论对象，挖掘出作品的思想意义和艺术特色，从而提出自己新颖、深刻、精辟的见解；不要浮光掠影地泛泛而谈，分析不得要领，只是发表一些陈旧、肤浅、庸俗的见解。

(3) 采用叙议结合、评析结合的写法。在文学评论中，叙是指对作品内容的复述、介绍或引用，议则包含分析和评价两方面。分析，是对作品的思想内容、艺术特色等进行揭示的过程；评价，是通过分析得到的结论，即对作品或作者艺术创造的总体看法，也就是文学评论的中心论点。

(4) 要注意评论语言的生动性。文学评论的语言与议论文的语言有相同的地方，如要求语言表达准确、严密；又有不同的地方，如文学评论的语言需要讲求适当的文采，增强表达的形象性与生动性。

文学评论与读后感有着明显的区别。文学评论是对作品做客观的评价，对象仅限于文学作品；读后感是写读了作品之后的主观感受，对象包括所有体裁的作品。

【写作角度与内容】

(1) 赏析作品的主题思想及其表现。这类题目主要是评析作品的思想内容和作者的观点态度，分析作品运用了哪些主要的表现手法(如想象、联想、象征、渲染、烘托、对比、先抑后扬、托物言志、借景抒情、寓情于景)，表现了怎样的主题思想，反映了怎样的社会现实，指出作品有何积极意义或局限性。赏析主题常用的术语有：中心突出、主题深刻、言近旨远、言简意丰、意在言外、含蓄蕴藉、深化主题等。

(2) 分析作品的形象。文学作品的形象指的是文学作品创造出来的生动具体的、能激发人们感情的生活图案，通常指文学作品中人物的精神面貌和性格特征。作品的人物形象主要应从两个方面进行分析：一是揭示人物的典型意义，二是简要分析人物主要的性格特征。

(3) 赏析作品的艺术手法。文学作品的艺术手法是多种多样的，主要包括以下几个方面：表达方式，如叙述、描写、议论、抒情、说明；表现手法，如想象、联想、象征、渲染、烘托、对比、以小见大、先抑后扬、托物言志、借景抒情、寓情于景等；叙述方式，如顺叙、倒叙、插叙、补叙等；描写方式，如肖像描写、心理描写、语言描写、动作描写、环境描写等；描写技法，如以动衬静、动静结合、虚实结合、点面结合、明暗结合、声色结合、粗笔勾勒、白描工笔等；抒情方式，如直接抒情(直抒胸臆)、间接抒情(借景抒情、寓情于景)等；意境的创设、修辞的运用等。

(4) 赏析作品的构思技巧。作品的构思技巧主要包括以下几个方面：①写作思路，如由此及彼、由表及里、由浅入深、由一个方面到几个方面等；②文章线索，如以某个中心事件为线索，以人物、感情、时间、空间为线索等；③层次结构，如总—分—

总、总—分、分—总、分—分；④结构方式，如纵式结构、横式结构、纵横交错式结构等；⑤选材特点，如生动典型、来自生活、新鲜亲切等；⑥行文布局，如开门见山、卒章显志、画龙点睛、以小见大、层层深入、过渡自然、前后呼应、伏笔铺垫、欲扬先抑、详略得当等。

(5) 鉴赏作品的语言。鉴赏作品的语言，一是要分析作品的语言特点，如准确、简练、生动、形象、清新、绚丽、质朴等；二是要品味作品的语言风格，如幽默、辛辣、平实、自然、明快、简明、含蓄、深沉等；三是要分析作品所运用的修辞手法，如比喻、比拟、设问、反问、借代、对偶、对比、夸张、反语、双关、互文、反复等。

【写作方法与过程】

(1) 读懂作品。写作之前，要仔细阅读全文，精读作品，找出作品中画龙点睛的句子，认真揣摩、品味作品中重要的词语、句子、段落，明确文章的主旨，理清文章的思路和结构层次，力争有较深的感受和独到的发现。阅读作品时可回忆作者生平、创作风格、写作背景等知识，以助探知作者写作此文的意图、目的，从而准确把握作品的主题。

阅读作品一般采取“①总体—②部分—③总体”的步骤。①“总体”，就是通读作品，得出初步而概括的印象。②“部分”，就是对重要部分仔细地阅读，找出画龙点睛的句子；通过分析研究，加深印象，从而把握文章的主要内容，抓住主要的特色，初步形成观点。③“总体”，就是再次浏览全文，获得对作品完整的认识，最后对作品的思想内容和艺术特色做出自己准确的判断。

(2) 选准角度。阅读了作品，把握了作品的主要内容、抓住了作品的主要特色之后，考生到底从哪个角度、选择哪个题目来写呢？这就涉及一个写作角度的选择问题。笔者认为，要想写好文学评论，在高考语文中获得比较理想的分数，一定要认真阅读题干，理解题意，明确题目的要求，然后根据考生自己的兴趣、爱好、特长、经验来确定写作角度。也就是说，考生要选择自己有所研究的、有所心得的、把握得最准确的、能够评好的角度来写。尤其是初学文学短评写作的同学，一定要扬长避短，要把自己的优势展现出来。

(3) 安排好结构。文学评论虽然篇幅短小，但它也是一篇结构完整的文章，“麻雀虽小，五脏俱全”。因此，写作时一定要注意文学评论结构的完整。通常情况下，文学评论一般采用“①总—②分—③总”“总—分”“分—总”的结构模式。①“总”，就是开头用简短精练的语言，开门见山地把这篇文学评论的总体内容概述出来。②“分”，就是对照作品进行深入的分析思考，有的放矢地列出鉴赏评析的要点；然后采用叙评结合、评析结合的手法，对原作品进行深入的、有条理的分析。③“总”，就是结尾对全文进行归纳总结。

（八）主持词

带你走近杭州

电视机前的观众朋友们：

大家好！

欢迎收看今天的《中华地名》节目。“上有天堂，下有苏杭”，今天我要带大家走近“人间天堂”——杭州。杭州原名余杭，即禹航，传说是大禹治水时船队所经之地，隋朝时易名杭州。杭州之美，让人心向往之，让人念念不忘，有白居易词为证：忆江南，最忆是杭州。杭州为何如此让人心动？今天我就带大家一探究竟。

杭州城襟江带湖，伫立于钱塘江下游，京杭大运河南端。它背倚苍翠连绵的武林山，西傍仪态万方的西子湖，依山傍水，湖光山色，风景宜人，气候温润。西湖更是杭州的一张靓丽名片，古往今来，不少文人雅士流连此地，留下了脍炙人口的名篇佳句。苏轼云：欲把西湖比西子，淡妆浓抹总相宜。西湖是晴也娇，雨也俏，焉有不美之时也？白居易诗云：最爱湖东行不足，绿杨阴里白沙堤。春晓之时，杨柳依依，芳菲竞逐，波光潋滟，碧空如洗，云水徘徊，让人沉醉其中，不知归路。杨万里诗云：毕竟西湖六月中，风光不与四时同。夏至时节，荷花婷婷，绿叶擎如盖，荷花别样红。风起，荷香沁人心脾；风过，叶上“珍珠”撒落。西湖秋有“平湖秋月”，冬有“断桥残雪”，毓天地之灵秀，成为无数人心中的白月光。除西湖外，杭州还有西溪湿地清冽秀雅、千岛湖千湖竞秀之美景，惹人心醉。

大美杭州，历史文化亦源远流长。发端于5000余年前的良渚文化，是中华文明的源头之一，被称为“中华文明的曙光”；吴越王钱镠以民为本，劝课农桑、浚湖筑堤、礼贤下士，为杭州的经济与文化发展奠定了坚实的基础；南宋偏安杭州后，经济富庶，文化繁荣，邑屋华丽，商贾云集，杭州成为当时世界上最繁荣的大都市。柳永《望海潮》中云：“烟柳画桥，风帘翠幕，参差十万人家。”“市列珠玑，户盈罗绮，竞豪奢”。街市之繁盛，可见一斑。毓秀之地，自然英才荟萃。这里诞生了贺知章、龚自珍、袁枚、郁达夫、戴望舒、章太炎等文化名人，传承着江浙文化的圣火。

敢为天下先，勇向潮头立。如今的杭州，创新发展，活力无限。它以互联网和高新技术产业为发展重心，坐拥阿里巴巴和网易两大互联网巨头，聚集了全国三分之一的电商网站。2016年G20峰会召开、备战2022年亚运会，都加速着这座城市的发展。发展中的杭州虽大步流星，却没有别的城市那种急躁匆忙的感觉，反而走出了一种不疾不徐的优雅气质。走在杭州街头，你会发现街道布局相对松散，没有别的大都市高楼林立带来的压迫感；人们说话轻轻柔柔，有种丝绸般柔软舒适的质感。杭州这种敦和儒雅的气质与清雅秀美的西湖山水相辉映，荡漾在无数人的心田。

易烊千玺在《向往》中唱道："新杭州，2022我们齐相邀""新未来、新亚运，2022去看钱塘潮"。未来杭州，无限美好。观众朋友们，《中华地名》凝聚地域风物，回望历史坐标，展望美好未来。我们下期节目再见！

【范本特征】

这样的主持词其实就是城市宣传视频的"脚本"，就是城市宣传的文案写作。

考生审题时要注意前面的提示语"让你联想到这个地方的自然特征、风土民情、历史文化、著名人物"，这些提示语都是我们在写作时可以联想扩展的部分。

主持词是主持人在节目中的串联词，一般由开场白、主体部分和结束语三部分组成。开场白应点明收听或观看的对象，要注意能创设情境，吸引观众（听众）。主体部分应层次清晰，紧扣节目主题。对于《中华地名》的主持词而言，考生可以突出所写城市的自然及人文特点，比如美丽自然风光、风土人情，也可联想相关历史掌故、提到跟这座城市有关的著名人物等。结束语要有力地收束全文，总结城市的特点，并给人一种回味无穷的感觉。总体来说，主持词的语言应富有感染力，有与观众（听众）交流互动的感觉。

考生在写作时应该有镜头感，再加上空间轴和时间轴，有时间与空间推移的纵深之感，效果会更佳。

（九）书评

红楼尽头，梦醒时分

——《红楼梦》书评

"悲凉之雾，遍被华林，然呼吸而领会之者，独宝玉而已。"这是鲁迅对宝玉这块"顽石"的评价。偏偏这块顽石却在人间目睹了各类人物和自己如梦一般的悲剧，而这不仅是红楼高处不胜寒的一场梦，更是曹雪芹的一场梦。红楼尽头，不过梦醒时分。

"剪不断，理还乱。"《红楼梦》里的爱恨情仇，真、善、美，假、恶、丑，和人物交织在一起，便成了那纷飞复杂的毛线团，永远也不会有头绪。温顺世故的袭人、孤高清绝的妙玉、怯懦的迎春、忍气吞声的尤二姐、敢于反抗的尤三姐和晴雯、"心较比干多一窍，病如西子胜三分"的黛玉、通晓人事的宝玉……随着那个封建社会的起起落落在人海里浮沉，经历大观园的繁盛和衰弱，最后，如梦一场，尘埃落定。

这是《红楼梦》里人物的悲剧，是他们的梦醒时分。与他们骨肉相连的曹雪芹又何尝不是和他们悲欢同在呢？"生于繁华，终于沦落"的曹雪芹，和他《红楼梦》里的人物一样起落，也正是他的起落铸就了他的红楼，无非都是梦一场。他带着对众生陷于那个封建社会而无法自拔的同情，创作了《红楼梦》。而《红楼梦》也替他书写了他的内心，似梦非梦。饱含“一把辛酸泪”的著作，又恐后人无人知，故云：“都云作者痴，谁解其中味？”

这是曹雪芹自己的一场梦，梦醒时分，一切皆空。才有“满纸荒唐言，一把辛酸泪”的自嘲。

《红楼梦》运用了象征手法，赋予“石头”不同的意义，让它成石又成人，用双线展开一个以石头为中心的意象世界和一个以人间故事为中心的具象世界，以此呈现了一个封建、残酷的社会，揭示了藏于“木石前盟”和“金玉良缘”中的爱情悲剧，以及“金陵十二钗”的人生悲剧等故事后的荣辱、生死的主题。

这是《红楼梦》的梦醒时分。“由来同一梦，休笑世人痴”，不知是让人把故事看淡点，还是把人看淡点，抑或是作者用此宽慰着自己？

矛盾的感情，真实的人生。何人不是入世沉沦，而又在陷于人事时渴望解脱，渴望救赎，对出世充满了向往？《红楼梦》的尽头真是梦醒时分吗？非也。怕是作者戏说，才能让人生轻轻掠过，不留痛楚。而《红楼梦》又真实可触吗？非也。人生本如戏，最终不过是“一尊还酹江月”罢了，而这镜中花、水中月的浮华人生，走到尽头，又何尝不是一场梦的梦醒时分？

红楼尽头，梦醒时分。我们啼哭，周围人欢笑，是我们来世的样子；周围人哭泣送别微笑的我们，是我们离世的样子。人生一世不过春秋一季，经历种种悲欢，立于人世外会迎来梦醒时分，落于尘俗中也终有梦醒时分，其中人世悲观尽现。

“说到辛酸处，荒唐愈可悲。”

【范本特征】

本文从小说内容与艺术特色两个方面来评价《红楼梦》，层次分明、文脉流畅，有较为深刻的洞察力和思想深度，紧紧聚焦于一个“梦”字来写作，可谓抓住了“牛鼻子”。要在如此短的篇幅中评论这么一部恢宏的小说，如果不能找到一个关键点，是很难支撑起文章内容的。这体现了作者的聚合思维能力，它使文章更条理化、简明化、逻辑化。

【写作要领】

书评是对一本书的综合评价，是应用文写作的一种重要文体。书评的写作对象是书，写书评的时候不要过多写作者，也不要写太多自己的阅读感悟。写作步骤有两个方面：

① 介绍。介绍是指对所评的书的内容进行言简意赅的叙述，让读者对该书的

内容有一个大概的了解。

② 评价。评价可以是总括全书进行鸟瞰式的评述，也可以聚焦于作品的细部进行画龙点睛式的点评。评价是书评中最重要、最关键的部分，也是最见功力的部分，可以看出一个人的思想水平、艺术素养、鉴赏能力、语言功夫等。

书评的对象是书，写作时不要过多写作者和自己的感悟，而应着重从思想性、艺术性两个方面进行评论。

（十）辩论词

站在偶像的肩膀上

——偶像崇拜反方辩论陈词

主持人、对方辩友：

你们好！

法捷耶夫曾说："青年的思想越被范例的力量所激励，就越会发出强烈的光辉。"因此，我方的观点是偶像崇拜利大于弊。

首先我们可以思考，什么是偶像？我们所定义的偶像，是可以在某方面给人带来鼓舞与激励，能够让人于内心生发向往与倾慕的一类人。他们在各个时代熠熠生辉，无论是心怀天下的文人志士，或是创新开拓的科学家，还有或坚定或深刻的艺术、文学大师，他们的精神内核引领着一代又一代的人们奋进、突破，甚至攀上更陡峻的高峰。

对方辩友可能会说："你所说的这些偶像当然值得人们崇拜，但是到了'娱乐至死'的当下，人们的偶像早已狭义为舞台上那些唱跳嬉笑的艺人们了，对他们的崇拜有何利可言？"

但我想说，首先，我们承认随着媒体普及与信息爆炸，一些明星更多地为人们所认识、追捧，或者奉为偶像，表面的喧嚣似乎掩盖了人类群星的璀璨，然而，我们不能低估任何一个时代中思想的力量，它们总能引起人们的精神共鸣并转化为前进动力。其次，就算是唱跳嬉笑的艺人们也有他们的可取之处，喜欢他们的人借此表达自己对艺术、审美的追求与欣赏，这不也是一定程度的进益吗？另外，我们还能发现，大部分"明星"一直传递着积极的价值观与正能量，如国家公祭日微博满屏的"守望和平"的呼吁，若能把人们对于他们的关注引向真实的思考、触动，这种影响力带来的影响难道不是利大于弊吗？

我们来说说崇拜。之前已提到，能对值得被称为"偶像"的一类人的一方面精神特质产生崇敬与向往，并要求自身不断地向之努力，我认为这是崇拜的最理想方式。因此，我们对待偶像的态度是完全可以扬长避短的。人无完人，既然我们不能苛求偶像样样完美，我们就应该实行“理智崇拜”，即不丧失辨别能力、独立思考的选择与评估，这既是心智已一定成熟的青年们本应具备的能力，也是从偶像身上汲取力量的唯一途径。

至于那骇人听闻的一系列看似“偶像崇拜”却饱受诟病的事例，一定程度上警醒我们谨防借“偶像”之名大行消费主义的市场陷阱，同时告诫我们这些盲目与过度崇拜的弊端。正如我们所知，盲目地做任何事情都是不合适的，更何况这样不分优劣、不计后果的“崇拜”呢？因此，我们要对这些不理智的选择感到惋惜，但不能一叶障目，不顾绝大多数偶像正给人无穷的精神力量这个事实。

最后，如闻一多先生所言，“盲目地听从，盲目地相信一切者，他一定是蠢物，他们的头脑只是别人的跑马场”。而面对偶像，只要我们保持理智地选取、学习，就能向着他们的高度不断进取，在自己的世界中策马奔驰；站在偶像的肩膀上，向更广阔的天空伸展！

最后请允许我再重述一遍观点：偶像崇拜利大于弊。谢谢大家！

【写作要领】

铿锵有力的辩论词是我们成功辩论的关键，在辩论赛中，做好充足的准备和思维严谨的临场辩论发挥，我们才能取得辩论的胜利。其中，辩论词的准备则是所有准备工作的重中之重，为了写出出色的辩论词，我们需要掌握辩论词的写作技巧。作为实际工作过程中应用文的一种，辩论词的写作框架主要分为三部分，即“亮明观点、阐述理由、做出结论”，每个部分都有相应的注意点。

(1) 亮明观点：注意审明题干限定要素，明确身份以及辩论主题，进而明确己方观点。

(2) 阐述理由：这部分内容是辩论词的重点内容，一般应围绕己方观点多个角度阐述理由，分条分点写出。

(3) 做出结论：这部分内容是对前面的观点的总结，再次强调己方观点。这部分篇幅不宜过长，应简短精练。

参考文献

[1] 中华人民共和国教育部. 普通高中语文课程标准(2017 年版)[S]. 北京：人民教育出版社,2018.

[2] 中华人民共和国教育部. 普通高中语文课程标准(实验)[S]. 北京：人民教育出版社,2003.

[3] 王宁,巢宗祺. 普通高中语文课程标准(2017 年版)解读[M]. 北京：高等教育出版社,2018.

[4] 徐鹏. 语文学习任务群的学理探寻[J]. 中学语文教学,2018(06)：4-7.

[5] 陆志平. 语文学习任务群的特点[J]. 语文学习,2018,000(003)：4-9.

[6] 崔允漷. 指向学科核心素养的教学即让学科教育“回家”[J]. 基础教育课程,2019(Z1)：5-9.

[7] 崔允漷,周文胜,周文叶. 基于标准的课程纲要和教案[M]. 上海：华东师范大学出版社,2014.

[8] 王春易等. 从教走向学：在课堂上落实核心素养[M]. 北京：中国人民大学出版社,2020.

[9] 语文学习任务群的“是”与“非”——北京师范大学王宁教授访谈[J]. 语文建设,2019(01)：4-7. DOI：10.16412/j. cnki. 1001-8476. 2019. 01. 002.

[10] 温儒敏. 统编高中语文教材的特色与使用建议——在统编高中语文教材国家级培训班的讲话[J]. 课程·教材·教法,2019,39(10)：4-9+18. DOI：10. 19877/j. cnki. kcjcjf. 2019. 10. 002.

[11] 教育部师范教育司. 李吉林与情境教育[M]. 北京：北京师范大学出版社,2006.

[12] 谭轶斌. 语文项目学习的实践取向与设计要点[J]. 语文学习,2019(07)：4-8.

[13] 叶黎明. 指向核心素养的写作课程内容重构[J]. 语文建设,2020(05)：9-14. DOI：10. 16412/j. cnki. 1001-8476. 2020. 05. 003.

[14] 教育部考试中心. 中国高考评价体系[M]. 北京：人民教育出版社,2019.

[15] 教育部考试中心. 中国高考评价体系[M]. 北京：人民教育出版社,2019.

[16] 张开. 基于高考评价体系的语文科考试内容改革实施路径[J]. 中国考试,2019

(12)：21-26. DOI：10. 19360/j. cnki. 11-3303/g4. 2019. 12. 004.
[17] 钟启泉. 课堂转型[M]. 上海：华东师范大学出版社，2018.
[18] 钟启泉，崔允漷. 核心素养与教学改革[M]. 上海：华东师范大学出版社，2018.
[19] 陈小英. 新课程下高中作文的任务驱动教学实践分析[J]. 新课程(中学)，2016(07)：34.